无因管理
制度论

王连合／著

知识产权出版社
全国百佳图书出版单位
—北京—

图书在版编目（CIP）数据

无因管理制度论/王连合著. —北京：知识产权出版社，2020.5
ISBN 978 - 7 - 5130 - 6905 - 2

Ⅰ. ①无… Ⅱ. ①王… Ⅲ. ①民法—研究—中国 Ⅳ. ①D923.04

中国版本图书馆 CIP 数据核字（2020）第 075208 号

内容提要

无因管理是民法上的一项重要制度，对鼓励人类互助精神至关重要。但是，由于种种原因，我们国家对该制度的研究远远不够，造成理论与实践中对其的适用产生了很多问题。本书旨在全面系统地对无因管理制度进行梳理，澄清模糊认识，引起大家对其重要性的认识，尤其是在民法典制定的大背景下，对相关立法提出建议，以更好发挥无因管理制度在国家治理中的作用。

责任编辑：石红华   **责任校对：**王　岩
封面设计：博华创意   **责任印制：**孙婷婷

无因管理制度论

王连合　著

出版发行：知识产权出版社有限责任公司	**网　址：**http：//www.ipph.cn
社　址：北京市海淀区气象路 50 号院	**邮　编：**100081
责编电话：010 - 82000860 转 8130	**责编邮箱：**shihonghua@ sina.com
发行电话：010 - 82000860 转 8101/8102	**发行传真：**010 - 82000893/82005070/82000270
印　刷：北京建宏印刷有限公司	**经　销：**各大网上书店、新华书店及相关专业书店
开　本：787mm×1092mm　1/16	**印　张：**15.5
版　次：2020 年 5 月第 1 版	**印　次：**2020 年 5 月第 1 次印刷
字　数：216 千字	**定　价：**68.00 元

ISBN 978 - 7 - 5130 - 6905 - 2

序

　　私法自治是私法的基本原则，是"自由"这一社会主义核心价值观在私法中的体现。私法自治要求私人的事务只能由自己决定，他人不得干预。"禁止干预他人事务"是私法上的一项基本规则。但是，人是社会人，人不是独立存在的，人与人之间的相互帮助也是社会和谐的基本要求。因此，一方面，没有合法根据，人们是不能随便管理他人事务的，否则就构成侵权；另一方面，许多情况下人们的事务客观上又需要他人帮助，且每个人也时常会面临需要用自己的力量去帮助和管理他人事务的情况。为此，未经本人授权管理他人的事务可能是合法的，也可能是非法的。法律创设了无因管理制度，确认无因管理行为为合法行为，以此来平衡规范上述两种相互冲突而又有其存在合理性的利益。

　　现实生活中，有许多个人、集体和国家财产，在本人不知道的情况下可能面临受损失的情况。有了无因管理制度，人们可以放心大胆地向他人事务伸出援助之手，这样最直接的效益就是使个人、集体、国家的经济利益减少损失甚至保全。无因管理又通过对管理人支出必要费用请求权的确认，较好地避免了管理人经济利益的损失。

可以说，无因管理制度的建立，较好地解决了法律上侵权行为与人们互帮互助美德间的矛盾冲突。

无因管理制度既从法律上鼓励人们互相关心、互相帮助、见义勇为，又保障了人们不乱加干预他人事务。因此，无因管理制度对于保护社会成员的合法权益，发扬社会主义道德风尚，造就良好的社会风气，促进社会主义精神文明建设，有着积极的社会意义，❶尤其是在大力弘扬社会主义核心价值观的今天，有着更强的现实意义。

无因管理制度的价值，决定了有必要深入研究、正确运用这一制度，以充分实现该制度的价值目标。然而，在以往研究中，人们大都固守着一些传统的观念，理论上缺乏创新和突破。同时，对于无因管理的一些问题，理论界也存在很多的分歧。对于这些分歧，只有很少的学者进行了较深入的论证和分析，其他大部分都只停留在一些结论性叙述上，有的对争议大的问题干脆避而不谈。在我国民事立法中，有关无因管理的法律条文也不多，没有形成规范体系。

王连合同志在 2003 年曾写信向我请教有关无因管理的问题，从那时至今已有 17 年之久，这期间他一直不间断地进行无因管理制度的学术研究，在一些学术会议上，我也多次听到他有关无因管理制度方面的学术交流发言，展现了他对无因管理问题研究的一些成果，《无因管理制度论》正是连合教授多年研究汗水和心血的结晶。我有幸先睹此书稿，多有感慨。

《无因管理制度论》一书，在广泛吸取世界一些国家和地区的研究成果、立法司法实践经验基础之上，对无因管理的一些基本问题，例如历史演变、价值目标、性质、构成要件、效力、类型等，进行了系统梳理和深入阐释，提出了许多新的观点。例如，作者对传统无因管理类型理论进行了深入反思，揭示了传统无因管理类型理论存在的缺陷，明确指出真正无因管理与不真正无因管理的分类，无

---

❶ 郭明瑞：《关于无因管理的几个问题》，载《法学研究》1988 年第 2 期。

论从字面上还是内容上都是讲不通的，将"无因管理"又界定为"真正无因管理"的做法，本身是欠妥当的；适法无因管理与不适法无因管理的分类同样存在许多缺陷，提出了不具有"阻却违法性"的所谓"无因管理"能否成立，进而提出不适法的无因管理能否成立的问题。为了对无因管理进行正确分类提供启发和借鉴，作者对管理他人事务行为进行了分类，特别是将无法律上义务为他人的行为分为"好心"且不违反本人意思利于本人的管理、"好心"但违反本人意思的管理、"好心"不违反本人意思但不利于本人的管理三种，对揭示无因管理的内涵有重要意义。

再如，作者对无因管理人是否享有报酬请求权问题进行了反思，指出了管理人不享有报酬请求权混淆了道德和法律两种不同的规范体系，管理人享有报酬请求权更能够弘扬传统美德，管理人不享有报酬请求权违反了权利义务对等原则等观点。又如，作者对不违反本人意思且管理事务利于本人应成为无因管理构成要件的论述，将"本人明示的意思"和"本人可得推知的意思"区分开来进行分析，得出最终结论，颇具新颖性。

另外，本书将见义勇为制度纳入无因管理制度进行阐释，论述了见义勇为的含义、构成要件、见义勇为者的权利等，并借鉴国外有关国家的见义勇为制度，分析了我国见义勇为制度的现状、存在的问题，提出了我国见义勇为制度的立法建议。同时本书对我国无因管理制度的发展情况进行了梳理，并结合最新的民法典编纂进展情况，提出了我国无因管理制度的立法建议。这一切无论对于立法还是对于学术研究，都有一定的意义，尤其是在我国民法典编纂的关键时期，本书的出版对相关制度的具体设计具有一定的参考价值。

当然，本书也有不足之处。在我看来，关于无因制度的演变应与我国的无因管理制度一同论述，就不能不考虑我国的历史。实际上我国古代也很重视这一制度，"路见不平一声吼"也是一种公认的道德准则。另外，无因管理制度与《民法总则》第183条、第184条间是何种关系，在实务中如何运用《民法总则》第121条、第

183 条、第184 条（当然民法典出台后还涉及非合同之债中关于无因管理的规定），有待于深入。

衷心希望王连合同志在今后的学术研究中取得更多成果。

以上是我读《无因管理制度论》的一点感想，权为序。

郭明瑞

2019 年 11 月 27 日于烟台

（郭明瑞：我国著名民法学家，中国法学会民法研究会副会长、教授、博士生导师、烟台大学原校长）

目　录

第一章 | 无因管理的概念

　　无因管理制度是民法上一项重要的法律制度，在社会现实生活中，大到见义勇为救人性命，小到替人支付费用，这些行为都有可能属于无因管理行为，都需要运用无因管理制度进行调整和规范。并且，社会生活愈安定，人们的情趣愈高尚，无因管理行为的发生就会愈多。[1] 因此，如何正确理解、把握无因管理的真正内涵，以便在司法实践中正确运用这一制度，保护当事人的合法权益，彰显社会正义，显得至关重要。

　　但是，从人们对无因管理的一些问题所持的不同观点尤其是一些重要问题观点的分歧中，我们不难看出，人们对无因管理的含义、实质等内容的理解仍然存在一些差异，有些差异还比较大，而这些差异直接导致了人们对无因管理产生各种不同的态度，甚至影响到了实践中对无因管理制度的运用。因此，真正把握无因管理概念的本质具有极其重要的理论和现实意义。

---

　　[1] 彭万林主编：《民法学》（修订本），中国政法大学出版社 1999 年版，第 643 页。

一、无因管理的含义

（一）世界上一些主要国家关于无因管理概念的界定

1. 大陆法系主要国家关于无因管理概念的界定

（1）法国民法典。《法国民法典》第 1372 条规定："自愿管理他人的事务时，无论该事务的所有人是否知道此种管理，进行管理的人均属缔结默示义务，并应继续其已经开始的管理事项，直至该事务的所有人能够自行管理为止。"

从该条规定的具体内容可知，《法国民法典》将无因管理行为首先界定为"自愿管理他人事务的行为"。这是以管理人的主观心理状态为切入点对无因管理进行界定的，明确规定了"为他人进行管理"，这是无因管理成立的首要前提条件。同时，从该条文中"直至该事务的所有人能够自行管理为止"的规定，也可以看出管理人为他人进行的管理行为对他人而言是有利的，否则他人也不会"自行管理"，至少管理人主观上的"自愿"是以为他人谋利益的意思为主要内容的，而"为他人谋利益的意思"则是无因管理中管理人最主要的主观心理状态，这也是无因管理成立的要件。

如此，《法国民法典》从无因管理构成的一些要件即具备何种条件的行为才能称为无因管理方面，对无因管理行为进行了规定，从而界定了无因管理的含义。

（2）德国民法典。《德国民法典》第 677 条规定："未受他人之委任，并对他人无权利，而为他人处理事务，负有依本人之明示或可得推知之意思，以适合于本人利益之方法而为管理之义务。"

由此规定的内容可知，《德国民法典》无因管理将规定为未受委任或未授权而为他人管理事务的行为。在这里，《德国民法典》是从权利方面来规定无因管理的，侧重于强调无因管理的阻却违法性，即虽然没有权利根据但仍然实施了管理行为的不算违法。无因管理中的"无因"，是指没有法律上的原因，也就是没有法律上的根据，包括无法律上的权利和义务。《德国民法典》除界定"为他人"外，还从权利角度明确界定了"没有法律上的原因"，同时规定"像本人的利益所要求的那样，管理事务"，又界定了无因管理中管理人所必须具有的"为他人谋利益的意思"，如此一来可以看出，对于无因管理构成的理论界普遍认可的三个要件，在《德国民法典》中已经全部进行了明确规定。更为难能可贵的是，《德国民法典》还专门规定了无因管理成立的第四个要件，即"不违反本人意思且管理事务利于本人"，这无疑对于今天我们科学界定无因管理有着重要启示。

如此可以说，《德国民法典》在《法国民法典》基础之上又从权利角度进一步界定了无因管理，进一步明确了无因管理概念的内涵。

（3）日本民法典。《日本民法典》第 697 条第 1 款规定："无义务而为他人开始管理事务者，应依该事务的性质，以最适于本人利益的方法进行管理。"

从该规定的内容可知，《日本民法典》将无因管理定义为，没有义务而为他人管理事务的行为。也就是说，《日本民法典》从义务方面来规定无因管理，侧重于强调无因管理的主动互助性，即虽然没有义务但仍然可以实施该行为。《日本民法典》的规定突出了助人为乐、见义勇为的准则，更直观地显现了无因管理制度设立的初衷和价值。同时，这一规定突出了管理人请求偿还必要费用的根据，也更符合设立无因管理制度的社会意义。[1]《日本民法典》对无因管理的界定与《法国民法典》和《德国民法典》相比，尽管一些用词和表述不尽相同，但它们的主旨却是相同的，都突出强调了管理行为的"无因性"，即没有法律上的根据。然而从无因管理制度设立的目的上分析，从义务角度界定无因管理的概念，似乎更能突显无因管理行为的积极意义，更契合我们设立无因管理制度的初衷。《日本民法典》对无因管理的界定，除明确"没有义务"和"为他人进行管

---

[1] 郭明瑞：《关于无因管理的几个问题》，载《法学研究》1988 年第 2 期。

理"外，还明确规定"以最适于本人利益的方法进行管理"，这样就将无因管理构成的要件规定得明明白白、清清楚楚。

《日本民法典》对无因管理概念的界定，吸取了《法国民法典》和《德国民法典》的有关成果，在此基础之上，又进行了修订完善，成为与现代无因管理理论最为相近的界定，也为我们正确理解无因管理的内涵打下了坚实基础。

2. 英美法系主要国家关于无因管理概念的界定

英美法系不承认无因管理制度独立存在，有关无因管理的内容被归于准合同范畴，其和不当得利交织混杂在一起，统称为不当得利。其中类似大陆法系的"无因管理"部分，规定的内容也与大陆法系相关规定存在较大差异，这集中体现在英美法系"禁止干预他人事务"的制度和理念中。但是，英美法系的"必要时的代理"制度与大陆法系中的无因管理制度却又有异曲同工之效。

（1）禁止管理人管理他人事务。英美法具有鲜明个人主义思想的特征，其严格执行"禁止干预他人事务"原则，严厉禁止管理人管理他人事务。在英美法中，传统的观点认为，如果本人没有要求管理人对自己的事务进行管理，那么即使本人因为管理人的管理而获得利益，也不能说本人得到利益是不公平的。按照英美法的相关原则，对于某个人在没有经过他人请求而主动提供劳务的情形，不论提供的这些劳务给他人带来了多大的利益，都是不用给予补偿或偿还的，这种情况下如果给予补偿或偿还都是完全不恰当的、不可能的。❶ 英美法认为，如果行为人对于他人的债务是完全出于自愿，而完成一个给付行为，那么该行为人即付款人就不能因自己这种给付行为而向真正的债务人提起补偿的诉讼。❷

这与大陆法系对此问题的态度是完全不同的，这也可以看出两

---

❶ 沈达明编著：《准合同法与返还法》，对外经济贸易大学出版社 1999 年版，第 253 页、第 267 页。

❷ ［美］阿瑟·库恩：《英美法原理》，陈朝璧译，法律出版社 2002 年版，第 219 页。

大法系对无因管理行为在认识上的差异和在理念上的区别。英美法对此种行为的认识是建立在以下原则基础之上的：如果没有经过他人同意（包括明确的意思表示同意或者是采用默示的方式表示同意），无论是什么人都不能仅凭借自己的行为就取得该他人的债权人的地位。在美国纽约州的判例中，就曾经专门说过，凡是自愿地替他人偿还债务的情形，一律不能因此形成法律上的债权债务关系。为了禁止干预他人的事务，英美法甚至不鼓励做好撒马利亚人，因为在英美法看来，好撒马利亚人虽然通过其救助行为弘扬了崇高的道德准则，但是从法律的角度而言，法律不能够对祭司和利未人的冷漠无情进行谴责和制裁，因为好撒马利亚人救助受伤的人，纯粹属于个人道德层面的行为，不应该成为法律强制的对象。[1]

为了否定、排斥管理人管理他人事务的行为，英美法专门设立了"禁止好管闲事原则"，认为一个未经本人的同意而干预他人事务的人，只能是一个侵占者，他的善良意图是无关紧要的，他的动机是不起作用的。"爱管闲事"是英美法特有的一个术语，是专门用来作为对管理人就管理事务的费用，向本人请求支付的一种限制而设立的。一般情况下管理人对他人事务的管理行为往往都被认为是"好管闲事"，而对于本人而言，哪怕是他因得到管理人的劳务而获得利益甚至因此而致富，这样的获利由于没有得到本人同意，所以本人是不用退还的，更何况这种获益还常常是好管闲事者在本人毫不知情的情况下实施的，本人就更不应该退还。

英美法为严格执行"不干涉他人事务"原则，不惜附加"爱管闲事"原则，足见英美法在法的理念上与大陆法的差异。这种坚决否定未经他人同意而管理他人事务行为的态度，也从另一个侧面说明英美法系国家的人们对"私权神圣""个人主义"等理念是何其崇拜。正如英国法官们所说："如果一个人擦了另一个人的鞋，后者除穿上外，还有什么可做的？""甲筑墙以保护乙的房屋对付风雨，

---

[1] 关于好撒马利亚人的故事和相关论述参见王泽鉴：《侵权行为法》（1），中国政法大学出版社 2001 年版，第 93 页。

如果乙从来没有筑墙的要求，为什么他应该付钱?"❶ 类似说法和观点就是这种崇拜的写照。美国的《返还请求权法重述》则直接把好管闲事者的干涉作为根本禁止的事项之一，规定："好管闲事地授予另一人得益的人，无权就此项得益要求返还。"

（2）必要时的代理。基于以上"禁止管理人管理他人事务"的制度和理念，英美法系中有关无因管理内容的部分，在许多方面与大陆法系必然存在较大差异。但是，英美法系国家虽然非常注重单个人的自由空间，无论是善意还是恶意，都不准他人随意干涉自己的事务。这可并不是说英美法系就丝毫没有受到源于罗马法的无因管理制度的影响，❷ "必要时的代理" 原则就是一个明显的例子。

在英美法系，"爱管闲事"原则并非随便就能套用，在一些特殊情况下，例如涉及人身伤害或者管理人是由于某种压力所实施的某种管理等情况，就被视为是一种"特别的代理"或"必须性代理"。此时管理人享有就管理事务的费用向本人请求支付的请求权，也就是说当遇到某些特殊情形，例如因别人利益的维护具有急迫性、必须性而使得管理人的财产受到损失，此时应给予管理人以赔偿是完全为法律所认可的，此种情形不被看作是"爱管闲事"，而被认为是一种必要的、应该提倡的行为，是一种会受到法律保护的行为，是一种"必要时的代理"。

"必要时的代理"原则在诉讼方面，主要适用于提供生活必需品诉讼与保持财产诉讼。该项原则早期主要适用于船长在航行中订立的合同，后来又推广到提供生活必需品合同。在这一问题上，尽管世界两大法系的表达方式不同，但实际结果往往是一样的。只是大陆法的无因管理在具体内容方面，要比英美法系"必要时的代理"宽泛得多，这就使大陆法的无因管理比英美法系的"必要时的代

---

❶　沈达明编著：《准合同法与返还法》，对外经济贸易大学出版社 1999 年版，第267 页。

❷　郑丽清：《无因管理制度的溯源与继受》，载《南华大学学报（社会科学版）》2015 年第 6 期。

理"更容易作进一步的发展。❶ 但这种情况并不能否认世界两大法系在这些问题上存在共同点，正如有学者所说，虽然英美法系国家没有无因管理的立法，但是其在学说和判例上将"为他人偿债""非请求服务"等作为一种准合同关系看待，这些很明显是受到罗马法无因管理制度的影响而产生的。❷ 也就是说"必要时的代理"原则与大陆法系中的无因管理制度，在许多方面有异曲同工之效。

不仅如此，需强调的是，虽然在英美法系中对"自愿给付的人"或"爱管闲事的人"规定没有补偿，但在《恢复原状法重述》第113—115 节，规定了一种例外的情形，这就是如果某人为他人清偿了债务，尽管这种清偿没有得到本人的授权或认可，其完全是清偿人个人的行为，但是该清偿人将会有权要求偿还。这种情形也可以看作是一种"必要时的代理"，是英美法中与大陆法系无因管理相近的规定。

（二）我国民法关于无因管理概念的界定

1. 我国台湾地区对无因管理概念的界定

在我们国家，台湾地区对无因管理概念的研究比较深入和成熟，这可能与台湾地区在无因管理制度方面的"立法"比较完善有直接关系。因此，无论在理论研究方面，还是在"立法""司法"实践中，台湾地区的无因管理制度都将会给我们提供一个很好的借鉴蓝本。所以辩证地吸收台湾地区的理论成果，促进大陆地区无因管理制度的发育、成熟，不仅有必要而且完全有可能。

关于我国台湾地区对无因管理概念的界定，我们主要看几例台湾地区最具代表性的一些民法学者所做的表述即可。例如，史尚宽说："无因管理谓无法律上之义务而为他人管理事务。"梅仲协说："未受委任、并无义务，而为他人（本人）管理事务者（管理人），

---

❶　沈达明编著：《准合同法与返还法》，对外经济贸易大学出版社 1999 年版，第269 页。

❷　李双元、温世扬主编：《比较民法学》，武汉大学出版社 1998 年版，第385 页。

谓之无因管理。"杨与龄说:"无因管理者,无义务而管理他人事务之行为也。"王泽鉴说:"无因管理,指无法律上义务而为他人管理事务。"❶ 新修订的台湾现行"民法"第 172 条规定:"未受委托,并无义务,而为他人管理事务者,其管理应依本人明示或可得推知之意思,以有利于之方法为之。"

法律上的义务包括契约义务(委任)和法定义务。所以这些表述同《日本民法典》的表述基本相同,也就是说,我国台湾地区对无因管理概念的界定,同《日本民法典》的界定大致相似。

2. 我国大陆地区对无因管理概念的界定

我国《民法通则》在第五章"民事权利"第二节"债权"中规定了无因管理,其第 93 条规定:"没有法定的或者约定的义务,为避免他人利益受损失进行管理或者服务的,有权要求受益人偿付由此而支付的必要费用。"2017 年 10 月 1 日起实施的我国《民法总则》在第五章"民事权利"中规定了无因管理,第 121 条规定:"没有法定的或者约定的义务,为避免他人利益受损失而进行管理的人,有权请求受益人偿还由此支出的必要费用。"

可以看出,我国大陆地区法律与日本民法典和台湾地区相关"法律"一样,是从义务方面来规定无因管理行为的,偏重于强调无因管理的主动互助性——虽无义务而仍为之,突出了助人为乐、见义勇为的准则,更直观地显现了我国无因管理制度设立的初衷,也突出了管理人请求偿还必要费用的根据。但是,正如有学者所说的,我国法律目前关于无因管理制度的立法是一方面奖励无因管理,倡导无因管理行为,但同时不认可管理人的损害赔偿请求权,对于本人也不认可管理人享有报酬请求权,在这一方面,我国的无因管理

---

❶ 史尚宽:《债法总论》,中国政法大学出版社 2001 年版,第 57 页。梅仲协:《民法要义》,中国政法大学出版社 1998 年版,第 171 页。杨与龄编著:《民法概要》("债编"与"亲属编"再修正),中国政法大学出版社 2002 年版,第 97 页。王泽鉴:《民法概要》(第二版),北京大学出版社 2011 年版,第 149 页。

制度可以说有些消极。❶

综合以上内容，我国大陆地区对无因管理概念的界定可总结为：所谓无因管理是指没有法定的或者约定的义务，为避免他人利益受损失，自愿管理他人事务的行为。管理他人事务的人称为管理人，该他人称为本人或受益人。

对于这个定义，尽管有学者认为其并没有揭示出无因管理作为一种法律制度的特征，类似于同义反复，也因此容易造成无因管理行为的泛化和概念的模糊。❷ 但笔者认为，该界定点明了无因管理制度的主旨及主要构成要件，也符合目前对无因管理界定的世界潮流。但是，该界定的确仍然存在一些问题，例如"不违反本人意思且管理事务利于本人"，是否应纳入无因管理概念的界定中，是否应作为无因管理构成的要件等，一直是理论界无法统一的问题，显示了我们对无因管理真正内涵的理解上，还存在不同看法。

由于实施了无因管理行为而导致在管理人与本人之间产生了权利义务关系，就是无因管理之债。无因管理之债的内容是：管理人享有请求本人偿还因管理事务而支出的必要费用的权利，本人负有偿还该必要费用的义务。因此，对于因管理事务而支出的必要费用的返还，管理人是债权人，本人是债务人。与此同时，本人有权获得因管理人管理事务所带来的利益，管理人应当满足本人的这一要求。因此，对于因管理事务所获利益的归属，本人是债权人，管理人是债务人。

需强调的是，无因管理之债属于法定之债而非意定之债。所谓意定之债，是指通过法律行为确立的债，主要是通过合同确立的债，也包括通过单方法律行为成立的债。所谓法定之债，是指基于法律的直接规定而产生的债。意定之债和法定之债的分类，"是债分类中最重要的一种，往往决定了各国债法的体系与架构"。❸ 在无因管理

---

❶　陈华彬：《债法各论》，中国法制出版社 2014 年版，第 230 页。
❷　李文涛、龙翼飞："无因管理的重新解读"，载《法学杂志》2010 年第 3 期。
❸　王利明：《债法总则》，中国人民大学出版社 2016 年版，第 101 页。

行为中，只要管理人实施了相应的管理行为，不管本人主观意思怎样，都会在管理人和本人之间产生债权债务关系，也就是说无因管理之债的成立并不是基于当事人的主观意思，而是基于法律的直接规定，所以无因管理之债属于法定之债而非意定之债。也就是说，无因管理是法定之债产生的一种原因。有关内容本书下文还要详述，在此不一一展开。

从目前我国大陆地区的研究现状来看，无论是理论上，还是司法实践中，无因管理制度的研究领域尚待进一步开发，无因管理概念的界定尚需进一步完善。尤其是像我们国家，有着团结互助、助人为乐的中华民族优良传统，在大力倡导和弘扬社会主义核心价值观的今天，在我国社会已经进入新时代的特定历史时期，我们理应在无因管理制度建设方面有所建树。

（三）需说明的几个问题

1. 无因管理不同于"广义的无因管理"

谢怀栻教授专门谈到各国除在民法中就一般的无因管理加以规定外，还有对一些特殊情形所作的规定，如关于遗失物的规定、关于海难救助的规定、关于火灾抢险的规定等，这些情形属于广义的无因管理。❶ 但本书所说的无因管理不同于谢怀栻教授所说的广义的无因管理，因为关于遗失物、海难救助等特殊情形，各国一般都有明确的法律规定（例如海难救助适用海商法），对这些特殊情形都应优先适用其对应的法律规定。同时，这些特殊情形与本书所说通常意义的无因管理含义完全不同，有着本质的区别。这些特殊情形有学者称为"特殊请求权排除无因管理之适用者"。❷

所以，本书所说的无因管理不包括以上这些特殊情形，即不同于"广义的无因管理"。当然，对于以上特殊请求权在适用法律过程中，如果遇到无法律规定的情况时，仍可适用无因管理的规定。

---

❶ 谢怀栻：《外国民商法精要》，法律出版社 2002 年版，第 170 页。
❷ 黄立：《民法债编总论》，中国政法大学出版社 2002 年版，第 184 页。

2. 无因管理不等同于无偿做好事

在无因管理中，管理人在实施管理行为的时候，其主观上并不是完全出于一种纯粹奉献的动机。在为了维护别人利益的同时，他并不希望自己的利益受到损失，如果在管理事务过程中，他自己也招致了"迫不得已"（必要）的利益损失，他会期望这种损失能够得到补偿。而法律正是基于不能让好人因做好事而"吃亏"的理念，通过采用事后救济的措施赋予管理人必要费用偿还请求权，使得管理人享有对本人的债权，以此来补偿管理人因管理行为所遭受的损失。从管理人的这一主观动机和法律事后救济制度的设计来说，无因管理不等同于日常生活中所说的无偿做好事。

3. 国际私法上的无因管理

国际私法上的无因管理是指具有涉及外国因素的无因管理，也就是在管理人、本人、管理行为等无因管理诸因素中，至少有一个因素与外国的人或事物相联系。目前，世界上除英国等少数国家外，绝大多数国家都有无因管理制度的规定，但是由于各国历史文化背景、传统习惯理念的差异以及立法技术的不同等原因，造成无因管理的成立要件、管理人和本人应偿付的范围等问题的规定不尽相同，因而在具有涉外因素无因管理制度的运用方面，也就可能产生法律冲突。

解决国际私法上无因管理之债的法律冲突，各国规定的原则是一般适用事实发生地法（或叫事务管理地法），例如日本、法国、秘鲁、泰国等国家。这是因为无因管理制度中的债权债务关系不是合同关系，不能适用当事人意思自治原则。另外，正因为它是一种债务关系，也不宜适用当事人的属人法。再加上无因管理在构成要件中必须有为他人谋利益的意思，所以是一种值得提倡和鼓励的行为，因此，只有适用事务管理地法才最为恰当。❶ 因而，适用事实发生地法（或叫事务管理地法）成为处理国际私法上无因管理之债的法律

---

❶ 顾海波：《国际私法引论》，中国检察出版社 2003 年版，第 234 页。

冲突的一般性原则。

但是，对于无因管理适用事务管理地法的做法，也有人质疑。这首先是因为有时候管理的客体与管理的行为有可能不在一个国家内，对事务管理地进行确定并不是件容易的事情。在这种情况下，有的国家主张以客体所在地为事务管理地，例如日本；有的国家和地方主张以管理行为的效果发生地为事务管理地，例如法国的巴迪福。在对有关财务进行管理的时候，在管理期间如果财产所在地发生了变更，也很难确定究竟何处应算作是事务管理地（在这种情况下，有人主张以开始管理时的财务所在地作为事务管理地）。因此，对于国际私法上无因管理的法律适用，有以下一些不同做法。❶

（1）有一些国家规定适用当事人共同本国法，例如波兰等国家的国际私法规定，无因管理之债除适用事实发生地法外，还可以适用当事人共同本国法。

（2）有一些国家规定适用支配原法律义务或关系的法律，例如奥地利等国家的国际私法规定，无因管理依据管理行为完成地的法律。但是如果与另一法律义务或关系有密切联系，则适用支配该义务或关系的国家的法律。

（3）有一些国家规定适用本人的住所地法。这种规定主要是基于无因管理制度是为保护本人的利益而设立的理念，所以应该以本人的住所地法作为无因管理的适用法律。德国的齐特尔曼还主张，对管理人和本人的义务分别适用他们的本国法。

总体上看，由于国际私法上的无因管理之债发生得很少，各国法院在这方面的司法实践自然也少，有关这方面的理论探讨也不多，所以，无论实践还是理论研究方面，国际私法上的无因管理尚不够发达，关于这方面的法律选择规则也就不够发达。

目前，中国对具有涉外因素的无因管理之债的法律适用问题尚未做出专门的法律规定。《中国国际私法示范法》第130条建议，中

---

❶ 韩德培主编：《国际私法》，高等教育出版社2000年版，第212页。

国国际私法上的无因管理适用事务管理地法。

本书所说的无因管理是不具有涉外因素的无因管理，即本书所论述的无因管理不包括国际私法上的无因管理。

二、无因管理制度在债法中的地位

（一）债法的重要性

所谓债法，是指调整债权债务关系的法律规范的总称。债法是民法体系的重要组成部分，其与物权法一起构成了民法上的财产法。债法规定的主要是有关交易的规范以及受到不法侵害时的救济规范，调整的是各种债权债务关系，其主要功能是维护社会秩序的"动的安全"。这与物权法旨在维护社会秩序的"静的安全"相呼应，二者分别镇守社会经济安全的两大关隘，肩负社会稳定发展的重大责任，具有非常重要的地位。

日本著名民法学者我妻荣先生更是直接提出"债法在近代法中占优越地位"的论断，他认为："债权已不是取得对物权和物利用的手段，它本身就是法律生活的目的。经济价值不是暂时静止地存在于物权，而是从一个债权向另一个债权不停地移动。"❶

在现代社会里，债法所调整对象的范围越来越广泛，对社会生活的影响越来越大，其不仅包括社会经济领域，而且包括社会生活领域，所以债法在现代社会中占据的地位越来越重要。法国学者达维德甚至提出："债法可以视为民法的中心部分。"❷ 由此足以看出，债法在现代市场经济社会中具有举足轻重的地位。

（二）无因管理是债产生的重要原因之一

债法是调整债权债务关系的法律规范，而导致债权债务关系产

---

❶ ［日］我妻荣：《债权在近代法中的优越地位》，中国大百科全书出版社 1999 年版，第 7 页。

❷ ［法］勒内·达维德：《当代主要法律体系》，漆竹生译，上海译文出版社 1984 年版，第 79 页。

生的具体原因则是多种多样的，各种不同的原因所产生的债权债务关系则决定了须要适用不同的债法规范去调整。所以，要想准确地适用不同的债法规范去调整相应的债权债务关系，就必须研究探讨债的产生原因这个具有重要意义的问题。我国有学者将研究债产生原因的意义概括为以下几方面：第一，有利于准确调整各类债的关系；第二，有利于区分典型之债和非典型之债；第三，有利于构建债法体系。❶

对于债产生的原因，世界各国和地区的规定不尽相同。在我们国家通说认为，能够引起债权债务关系的主要原因包括四种，这就是合同、无因管理、不当得利和侵权行为。也就是说，无因管理请求权与其他三类请求权即合同请求权、侵权请求权、不当得利返还请求权等一起，共同构建了债权请求权的完整体系。所以，无因管理制度就成为债法中的一项重要制度，❷它是完整债法体系的有机组成部分。毫无疑问，缺少了无因管理制度，债法就是残缺不全的，至少是不健全的。诚如有学者所言，在当事人之间是否存在债关系的考察顺序上，应该先考察是否存在合同关系；如果不存在合同关系，就再考察是否存在无因管理关系；如果无因管理不成立，然后再考察是否成立不当得利、侵权行为。❸

当然，在我国司法实务中，有关无因管理的债权债务纠纷案例相对偏少。例如，笔者于 2017 年在山东某县法院做调研，该县法院一年审理的民事案件中，适用无因管理制度处理的只有 3 件。正如有学者所说的，从比较法的角度看，在国外法上，例如德国法，关于无因管理的适用存在很多判例，但在我们国家，司法实务适用无因管理的判例却不是很多。❹究其原因，是我们国家客观上发生的有关无因管理的案件本来就少呢，还是由于我们立法和理论研究的薄

---

❶ 王利明：《债法总则》，中国人民大学出版社 2016 年版，第 96 页。
❷ 王利明：《债法总则》，中国人民大学出版社 2016 年版，第 158 页。
❸ 方志平、李淑明：《债法总论》，北京大学出版社 2007 年版，第 7 页。
❹ 陈华彬：《债法各论》，中国法制出版社 2014 年版，第 231 页。

弱，导致我们的司法实务本应适用无因管理的却没有适用呢？我们不得而知。

尽管现实社会中有关无因管理纠纷的案件相对偏少，但这类纠纷毕竟还是社会生活重要的组成部分，正确地运用有关法律规范解决此类问题，不仅会关系到国家的稳定、社会经济的发展，而且更关系一种社会良好风尚和价值取向的引导和培养，尤其是在大力倡导社会主义核心价值观的背景下，作为债产生的一种重要原因，无因管理制度具有重大的价值意义。日本学者我妻荣说："本法认为无因管理有与契约、不当得利及侵权行为之同一地位，宁与日民法之态度同。理论上确属妥当。"❶

在社会司法实践中，将无因管理作为一种请求权依据进行适用，对于规范依法公正裁判、实现社会正义也具有重要意义。因为在无因管理制度中，有关无因管理的构成要件是非常明晰的，其请求权基础也较为确定，这有利于对法官自由裁量权进行限制。无因管理一经成立，有关债权债务关系和补偿的范围、标准也都会比较明确。可见，社会司法实践中适用无因管理制度，将会有助于法官裁判统一的实现。❷ 更何况近些年，随着市场经济的深入发展，社会主体利益进一步多元化，社会新型关系不断涌现，有关无因管理的案件也在不断增加。"数据显示，自1992年至2016年8月，我国各级法院审理的以无因管理为案由的案件共计2059起，并呈现明显上升趋势。"❸

有鉴于此，对无因管理制度进行深入研究，并借助相关成果建构相对科学的无因管理制度体系，不但有其重大理论意义，更有其深远的现实意义。

---

❶ ［日］我妻荣：《中国民法债编总则论》，洪锡恒译，中国政法大学出版社2003年版，第2页。

❷ 王利明：《债法总则》，中国人民大学出版社2016年版，第158页。

❸ 万方：《论我国无因管理的司法实践》，载《法律适用》2016年第10期。

三、无因管理与相关概念的关系

无因管理作为一项独立的法律制度，有自身的特点。但是由于这项制度的内容包含的情况比较复杂，涉及的问题头绪较多，在许多方面会与其他相关概念存在交叉现象，因而又往往延伸出一些其他观点和学说，容易引起歧义，对正确理解无因管理的含义带来一些困难。为了进一步阐述本书对无因管理制度的理解，现对无因管理与一些相关概念的关系，简要做一个梳理。

（一）无因管理与不当得利的关系

所谓不当得利，是指没有法律上的依据而取得财产上的利益，由此使他人财产利益遭受损失，利益获得者应当将该利益返还遭受损失的他人的法律制度。无因管理与不当得利关系极为密切，但区别也很明显。

1. 二者的联系

（1）无因管理与不当得利都是债发生的原因，都是法定之债。作为法定之债的发生根据，二者的法律后果都是由法律直接规定，当事人不能约定。

（2）无因管理与不当得利都是一方当事人受有利益且受益一方都因受益而承担义务。在无因管理中，时常发生本人因其事务被管理人管理而获得利益，本人要承担管理人因管理行为而支出的必要费用。在不当得利中，受益人没有合法根据而获得利益，本人要承担返还利益的义务。

（3）无因管理中管理人为本人管理事务，使本人获得利益，管理人因此受到损失，这也非常类似不当得利的构成要件。

（4）在准无因管理的情形下，也存在不当得利的适用，这种适用也是无因管理与不当得利关系密切的一种体现。所谓准无因管理是指没有法定或约定的义务，但并不是为他人利益而对他人事务进行的管理，也就是有学者所说的不真正无因管理（有关不真正无因管理的内容下文还要详述）。在不真正无因管理中，如果管理人因为管理本人的事务而获得了大于本人所遭受损害的利益，那么本人能够准用无因管理的有关规定请求管理人返还其所得的全部利益。

正因为二者存在以上密切关系，所以在许多地方无因管理都是被作为不当得利而存在，例如在优士丁尼法典中，倾向于把管理费用的偿还视为不当得利的返还。在18世纪前后，德国法也认为无因管理是不当得利的具体表现。在苏俄民法典上也没有具体规定无因管理制度，而只是规定了不当得利，在他们的司法实务中，通常是把无因管理按照不当得利来对待。也有学者甚至直接说，从本质上来看，无因管理＝不当得利＋侵权行为。❶英美法系国家更是干脆将部分无因管理的内容糅在不当得利中，统称为不当得利（或叫准合同）。

2. 二者的区别

尽管无因管理与不当得利有许多相似之处，但二者毕竟有质的区别，它们是完全不同的两种制度类型，故而现代大多数国家的民法都将它们作为两种制度加以规定。二者的主要区别有以下几点。

（1）含义不同。无因管理是指没有法定或约定的义务，为避免他人利益受到损失而对他人事务进行管理的行为。不当得利是指没有合法根据，因他人财产受到损失而使自己获得利益的事件。

（2）立法目的不同。无因管理制度是为了鼓励人们做好事，鼓励助人为乐、见义勇为，保证不让主动为他人服务的人即做好事的人"吃亏"。同时管理人进行管理行为，目的就是使本人受益，法律确认本人承担返还管理人必要费用的义务，是和本人已经从受益中享有权利相一致。而不当得利制度是为了调整社会经济生活中出现的一种不符合通常生活状态的情况，即一方当事人由于某个变故而被动地无法律根据地获取了他人的利益，由于这种"获益"造成他人利益受损，所以这显然是违背社会通常生活状态的，有违社会公

---

❶　方志平、李淑明：《债法总论》，北京大学出版社2007年版，第20页。

平正义，不当得利制度就是为了消除这种现象的发生而产生的，即不当得利立法是基于衡平当事人之间利益的目的。因为不当得利使一方受损，而受损人根本无意使受益人取得利益，法律确认受益人须承担返还不当得利的义务，是对受损人的真实意志和合法权益的尊重和保护。

（3）功能价值不同。无因管理制度较好地调和了"干预他人事务"与"鼓励人们互相帮助"之间的矛盾，恰当地权衡了由个人决定的个体利益与一定条件下管理他人事务所体现的社会共同利益，使两种利益达到最大限度的契合，从法律层面保证了既不允许人们乱加干预他人的事务，又对人们互帮互助的美德加以鼓励和倡导，因而无因管理制度在社会生活中具有特殊的功能价值。而不当得利制度则完全没有这样的目的与功能，这也体现了两种制度本质的区别。

（4）无因管理是一种事实行为，而不当得利则是一种事件。民法学上依据民事法律事实的发生是否具有直接的人的意志性而将民事法律事实分为事件和行为两大类。

事件是指其本身不直接包含人的意志性的民事法律事实，它包括自然事件和人为事件。行为是指人支配的活动。有关它的分类理论界分歧较大，尤其是对其中的事实行为究竟属合法行为，还是包含合法行为与违法行为两种情况争论最为激烈（有关两种观点的论述见下文）。

但不管怎样，无因管理作为一种行为，其属于事实行为而非法律行为，则是为大多数学者所认可的。而不当得利则是一种事件，由于该事件使得一方获得利益而另一方则遭受损失，而这种利益的获得或损失则是由于某个变故被动获取的，与当事人的主观意志没有关系，这在本质上与行为完全不同。不当得利的发生既可因自然事件发生（例如高水位甲池塘中的鱼跳入低水位乙池塘中），也可因人为事件造成（例如因售货员的差错多找给顾客钱）。

需特别指出的是，在人为事件中，事件原因与人的行为有关，但事件本身与人的意志无关，事件本身不直接含有意志属性。❶ 也就是说，无因管理是当事人一方为维护他人的利益主动实施的合法行为，这一管理行为使一方当事人（本人）得到利益，另一方当事人（管理人）失去利益。在不当得利中，一方当事人得到利益并非是另一方管理行为的结果，另一方当事人受到损失也不是因管理他人的事务造成的。

（5）返还利益的要求不同。在无因管理中，管理费用的返还不以现存利益为限，而是以管理人实际支付的为准，并且不受本人是否取得利益的影响。而在不当得利中，如果受益人为善意，则仅仅返还现存利益。

（6）无因管理可排斥不当得利。从法律适用的角度来看，如果构成无因管理，则不应再适用不当得利，无因管理可以排斥不当得利的构成。因为如果成立无因管理，管理人实施管理所取得的利益归于本人，本人因管理人实施无因管理所获得的利益属法定利益，所以本人从管理人的管理行为中取得利益是有合法根据的，因此本人获得利益不属于不当得利。同样，本人返还管理人在管理活动中必要的支出费用，也属法定原因。管理人因此获得的偿还费用也属法定利益，所以管理人获得的偿还费用也不属于不当得利。

需说明的是，由于无因管理是合法行为，是本人得到利益的法律根据，而不当得利是无法律根据得到利益，是一种非法行为，所以法律为鼓励无因管理行为，也理应将无因管理优先于不当得利而适用。另一方面，对无因管理行为按不当得利处理，也不一定有利于管理人。因为管理人基于无因管理制度，可请求本人返还其在管理活动中所支出的必要费用。而基于不当得利制度，他只可请求本人返还其获得的不当得利。在一般情况下，管理人要证明自己支付了多少必要的费用是较容易的，而要证明本人所获得的利益，则相对困难一些。因此，不当得利请求权不一定比无因管理的请求权对

---

❶ 江平主编：《民法学》，中国政法大学出版社 2000 年版，第 175 页。

管理人更为有利。❶

所以就同一现象来说，首先应分析其是否成立无因管理，若不成立无因管理再分析其是否构成不当得利，而决不能用不当得利来替代无因管理。

3. 无因管理偿还请求权与不当得利返还请求权是否竞合？

对于二者是否发生竞合问题，理论界观点分歧较大。例如，有学者认为，在无因管理的情形下，管理人管理本人的事务所带来的利益应该交付本人享有，如果管理人没有将管理利益交付本人而是私自占有了该利益，那么管理人就构成不当得利，这种情形下不当得利返还请求权与无因管理的利益获得请求权可能发生竞合。❷ 也就是说，这种观点认为无因管理成立时，本人对管理人有不当得利返还请求权，即无因管理之债与不当得利之债存在竞合的问题。

但是，另有学者则认为，在无因管理的情形下，如果存在无因管理费用偿还请求权时，因为该种情形欠缺不当得利的构成要件，所以其必然排斥不当得利制度的适用，此时不可能成立不当得利返还请求权。同样，管理人因管理他人事务而支出了必要费用，如果能够成立不当得利返还请求权的，就必然不可能产生无因管理费用返还请求权。❸ 也就是说，这种观点认为无因管理成立时，管理人对本人没有不当得利请求权。还有学者持类似的观点，认为在无因管理的情形下，管理人不仅是债的权利人，更重要的是管理人是为义务人的利益而实施管理行为，该管理行为客观上会对他人产生有利的结果。而在不当得利的情形下，不当得利人仅是义务主体，而且因为其所得利益客观上产生了对他人不利的结果，所以无因管理之债与不当得利之债有着本质的区别，二者不产生竞合问题。❹

---

❶ 王利明：《无因管理制度探讨》，载王利明主编：《民商法研究》（修订本）第四辑，法律出版社 2001 年版，第 672 页。

❷ 柳经纬主编：《债权法》，厦门大学出版社 2002 年版，第 353 页。

❸ 邹海林：《我国民法上的不当得利》，载梁慧星主编：《民商法论丛》第 5 卷，法律出版社 1996 年版，第 37 页。

❹ 刘心稳：《中国民法学研究述评》，中国政法大学出版社 1996 年版，第 674 页。

要回答无因管理偿还请求权与不当得利返还请求权是否竞合的问题，我们需要先把各种可能情况分析一下。

在无因管理之债中，主要存在两种偿还请求权，即管理人的必要管理费用偿还请求权（包括因实施管理行为所受损害和因此而承担的债务）和本人的管理利益获得请求权。而这两种请求权存在的基础是法律规定。也就是说，这两种权利所获得利益是有合法根据的，相对方有满足权利人请求权的义务。如果相对方不履行这一义务，例如管理人私自占有管理利益而没有将其交付给本人，或者本人拒绝偿还管理人的必要管理支出费用等，这时的权利人可以直接依义务人违反无因管理的强制性规定为由，请求相对方返还相应的利益。

在以上两种情形下，权利人能否同时适用不当得利的规定，请求相对方履行返还义务呢？

在第一种情况中，当管理人把管理利益占为己有而拒绝交付给本人时，管理人占有管理利益必然是出于主观上的故意，与不当得利的事件属性截然不同，完全不符合不当得利的构成要件，因而管理人这种私自占有管理利益的行为，就不能构成不当得利，而是构成了侵权，本人也就不能适用不当得利的规定请求管理人履行返还义务。

在第二种情况中，当本人拒绝偿还管理人的必要管理费用时，由于管理人的必要管理费用并不一定必然为本人所获得或者不一定必然为本人所全部获得，所以若依不当得利的规定，管理人就可能仅仅得到部分补偿，甚至还可能得不到任何补偿，这对管理人来说，显然是不公平的，也不符合法律的精神。例如，甲帮助乙救火，尽管最后乙家的东西都被大火焚烧殆尽，即乙并未因甲的管理而获得利益，如果甲为此支出了必要的费用（例如甲去往救火途中，顺手从商店买了一个灭火器），若按不当得利的规定，乙就可以拒绝偿还甲的这一费用，这对甲显然是不公平的。即使在管理人的必要管理费用为本人全部获益的情况下，由于这些费用是包含在管理利益里面，而本人得到管理利益是有法律依据的，因而这也不符合不当得利的构成要件，不属于不当得利的情形，即管理人也同样不能适用不当得利的规定请求本人履行返还义务。

通过以上分析，可以得出：无因管理偿还请求权与不当得利返还请求权是完全不同的两种请求权，两者根本不存在竞合的问题。

需强调的是，当管理人为无民事行为能力人或限制民事行为能力人时，由于此时的管理人不负无因管理制度所附加于管理人的各项义务，所以这时的管理人仅以侵权行为及不当得利的规定负其责任。但是，例外的情形是在管理人为限制民事行为能力人时，如果其管理他人事务的行为是经其法定代理人同意的，那么该管理行为则属于完全有效的无因管理行为，此时管理人和本人之间的法律关系，就应当依照无因管理的相关规定进行确定，而不能适用不当得利制度。❶

另外，对于管理事务不利于本人或违反本人明示或可推知意思的情况（即本书下文所说的不正当无因管理和不适法无因管理），由于该行为不成立无因管理，所以当然不存在无因管理之债，在这种情况下，只成立不当得利之债或者侵权行为之债，所以此时也不存在无因管理偿还请求权与不当得利返还请求权的竞合问题。

（二）无因管理与侵权行为的关系

侵权行为是指当事人因为主观故意或者过失非法侵害他人权益并造成一定损害结果而要承担相应侵权责任的行为。无因管理与侵权行为有许多共同点，存在一定的联系，但二者更存在根本区别。

1. 二者的联系

无因管理与侵权行为都是债发生的原因，都是法定之债，都同为事实行为，都是对他人事务"擅自"进行的干涉。在罗马法上曾坚持过干涉他人事务属于违法的原则，从这个意义上讲，无因管理

---

❶ 邹海林：《我国民法上的不当得利》，载梁慧星主编：《民商法论丛》第 5 卷，法律出版社 1996 年版。

与侵权行为有着很多的相似点。

另外，无因管理在一定条件下，也能转化为侵权行为。在无因管理的过程中，当管理人因故意或重大过失而造成本人利益受损害的，表明管理人在主观上已不再具有为他人利益实施管理行为的意思，该管理行为就蜕变为不法侵害他人合法权益的行为。此时存在于该行为中的无因管理构成要件也不复存在，原来的无因管理行为就改变了性质，即原来的无因管理在性质上就转化为侵权行为，而不再是无因管理行为。这种在一定条件下的转化也是无因管理与侵权行为联系的一种体现。

2. 二者的区别

无因管理是指没有法定或约定义务，为了他人的利益而对他人事务进行管理的行为。而侵权行为则是指当事人因为故意或者过失非法侵害他人权益并造成一定损害结果而要承担相应侵权责任的行为。从这两个定义中我们可以看出二者的主要区别。

（1）二者性质不同。无因管理行为是符合道德准则的助人为乐、见义勇为的行为，是为了他人利益、避免他人利益受到损失而实施的行为，是应当受到社会和法律认可和鼓励的行为，是合法的行为。而侵权行为则是损害他人利益的行为，是为社会所谴责和为法律所禁止的行为，是非法的行为。

（2）二者主观目的不同。在无因管理中，管理人有为他人利益而进行管理的意思，即管理人有为他人谋取利益的意思，管理人的主观目的是"利人"。而在侵权行为中，侵权行为人是故意或过失地损害他人利益的行为，主观上不存在为他人谋取利益或者使他人免受损失的目的，侵权人的主观目的是"损人"。

（3）二者法律效果不同。无因管理具有阻却违法性，因而在管理人与本人之间会产生特定的、不同于侵权责任的债权债务关系，且管理人既可以是权利主体，也可以是义务主体。而侵权行为则具有违法性，一旦发生了侵权行为，侵权人就应承担相应的侵权责任，且侵权人只能是侵权之债的义务主体而不可能是权利主体。

（4）无因管理可排斥侵权行为。无因管理在性质上是一种合法行为，是受到法律肯定性评价的行为，而侵权行为在性质上则是一种非法行为，是要受到法律惩戒的行为，所以二者是完全不同性质的两种行为，在本质上存在根本区别。所以，当某种行为一旦成立无因管理，就自然否定了其侵权行为性质的存在。同样，当某种行为一旦属于侵权行为，也就自然否定了其无因管理性质的存在。

所以在判定某种行为是属于无因管理还是属于侵权行为时，一般先看其是否构成无因管理，如果不属于无因管理，我们再考虑是否构成侵权行为。由于无因管理与侵权行为不发生竞合问题，所以无因管理可排斥侵权行为。

（三）无因管理与代理、无权代理的关系

1. 无因管理与代理的关系

所谓代理，是指行为人以特定人的名义所作的意思表示（法律行为），该意思表示（法律行为）对该特定人发生效力，即法律效果直接归属于特定人的行为。无因管理与代理既有区别也有联系，主要如下。

（1）二者的联系。无因管理与代理最大的相似点是二者都是对他人的事务进行管理，主观上都是为了他人的利益而对他人事务进行管理。

另外，无因管理在一定条件下也能转化为代理。无因管理行为经本人追认后（有关无因管理的追认问题，本书下文还要详述），就变更为了委托代理，适用有关代理的法律规定，不再适用无因管理的规定。这种转化同样也是无因管理与代理相互联系的一种体现。

（2）二者的区别。从两者的定义中，我们可以看出无因管理与代理至少有如下区别。

第一，发生的原因不同。无因管理行为是行为人在没有法定或约定义务的情况下实施的行为。而代理则是代理人在负有法定义务（法定代理）或者约定义务（委托代理）的情况下实施的行为。

第二，二者性质不同。无因管理在性质上属于事实行为，而非法律行为。尽管无因管理所管理的具体事务有时可以是法律行为，但是，此时的管理事务属于无因管理的管理方法问题，并不影响整个无因管理事实行为的性质。而代理在性质上属于法律行为，而非事实行为。

第三，对行为人的要求不同。无因管理行为在性质上属于事实行为，不要求管理人必须为完全民事行为能力人，限制民事行为能力人、无民事行为能力人也可以成为管理人。而代理行为在性质上属于法律行为，要求代理人必须具有完全的民事行为能力，无民事行为能力人或者限制民事行为能力人不能成为代理人。

第四，两种行为是否进行意思表示的要求不同。无因管理的构成需要管理人有管理意思，但该意思不是效果意思，因此无须表示出来，即管理人要有管理意思，但不需要进行意思表示。而代理行为的实施，则需要代理人有将法律后果归属本人的意思，该意思是效果意思，因此代理人必须表示出来而为相对人（第三人）知悉，即代理人要有管理意思，且必须进行意思表示。

第五，二者所管理的事务性质不同。无因管理中管理人所管理的事务可以是事实行为，也可以是法律行为（当管理的事务为法律行为时，并不影响无因管理的事实行为性质）。而代理的事务则必须是法律行为。

第六，对管理人的主观状态要求不同。无因管理中管理人在为他人利益进行管理时，也可以同时为自己的利益进行管理。而代理人在实施代理行为时，则不得同时利用代理关系为自己谋取利益（自己代理）。

第七，二者规范的范围不同。无因管理制度规范的主要是管理人和本人之间的权利义务关系，只在特殊情形（紧急无因管理，即见义勇为）才规范管理人（救助人）、本人（受助人）和侵害人三方之间的权利义务关系，适用于民法关于无因管理制度的规定。而代理制度则重在规范代理人与被代理人和第三人三方之间的权利义务关系，适用于民法关于代理制度的规定。

第八，基于以上差别，代理就当然地排斥无因管理。

2. 无因管理与无权代理的关系

无权代理是指行为人没有代理权、超越代理权，或代理权终止后仍以被代理人的名义实施民事行为。无权代理与无因管理极为相似，所以有学者将无权代理也看作是一种无因管理。实际上，二者虽有共同点，但更有质的区别。

（1）二者的联系。二者都是在没有法定或约定义务的情况下对他人事务进行的管理。有些时候无权代理的行为人也有为本人谋取利益的意思，此时二者都具有为他人管理事务的意思。

（2）二者的区别。无因管理与无权代理除了具有上述无因管理和代理的区别外，还有以下质的区别。

第一，二者在性质上有根本区别。无因管理是合法行为，是符合本人利益和社会共同利益的，是受到法律的肯定和鼓励的行为。而无权代理则大多属于违法行为，它违反了被代理人的意思，违背了"私法自治原则"，侵害了被代理人自行决定和处理自己事务的权利，是为法律所禁止的。

第二，行为实施的名义不同。在无因管理中，管理人是以自己的名义而不是本人的名义实施管理行为。而在无权代理中，行为人是以无权被代理人的名义而不是以自己的名义实施的无权代理行为。

第三，二者规范的目的不同。无因管理制度所要调整的主要是管理人与本人之间的权利义务关系。而无权代理制度则要解决无权代理行为的法律效果的归属问题。在无权代理未经追认时，无权代理行为由行为人承担相应法律后果，在无权代理得到追认时，该代理行为由被代理人承受法律后果。

第四，管理是否利于本人的要求不同。在无因管理中，管理行为的后果从根本上说是有利于本人的，管理人有为本人利益管理的意思是其成立的条件。而无权代理人实施行为的后果可能是有利于本人的，也可能是不利于本人的，行为人是否有为本人利益实施行

为的意思并不是其成立的要件。❶

（四）无因管理与防止侵害行为的关系

所谓防止侵害行为，是指我国《民法通则》第 109 条、《民法总则》第 183 条规定的内容。《民法通则》第 109 条规定："因防止、制止国家的、集体的财产或者他人的财产、人身遭受侵害而使自己受到损害的，由侵害人承担赔偿责任，受益人也可以给予适当的补偿。"最高法院在《关于贯彻执行〈民法通则〉若干问题的意见（试行）》的第 142 条中规定："为了维护国家、集体或者他人合法权益而使自己受到损害，在侵害人无力赔偿或者没有侵害人的情况下，如果受害人提出请求的，人民法院可以根据受益人受益的多少及其经济情况，责令受益人给予适当补偿。"《民法总则》第 183 条规定："因保护他人民事权益使自己受到损害的，由侵权人承担民事责任，受益人可以给予适当补偿。没有侵权人、侵权人逃逸或者无力承担民事责任，受害人请求补偿的，受益人应当给予适当补偿。"

对于无因管理与防止侵害行为的关系问题，理论界很少关注，对这一问题进行的论述是少之又少。事实上无因管理与防止侵害行为是最为相似的，因而许多学者都把防止侵害行为称为无因管理。例如王泽鉴教授在其著作《债法原理》中所讲到的"暴徒抢劫银行，有顾客试图制服歹徒遭枪击受伤"的例子。尽管王泽鉴教授是把这一例子作为无因管理讲述的，但这一例子也同我们所说的防止侵害行为极为相似。我们的《民法通则》和《民法总则》规定的防止侵害行为，显然不是作为无因管理制度来说的，而是作为一种具有自身特点的专门行为而言。由于防止侵害行为确实存在着不同于无因管理的特点，所以我们很有必要关注这一行为。

通过法律的相关规定，我们可以看出无因管理与防止侵害行为既有区别也有联系，具体阐述如下。

---

❶ 房绍坤、郭明瑞、唐广良：《民商法原理》（三），中国人民大学出版社 1999 年版，第 313 页。

1. 二者的联系

（1）二者都是对他人（包括国家、集体）事务进行的管理，都是为了他人的利益实施的管理行为。

（2）两种行为都涉及受益人对管理人利益的偿付问题。

（3）管理人因管理事务而受到损害时的无因管理与防止侵害行为极为相似。

（4）在没有法定或约定义务情况下发生的防止侵害行为就是无因管理行为的一种，称为紧急无因管理。

2. 二者的区别

（1）行为发生时对是否存在"侵害"的要求不同。从《民法通则》和《民法总则》的规定我们可以看出，防止侵害行为规定的主要目的，是合理解决不法侵害人或受益人的民事责任问题。防止侵害行为发生的前提条件是"侵害"，这种侵害应当是现实的、正在进行的。无因管理发生的前提条件是本人对自己的事务或财产一时失去控制，不能进行管理，只是存在这种状态继续下去就可能出现利益丧失的危险。❶

（2）二者是两种不同的权利义务关系。防止侵害行为的法律关系主要是三种主体，即防止侵害行为人、侵害人和受益人。赔偿责任由侵害人按侵权进行承担，受益人不承担赔偿责任。没有侵害人的，才按公平原则由受益人承担适当补偿的责任。而无因管理法律关系中，一般情况下只有管理人和受益人两种主体。受益人必须承担管理人为管理而支出的必要费用、所欠债务和所受损害。

3. 需说明的问题

通过法律对防止侵害行为和无因管理的有关规定，一方面我们可以得出二者上述的关系，但另一方面笔者对二者的关系需做进一步说明，以阐明笔者在该问题上的观点，主要有以下观点。

---

❶ 王利明主编：《中国民法案例与学理研究》（债权篇），法律出版社 1998 年版，第113 页。

（1）对防止侵害行为管理人，应选择最有利于保护其权益的方式。在防止侵害行为人没有法定或约定义务的情况下，防止侵害行为完全符合无因管理的构成要件，此种情况就应当认定为无因管理，只不过这是一种特殊的无因管理，即紧急无因管理。由于紧急无因管理具有不同于正常无因管理的特点，所以其可适用《民法通则》第109条或《民法总则》第183条有关规定保护管理人的权益。例如以上王泽鉴教授讲的"暴徒抢劫银行"的例子。此种行为完全符合无因管理的构成要件，但如果认定此种行为的管理人只能就其所受的损害（遭枪击受伤），得向本人（银行）请求损害赔偿，而直接实施侵害的暴徒则不直接向管理人负责，这显然有违法律之公平、正义的本质。

所以，此时对管理人权益的保护，即可按照有关正常无因管理的有关规定，也可按照《民法通则》第109条或《民法总则》第183条的规定进行处理。总之，以最有利于保护管理人权益的方式进行即可。因为对见义勇为行为不能认定为无因管理，这不仅不符合无因管理的立法精神，而且在感情上也无法让人接受。诚如有学者所言，认为被救助人（受益人）对救助人没有补偿法定义务的观点是违反通常社会道德的，是有害的，是不足取的，更何况被救助人对救助人的木然态度会对社会道德产生极坏的影响，其对社会道德的破坏要远远高于见死不救。❶

（2）防止侵害行为既包括紧急无因管理的情况，也包括非无因管理的情况。我国有学者认为《民法通则》第109条和《民法总则》第183条规定的是由见义勇为引起的债权债务关系，应适用无因管理之债的规定，不应适用侵权行为所发生之债的规定。对于其所持有关见义勇为的观点，笔者极为赞同。但问题是《民法通则》第109条和《民法总则》第183条规定的仅仅是见义勇为行为吗？从《民法通则》第109条和《民法总则》第183条的规定中，我们

---

❶ 李开国、张玉敏主编：《中国民法学》，法律出版社2002年版，第593页。

根本看不出防止侵害行为是专门特指防止侵害行为人是在没有法定或约定义务下的情形（这是紧急无因管理即见义勇为成立的前提条件）。

相反，笔者认为防止侵害行为还应包括防止侵害行为人有法定或约定义务的情况。例如，甲帮助乙（两人事先有约定）照看房屋，遇到窃贼入室盗窃，甲奋力与盗贼搏斗遭受重伤。在这里尽管甲乙事先有约定（不构成无因管理），但应该仍然符合《民法通则》第109条和《民法总则》第183条的规定，应依照这些规定对管理人进行保护。我国还有学者在总结无因管理与防止侵害行为的共同特点时说，这两种行为的行为人都是既没有事先受委托，又没有这方面法律义务的人。❶ 这种说法，则实在不知从何谈起。

---

❶ 王利明主编：《中国民法案例与学理研究·债权编》，法律出版社1998年版，第112页。

第二章 | 无因管理制度的历史演变

无因管理制度起源于古罗马时期的罗马法，后为世界各国所效仿沿用至今。在长期的历史演变中，无因管理制度历经产生、发展和完善的过程，逐步成熟起来。虽然经历的时间跨度较大，但无因管理制度历久弥新，其蕴含的制度价值随着人类社会的发展愈发凸显，这一制度为人类社会的法律治理体系和治理能力现代化做出了重要贡献。

就大陆法系和英美法系来说，无因管理制度的历史演变无论是在理论上还是在司法实践中都存在巨大差异，但同时也不乏共性的东西。现对两大法系无因管理制度的历史演变分别加以探讨，以便于我们从中体会世界两大法系的共性与差异，从而帮助我们正确体会和理解无因管理制度的深刻含义与真谛。

一、大陆法系无因管理制度的历史演变

（一）无因管理制度的起源

1. 无因管理制度的产生

无因管理制度最早起源于罗马法，这虽然已经成为理论界的共

识，但由于历史年代过于久远，留存至今的相关史料也非常有限，所以有关这一制度早期的一些基本情况，现在却很难阐述清楚。正如英国的罗马法专家巴里·尼古拉斯所言，对于今天的人们来说，无因管理制度的历史形式和古典形式在许多方面都不大清楚，因此，现在对其研究只能是根据《民法大全》所介绍的情况来勾勒它的大致轮廓。❶ 但就是这样的一个大致轮廓，也已经足够让我们窥一斑而知全豹了。

（1）无因管理制度产生的主、客观条件。无因管理制度的产生不是偶然的，而是在当时特定的社会历史条件下，具备了一定的主、客观条件后自然产生的，是当时社会管理适应社会发展的必然产物。

从主观条件来说，无因管理制度最早是罗马法的原创制度。虽然当时罗马法上有"干涉他人之事为违法"的原则，个人主义的特征在那个时候已经在罗马法上突出显现，但是个人主义还没有作为整个罗马人的理念而存在，在古罗马人看来，帮助他人包括没有经过请求而帮助他人的情况，都是完全符合社会伦理道德规范的，❷ 都应该值得社会大力提倡。因为这种帮助他人的行为，不但体现了社会互助的美德，而且又能够减少个人和社会的财产损失。同时，罗马人也认识到，尽管帮助他人是值得社会大力提倡的行为，但是如果不对其进行一些限制，那么任何人都有可能借互助的理由而干涉他人的事务，由此侵犯他人的自由和利益。❸

也就是说，"一方面需要鼓励人们之间进行互助，另一方面又需要限制过度干涉他人事务情况的发生"的思想，在当时的古罗马已经存在了，并成为一种颇具影响力的思潮，这为当时无因管理制度的产生提供了主观条件。

在客观条件方面，王泽鉴教授说："此制度最早适用于为不在之

---

❶ ［英］巴里·尼古拉斯：《罗马法概论》，黄风译，法律出版社 2000 年版，第 238 页。

❷ 郑丽清：《无因管理制度的溯源与继受》，载《南华大学学报（社会科学版）》2015 年第 6 期。

❸ 周枏：《罗马法原论》（下册），商务印书馆 1996 年版，第 773 页。

人（尤其是远征在外的军人）管理事务。"❶ 郑玉波先生解释说，在罗马法时代，由于交通不便，致使财产的异地管理发生困难，特别是由于代理及第三人的契约制度不发达，因而需要创设无因管理制度。所以，在《告示评注》中乌尔比安就谈到，当朋友不在世的时候，法律允许为了他的利益而采取紧急行动，这种紧急行动的目的是消除对他的财产或名声的潜在威胁。这样的告示就是无因管理的一个古老且非常重要的渊源。❷

从客观条件来看，在古罗马时期，为了保护远征在外的军人即"不在者"的利益，就需要对其财产进行异地管理，由此创设了无因管理制度。无因管理制度来源于对"本人之利益"或"不在者之利益"的保护，这成为无因管理制度产生的客观条件。由此也可以看出，在古罗马法中，无因管理制度创立的目的主要是保护本人的利益。

根据以上阐述推断，我们可以把古罗马法确立无因管理制度的主要原因归纳如下。

第一，为了稳定军心。军人在外出征打仗，难免会记挂家中事务，为了解除他们的后顾之忧，使他们能够专心于军务，能够安心在外从军打仗，同时也为了体现国家对军人的优待政策，鼓励人们从军报国，国家法律特制定、确认无因管理制度，以更好地保护出征在外的军人的利益。从古罗马法中无因管理早期主要适用于远征在外的军人，可以看出无因管理制度产生的原因，其中隐含着很浓的稳定军心之意。

第二，为了保护个人财产和社会财产。罗马法时期交通不发达、不便利，当人离自己的财物比较远的时候，其不容易知道该财物可能面临的损失危险，即使知道他也很难及时有效地采取相应的防护措施。如此以来，单纯由本人管理自己的财物而禁止他人干预的做法，就不可避免地会造成相关财产的损失，这种因管理不力而招致

---

❶ 王泽鉴：《债法原理（一）》，中国政法大学出版社2001年版，第325、326页。

❷ 王利明：《债法总则研究》，中国人民大学出版社2015年版，第518页。

的财产损失，既包括公民个人财产的损失，也包括整个社会财产所遭受的损失。所以，为了保护个人财产和社会财产免受损失或者少受损失，罗马法就创设了无因管理制度。

第三，罗马法重视诚信。❶ 罗马法时期，商业已经比较发达。在一个商业发达的社会里，诚信是一个非常重要的、需要社会全体成员共同遵守的基本行为准则，否则正常的社会商业规则就无从形成，商业社会的发展就难以为继。无因管理制度本身包含浓厚的诚信色彩，罗马法规定无因管理制度，也体现了一个商业发达社会对诚信的重视。

（2）无因管理制度的适用情况。周楠在其著作《罗马法原论》中介绍，在古罗马法定诉讼时期，《霍斯体利亚法》（颁布日期不详）曾规定凡因公出差或作战被俘，如果其财物被盗，所有市民均能够以被害人的名义对窃贼提起盗窃之诉。据此，在古罗马程序诉讼时期，大法官处理无因管理时，比照法定诉讼时期的《霍斯体利亚法》，允许因各种原因离家的人回来以后有权要求为其管理事务的人交回所管理的事务，并可将纠纷诉诸法律解决，管理事务者付出的费用也可以在诉讼中要求偿还。❷

以上规定和做法已经非常接近现代意义上无因管理制度的适用了。其允许市民以被害人名义对窃贼提起盗窃之诉，是侧重于对本人利益的维护和保障，而大法官处理无因管理时，允许离家的人回来以后有权要求为其管理事务的人交回所管理的事务，管理事务者为此付出的费用也可以在诉讼中要求偿还的做法，更是既保护了本人的利益，也兼顾了保护管理人的利益，让人不能不赞叹产生在那个时期的无因管理制度所具有的先进性与科学性。

由此可见，在古罗马法早期即《艾布体亚法》（约公元前149—126年颁布）以前，同整个社会发达的商业贸易相适应，罗马法无

---

❶ 郑丽清：《无因管理制度的溯源与继受》，载《南华大学学报（社会科学版）》2015年第6期。

❷ 周楠：《罗马法原论》（下册），商务印书馆1996年版，第773页。

因管理制度就已经比较发达和先进了，只是在这一时期，无因管理并不受法律的调整。直到共和国末叶，无因管理才由市民法正式予以调整，逐渐形成为一项独立的法律制度。于是，无因管理制度建设得到进一步发展，无因管理制度在国家治理中的地位进一步提升。由于这一时期无因管理制度主要是裁判官在裁判案件过程中所运用的，因而，无因管理制度也被视为是一种"裁判官法"。❶

这时的无因管理制度，在得到法律确认的同时，也进一步在一些具体内容方面得以改进和完善，例如法律具体规定了管理人和本人双方当事人的权利和义务，管理事务的人不再限于在诉讼中消极防卫，而是也被法律赋予了积极的诉权。诉权是权利的保障，因此罗马人就认为，先有诉权而后才能谈得上相关权利，这种观点在立法中有很明显的体现，《十二表法》就是把诉权规范放在实体规范之前而列了三表：传呼、审理和执行。法学家著书立说，也都把诉讼规范和实体规范视为一个整体。❷

管理人被赋予诉权，表明了在这一时期，罗马人对无因管理行为有了新的认识，尤其是对管理人权益保护的认识有了一个新的提高。为了加大对无因管理行为的鼓励力度，无因管理制度开始加大了对管理人权益的保护，即这一时期无因管理制度已经完成了从主要保障本人的利益到本人和管理人的利益都要保障至少是同等保护的转变，这是罗马人理念的一大转变。例如，盖尤斯的《论行省告示》第 3 编中规定，如果一个人在另一个人不在且另一个人不知道的情况下管理了他的事务，那么，当这个人为被管理人的利益支付了必要的费用，或者是为被管理人的利益向他人清偿了债务的时候，这个人均因上述管理行为而享有诉权。管理人与被管理人之间在这种情况下产生的诉讼称为无因管理之诉。❸ 从这一规定可以看出，管

---

❶ 王利明：《债法总则研究》，中国人民大学出版社 2015 年版，第 518 页。

❷ 周楠：《罗马法原论》（下册），商务印书馆 1996 年版，第 773 页、第 855 页。

❸ ［意］桑德罗·斯契巴尼选编：《契约之债与准契约之债》，丁玫译，中国政法大学出版社 1988 年版，第 303 页。

理人利益的保障范围已经有了明显扩大，管理人因管理行为而受到保护的力度已经得到显著增强，无因管理制度已经正式从最初的以保护本人利益为目的转变为本人、管理人利益都要受同等保护。

保护本人权利的或者说本人对管理人的诉权叫"直接的无因管理之诉"或"无因管理本人诉"，本人依据此诉权可要求管理人返还无因管理所得。保护管理人权利的或者说管理人对本人的诉权叫"无因管理之反诉"或"无因管理相对诉"，管理人依据此诉权可要求本人支付管理人为管理事务而支出的费用。从这些制度建构中可以看出，在这个时期的无因管理制度中，本人和管理人的权益都已经得到了相应的充分保护。据此可以说，在这个时期具有现代意义上的无因管理制度就已经初步形成。

罗马法的无因管理制度深深影响了后世其他国家相关法律制度，一直到今天，尤其是大陆法系国家的立法，都根植于罗马法或者说深受罗马法的影响，留有或带有很深的罗马法印记，比较典型的国家，如法国、德国、日本等自不必说，尤其值得一提的是拉丁美洲国家也深受罗马法的影响。

由于拉丁美洲最早的法学教育就是从罗马法和教会法开始的，所以，从一开始拉丁美洲的法律制度就可以说是脱胎于罗马法，并深深地打上了罗马法的烙印。由于拉丁美洲的法学家几乎都是罗马法学家，所以，罗马法和罗马文化与拉丁美洲的关系是非常密切的。在此情况下，罗马法成功地在拉丁美洲民法典编纂的活动中取得了中心地位，❶ 也就是一件自然而然的事情了。其中尤其是以拉丁语系中的巴西和阿根廷最为典型。作为拉丁美洲两个比较大的国家，巴西和阿根廷都是受罗马法影响最深的国家，其中关于无因管理制度，至少从这两个国家法典内容的继受上看，最新的《阿根廷共和国民法典》和《巴西新民法典》的相关法律规定，都与罗马法无因管理

---

❶ 夏秀渊：《拉丁美洲国家民法典的变迁》，法律出版社2010年版，第63页。

制度的立法内容基本相似，❶体现了这些国家对罗马法很强的继受性。

2. 无因管理制度在罗马法中的存在方式

从早期一些学者的著述中可以看出，在罗马法中，无因管理制度是以准契约的形式存在的，例如从盖尤斯《学说汇编》的有关论述中就可以得出这个结论。盖尤斯认为，除了契约和侵权之外，还有第三类债的渊源，而这三种渊源是各类不同的债产生的原因。由于第三类渊源不是基于契约产生的，但又与契约有着密切联系，因而它属于准契约范畴。❷在这里，盖尤斯使用了"准契约"这样的一个概念。

有学者认为，盖尤斯是最早使用了"准契约"这一概念的人，不过最初使用的概念准确说应是"类合同"（quasi ex contractu），意思是"与合同很类似"的，后来逐步演化成"准合同"一词。❸由于契约是以双方当事人的意思表示一致为必备要件的，所以如果当事人一方的行为并没有得到相对方的同意，那么其自然就构不成契约。但是如果该行为并不属于违法行为，不属于私犯的范围，那么即使当事人双方意思表示不一致而没有缔结契约，但衡诸公平原则与公序良俗原则，其行为所发生的效果，也应该与缔结契约相同，所以优士丁尼在《法学纲要》中称此类行为为"准契约"，使之准用契约的有关规定。❹由此产生了准契约之债。

在优士丁尼的《法学阶梯》第27题准契约之债中这样写道："在列举了契约的种类后，朕也探讨确实不被严格地认为产生于契约，但由于其存在不是产生于非法行为，被认为是产生于准契约的债。""在某人管理不在者之事务的情况下，在他们间相互产生被称

---

❶ 郑丽清：《无因管理制度的溯源与继受》，载《南华大学学报（社会科学版）》2015年第6期。

❷ 王利明：《债法总则研究》，中国人民大学出版社2015年版，第518页。

❸ 王利明：《准合同与债法总则的设立》，载《法学家》2018年第1期。

❹ 周枏：《罗马法原论》（下册），商务印书馆1996年版，第768页。

作无因管理之诉的诉权……显然，这些诉权不是从任何契约产生的，因为这些诉权产生于某人在未受委任的情况下，自荐于他人事务之管理的情况。"在这里，优士丁尼把无因管理作为准契约的情景说得已经非常清楚了，并且他在《法学阶梯》中还进一步说到了这种准契约之债的内容："正如有益地照管了事务的人对事务的主人享有债权，反过来，他本人也对管理账目之汇报承担责任。"❶ 不仅如此，优士丁尼还进一步发展了准合同理论，在他的《法学阶梯》里，他将债务分为四种类型，这就是合同、类合同、侵权、类侵权，其中的类合同就包括了不当得利、无因管理及其他类合同。❷

英国学者巴里·尼古拉斯认为，尽管准契约这一范畴产生的根据并不令人满意，但至少是明确的。确实有大量的债既不能说产生于契约，因为事先没有过任何协议，而且也不能说产生于私犯，因为负债人没有实施任何非法行为。因此，这些债被说成是产生于准契约。无因管理是自愿的和未经批准的、对他人"事务的经营"，并且创设一种不完全的双务关系，类似于产生于委托的那种关系。❸ 美国学者艾伦·沃森也认为，优士丁尼的《法学阶梯》把债分成四种基本类型，即因契约或仿佛因契约或因不法或仿佛因不法所生之债，后来的年代从"仿佛因契约"和"仿佛因不法"里抽象出实质，即准契约和准不法。《法学阶梯》把"无因管理"和"不当得利"当成"仿佛因契约"所生之债来对待。❹ 而意大利学者彼德罗·彭梵得则更直接说道："当罗马人说债产生于准契约时，他们指的正是无因管理，因为它完全缺乏契约协议。"❺

---

❶ ［古罗马］优士丁尼：《法学阶梯》，徐国栋译，中国政法大学出版社 1999 年版，第 403 页。

❷ 王利明：《准合同与债法总则的设立》，载《法学家》2018 年第 1 期。

❸ ［英］巴里·尼古拉斯：《罗马法概论》，黄风译，法律出版社 2000 年版，第 238 页。

❹ ［美］艾伦·沃森：《民法法系的演变及形成》，李静冰、姚新华译，中国政法大学出版社 1992 年版，第 228 页。

❺ ［意］彼德罗·彭梵得：《罗马法教科书》，黄风译，中国政法大学出版社 1992 年版，第 396 页。

　　罗马法的准契约理论有重大意义，它把契约之债与非契约之债明确区分开来，不仅使债权理论更趋科学、更加完善，而且其实践意义也非常巨大。它澄清了现实生活中人们对一些似是而非的行为的认识，明确了这些行为在法律上应受到的调整轨道，对指导人们的现实生活有重要意义，对世界各国的立法也有着重大影响。正如有学者所说，这一理论"体现着罗马法对现代民法所作出的、最富有特色的贡献"❶。

　　虽然把无因管理作为准契约有很重要的意义，但是从今天的角度来看，这一理论也的确存在欠妥之处。我国有学者认为，罗马法的准契约说虽然有一定道理，但仍然不十分准确。理由如下：其一是无因管理与合同在性质上是有根本区别的，当事人之间不构成合同关系，是无因管理存在的前提；其二是无因管理人在从事管理行为中，不能认为管理人所承担的债务是本人默示同意的，或者是推定本人所默认的债务，因为无因管理的构成不能完全以本人是否愿意接受无因管理的后果来确定或判定。❷ 笔者赞同此观点。同时笔者认为准契约的"准"字在这里的意思按《新华字典》的解释应为"依照""依据""可以作为某类事物看待"的意思。据此，准契约也就是指"可以作为契约看待的"，但实际上无因管理无论从哪个角度来看都与契约有根本区别。即使是把无因管理作为准契约有特定的含义，但"准契约"从字面上也很容易让人误解，所以此种说法确实欠妥，后来人们把无因管理作为债的一种独立的发生原因，而不再作为"准契约"，这实在是债法体系的一大进步。但不管怎么说，罗马法准契约理论对人类社会法律制度建设，尤其是对民事法律制度建设所做出的重大贡献仍是不可否认的。

---

　　❶ ［英］巴里·尼古拉斯：《罗马法概论》，黄风译，法律出版社 2000 年版，第 238 页。

　　❷ 王利明：《无因管理制度探讨》，载王利明主编：《民商法研究》（修订本）第四辑，法律出版社 2001 年版。

（二）无因管理制度的发展

直到今天，罗马法仍然深深影响着世界其他国家相关法律制度的建设，这种影响尤其以大陆法系国家最为典型，所以大陆法系又被称为罗马法系，大陆法系国家又以欧洲大陆为先对罗马法进行了继承和发展，其中罗马法的无因管理制度也不例外，它也很好地在欧洲大陆国家中得到继承，并得到进一步发展，也就是说深受罗马法影响的欧洲大陆，在继承无因管理制度的同时，也不断促进其发展，使该制度能够更好地适应社会的发展需求。❶ 此后在此基础之上，在欧洲大陆之外的日本，无因管理制度又得到了较好的发展与完善。

1. 《法国民法典》对无因管理制度的发展

作为世界法制史的一个里程碑，1804 年的《法国民法典》深受罗马法关于准契约的影响，沿袭罗马法，没有规定债法总则，而是以准契约的形式确认了无因管理。该法典在第三卷（"取得财产的各种方式总则"）第四编（"非经约定而发生的债"）第一章（"准契约"）中，从第 1372 条到 1381 条专门对无因管理作了规定，其中第 1372 条至 1375 条，对无因管理的一些基本理论进行规定，如管理人如何管理事务、管理人的义务、管理事务终止的情形、管理人责任的减轻、事务所有人的义务、事务所有人对管理人的补偿及有关费用偿还等。第 1376 至 1381 条，专门对物的返还的有关情况做出了详细的规定。

并且，《法国民法典》还明确界定无因管理就是一种准契约，因为当某人自愿管理他人事务时，不管该他人是否知道这个管理行为存在与否，进行管理的人都属于缔结默示义务，他就应该持续地将已经开始管理的事务管理下去，一直到管理人将该事务交付给被管理人，被管理人能够自行管理该事务为止。而准契约就是指"人的

---

❶ 郑丽清：《无因管理制度的溯源与继受》，载《南华大学学报（社会科学版）》2015 年第 6 期。

纯属完全自愿的行为而引起的行为人对第三人的某种义务，以及有时引起双方当事人相互负担的义务"。❶ 由此可以看出以上的无因管理行为完全符合准契约的这种含义，所以《法国民法典》就认为，无因管理属于准契约。

由此可见，在法国无因管理是作为一种"纯粹的自愿行为"而存在的。根据公平原则，法国法律认为，被管理人如果无偿享受管理人的管理行为所带来的利益，那将是不公平的，因此法国法律明确要求被管理人必须偿付管理人因为管理被管理人的事务所发生的合理费用，而为了行使要求偿付这个费用的权利，管理人就必须首先证明自己实施了相应的合理的管理行为。❷ 由此可见，除合同之债以外，《法国民法典》也承认无协议产生之债，不仅承认无因管理之债，而且在罗马法的基础上，通过民法规则对无因管理进行了完整的表现，与其他规则一起"使革命前法律实践已经习惯了的大部分技术法律原则得到保留，并使之更具活力"。❸

2016 年法国对合同法进行全面修订，合同法的许多内容都被进行了大幅度修改，但是，准合同的概念却仍然保留在了新修订的民法典里，其第 1300 条专门明确规定："准合同是完全自愿的行为，由此使不当获得利益的人负担义务，或有时使行为人对他人负有义务。本节所称的准合同包括无因管理、非债清偿和不当得利。"❹

另外，《意大利民法典》《瑞士民法典》《魁北克民法典》等对无因管理制度也都作了相应规定，这些规定与《法国民法典》并无很大差异，主要内容基本相同。

以《法国民法典》为代表的大陆法系民法典，对罗马法的无因管理制度在继受的同时，也在许多方面进行了发展，这些发展最主要的表现就是关于管理者与本人之间的权利、义务关系的调整。在

---

❶ 罗结珍译：《法国民法典》，中国法制出版社 1999 年版，第 328 页。

❷ 王利明：《债法总则研究》，中国人民大学出版社 2015 年版，第 519 页。

❸ ［法］茹利欧·莫兰杰尔：《法国民法教程》，尚士城译，载《外国民法资料选编》，法律出版社 1983 年版。

❹ 王利明：《准合同与债法总则的设立》，载《法学家》2018 年第 1 期。

早期的无因管理制度中，主要是通过规定管理者与本人享有程序上的诉权来实现对二者权益的保护，而《法国民法典》则是直接对管理人和本人规定了许多实体上的权利和义务。由于增加了这些实体上的权利，管理人与本人的权益保护就更直接，从而更有保障。

值得一提的是，《法国民法典》还赋予了无因管理制度更加广泛的调整范围。根据《法国民法典》的相关规定，无因管理制度不仅适用于无因管理的情形，而且还适用于不当得利的情形。所以《法国民法典》规定了无因管理制度后，并没有再单独制定一个不当得利制度，与此相适应，社会实践中所有应该适用不当得利制度的情形，就都是适用无因管理制度的有关规定判定的。也就是说，根据《法国民法典》的规定，在法国法中无因管理制度同时替代不当得利制度而发挥作用，❶ 例如上述《法国民法典》第 1376 – 1381 条，对物的返还的有关情况做出的规定，有很多的内容就是如此。

2. 《德国民法典》对无因管理制度的发展

作为世界法制史上的另一个具有重要意义的里程碑，1900 年的《德国民法典》在无因管理制度的规定方面，则取得了更大的突破，这集中体现在《德国民法典》专门规定了债法总则，因而完全废除了准契约的观念，而将无因管理作为一项独立的制度加以规定。尽管在德国理论界，一些学者仍将无因管理作为准合同对待，但是，《德国民法典》并没有将无因管理作为准合同进行规定，而是将其与不当得利等债的发生原因相并列，作为独立的债的发生原因之一进行规定，这种立法例对此后大陆法系国家的立法产生了重大而深远的影响。此后凡是设置独立债法总则编的立法例，都基本上采取了与《德国民法典》相类似的规定，也都抛弃了所谓准合同的概念。❷

但是，对于《德国民法典》中关于无因管理制度的规定是否抛弃了准契约问题的认识，我国学者的看法有较大分歧，例如有学者

---

❶ 王利明：《债法总则研究》，中国人民大学出版社 2015 年版，第 520 页。

❷ 王利明：《准合同与债法总则的设立》，载《法学家》2018 年第 1 期。

认为《德国民法典》并不认为无因管理是独立于契约之外的一种债的形式，而是将其规定在各类契约之中，并放在"委任"之后，表明其与委任有着密切的联系。还有学者认为《德国民法典》将无因管理编排在"委任"之后，是将无因管理看作是未受委托而进行事务的管理。● 而另外一些学者则非常肯定地认为《德国民法典》抛弃了准合同的概念。例如，有学者认为，《德国民法典》抛弃了准合同概念，将无因管理作为一种债的独立发生原因进行规定，后来瑞士、日本的民法也仿照这种立法例进行了相应的规定。●

那么，无因管理在《德国民法典》中究竟是以什么样的形式出现的呢？综观整个《德国民法典》，第二编"债的关系"共有七章内容，其中合同债务关系（或"因合同而产生的债的关系"）是整个第二章的内容（第305条至361条），而无因管理只作为一节（第十一节，第677条至687条）规定在第七章（"具体债务关系或称各个债的关系"，第433条至853条）中。也就是说，至少在形式上，《德国民法典》抛弃了准合同概念而把无因管理作为一项独立的民事制度加以专门的规定，这是一个巨大进步。但同时法典却并没有把无因管理同合同、不当得利、侵权行为并列在一起，作为债发生的一种独立原因（根据）进行规定，即《德国民法典》对无因管理的性质并没有做明确的界定。对于这一情况的看法，也是仁者见仁、智者见智。例如，有学者认为这种规定实际上是借鉴瑞士法的经验，但是我国台湾地区学者王泽鉴则对此进行了批评，他认为，德国民法关于无因管理的规定，体例不够严密，未能明确地表现立法上利益衡量之原则，甚受学者批评。●

● 王利明：《无因管理制度探讨》，载王利明主编《民商法研究》（修订本）第四辑，法律出版社2001年版。魏振瀛主编：《民法》（第三版），北京大学出版社2007年版，第585页。

● 李双元、温世扬主编：《比较民法学》，武汉大学出版社1998年版，第585页。彭万林主编：《民法学》（修订本），中国政法大学出版社1999年版，第643页。

● 王利明：《无因管理制度探讨》，载王利明主编《民商法研究》（修订本）第四辑，法律出版社2001年版。

从《德国民法典》对无因管理相关内容的规定来看，其详尽地规定了事务管理人的义务、违反本人意愿管理事务、无视违反本人意愿、为免除危险而管理事务、事务管理人的从义务、事务管理人无行为能力、偿还费用、返还不当得利、赠与的意图、误认本人身份、误认的事务管理、非真实的事务管理等，内容比较翔实，对相关的多种可能情况进行了相关规定，理论上比较严密，实践中操作性也较强。

就像其他民事法律制度一样，《德国民法典》在无因管理制度建设上的贡献是巨大的。法典运用逻辑、形式的完美来重新构建了民法规则，其中无因管理制度无疑是其创新的重要组成部分。《德国民法典》承认无因管理具有"人类救助"的特点，通过确认无因管理制度，将此种行为转化为一种法律规范，从而鼓励人们从事互助行为。并且该法典从形式上将无因管理制度加以专门的规定，对后来大陆法系国家的立法产生了重大影响，为后来一些国家对无因管理制度进行完善，建立现代无因管理制度打下了基础。《德国民法典》具体区分了适法的无因管理与不适法的无因管理，也区分了真正无因管理和不真正无因管理，并做出了相应的规范。法典还明确了无因管理的效力，例如违法阻却的效力、管理人适当管理效力等等。总之，《德国民法典》以独特逻辑思维和理论概括打破了原有框架的束缚，为无因管理制度的发展开辟了崭新的道路。

（三）无因管理制度的完善

日本民法主要继受了德国民法的成果，并在此基础上加以发展和完善。关于无因管理制度，日本民法并没有完全照搬照抄德国民法的有关内容，《日本民法典》第三编（"债权"）共设五章内容，分别是总则、契约、无因管理、不当得利和侵权行为。从这五章标题的内容可以看出日本已经把无因管理的地位提升，把它同契约、不当得利和侵权行为并列作为了债的发生根据。这一变革具有重大意义，它不仅勾画出了债法结构的基本轮廓，而且完善了民法债的体系，反映了无因管理制度在民法中日益突出的地位。

《日本民法典》第五章"无因管理"（第 697 条—702 条），共 6 条 9 款内容，分别规定了管理人的管理义务、紧急无因管理、管理人的通知义务、管理继续义务、委任规定的准用、管理人的费用偿还请求权等。可以看出，《日本民法典》对无因管理的内容作了较为详细的规定，对社会实践具有较强的指导性且可操作性强。

日本的法制改革尤其是民法改革，是在考察了英、法、德等国家的法律制度之后，在比较了大陆法和英美法的优劣之后，紧密结合本国国情制定的，同时还经过了激烈的"法典论争"阶段反复修订之后才出台的民法典，另外加上"二战"后日本面临的特殊外部环境，使得《日本民法典》成为兼采大陆法系和英美法系的一些内容并结合了东方文化特点的且具有日本自身特色的产物。

当然，由于历史传统的原因，《日本民法典》主要还是以《德国民法典》为蓝本，采取了《德国民法典》的体系，这既是基于日本为大陆法系国家传统而进行选择的体现，也是日本在比较了大陆法系的《法国民法典》和《德国民法典》的优劣后做出的选择，为此还推翻了"旧民法"（即以《法国民法典》为蓝本的民法典）。但是，《日本民法典》对《德国民法典》的承受，并不是机械地照搬，而是在吸收中创新，即"日本民法典是开创式地向德国民法典学习"。❶ 其中的无因管理制度同样是日本继承与创新精神的一个缩影，更是日本在法律进化论和法律改良主义理论指导下，"主动式""开放式""择其最优者而学之"的体现。

与其他民法发达国家相比较，作为同处东亚地区且有许多共同文化渊源的我国，与日本存在更多的相似之处，所以从这个角度而言，无论在立法的精神上还是在立法的内容上，日本的做法尤其值得我们借鉴。

---

❶ 江平：《日本民法典 100 年的启示》，载渠涛主编《中日民商法研究》（第一卷），法律出版社 2003 年版。

二、英美法系无因管理制度的历史演变

（一）基本情况

在英国法中，由于历史的传统，以及强烈的个人主义思想的影响，普通法没有认可无因管理制度。普通法的一项基本原则就是：任何人未受他人的委托，不得介入他人的事务，也不能因向他人提供服务而向他人主张报酬或者偿还费用。在英国法中，未经当事人同意而管理他人事务的行为，通常被视为一种添乱的做法。但是也存在例外，如英国的法官认为，不存在强迫某人对为其利益而必须支出的费用进行偿付的法律原则，只有在他人人身安全遭受危险的情况下，为保护他人人身安全才有介入他人事务的必要。❶ 也就是说，只有在紧急情况下，例如为免除他人人身安全遭受的危险时，提供劳务的一方才有权请求受益人对其给予补偿。

美国法深受英国法的影响，也排斥了无因管理原则，这集中体现在美国的"禁止好管闲事原则"。但与英国法相似，美国法同样承认紧急情况下的救助。在紧急情况下，例如为了免除他人人身安全的危险，救助人实施了救助行为可以请求受益人支付相关费用。现在美国各州都有《好撒玛利亚人法》，即《见义勇为法》，就是这种情形的体现。通过法律规定免除见义勇为者因为施救而造成损失的责任，这就是"必要时的代理原则"。

总之，英美法不认可正常状态下的无因管理（即本书下文所说的正常无因管理），但对于紧急情况下的无因管理（即本书下文所说的紧急无因管理或者说见义勇为）还是予以承认的。

（二）英美法系的准合同

在英美法系中，没有无因管理的立法，也不承认无因管理为独立的法律制度，甚至否定无因管理制度的合法性。但在学说和判例

---

❶ 王利明：《债法总则研究》，中国人民大学出版社2015年版，第523页。

上，无因管理依然存在，只不过其被归于准合同的范畴。所以，考察英美法系无因管理制度的历史演变即考察英美法系准合同的历史演变。

1. 英美法准合同的产生

在立法上，英美法没有采用债法的概念，一直使用的都是准合同的概念，英美法的准合同概念实际上也是从罗马法中演化而来的。[1] 英美法系准合同制度的产生有其独特的情形，起源应追溯到 17 世纪的英国合同制度。在当时的英国，根据合同制度严格形式主义的要求，一个有效合同的成立，必须满足多个条件，例如当事人双方必须就履行标的的对价、数量、价格等内容达成一致，否则合同就有可能无效；而合同一旦无效，其后果就是无论当事人双方履行此合同的情况怎样，其中一方是不能要求另一方给予补偿的。这种"僵硬、呆板"合同制度的最终结果，对已经积极履行合同的一方当事人来说，显然是非常不公平的。[2] 于是，为了避免这种情况发生，在审判实践中，准合同制度作为某种意义上具有合同性质的救济制度就产生了。

准合同与真正的合同存在显著区别。真正的合同是以当事人双方的意思表示特别是对所要履行的义务做出明确承诺为必备条件，但是，准合同则完全是法律为实现社会公正而拟制出来的双方当事人所要履行的义务。也就是说，在当时的英国社会实践中，当积极履行合同义务的当事人遭受客观损害而合同法律制度无法为其提供保护时，对积极履行法律义务的人来说不啻为沉重打击，这不利于保护遵纪守法人的合法权益，显然有失法律上的公平正义。有鉴于此，法律特创设准合同制度为受损害的一方当事人提供救济，以此实现社会的公平正义。可见，英美法上的准合同是作为一种救济手段，为弥补法律漏洞而产生的。

---

[1] 王利明：《准合同与债法总则的设立》，载《法学家》2018 年第 1 期。

[2] 马继军：《论不当得利》，载梁慧星主编《民商法论丛》第 12 卷，法律出版社 1999 年版。

2. 英美法准合同的含义

准合同的英文是 quasi contract ，意思是类似于合同，实际上是指这种合同规定的义务并非当事人合意产生的，而是由法律拟制出来的。[1] 在实践中，法院的法官们在处理一些纠纷时，会遇到一些特别的案件，这类案件既不属于合同，也不属于侵权，于是它们就被单独归为一种类型，这种类型就叫准合同。这种准合同包含着多种多样的债务类型，这些债务类型由于有的与合同债务相似，有的与侵权债务相似，所以它们彼此之间的相似性有时并不大，因此这些准合同债务甚至还会有着多种多样的不同名称，[2] 也就不足为奇了。英美法系中有关准合同的理论较为复杂，阐释难度也较大，由此，对于英美法系的准合同究竟包括不包括无因管理内容，我国学者观点也不一致，主要如下：

一种观点认为，英美法的准合同不包括无因管理。例如，有学者认为，英美法系的准合同法不包括无因管理，它只是与大陆法系的不当得利法大体上相类似，但英美法的准合同有与无因管理相接近的必要时的代理。[3] 该学者甚至直接说英国法上的准合同就是指普通法法院发展起来的有关各种不当得利的规则。[4] 更有学者认为，英美法的准合同与不当得利是对同一法律原理的不同表达而已。[5]

另一种相反的观点则认为，英美法系的准合同包括无因管理。例如，有学者认为，在英美法系中，准契约的名称经常保留着，它包括不当得利和无因管理等情况。也有学者在给英美法中的准合同下定义时说，所谓准合同，就是指依照法律所确定的不当得利、无因管理等原则，在当事人双方之间产生了一定的债权债务关系，由

---

[1] ［美］彼得·哈伊：《美国法律概论》（第二版），沈宗灵译，北京大学出版社1997年版，第78页注。

[2] 王利明：《准合同与债法总则的设立》，载《法学家》2018年第1期。

[3] 沈达明编著：《准合同法与返还法》，对外经济贸易大学出版社1999年版，前言。

[4] 沈达明编著：《英美合同法引论》，对外经济贸易大学出版社1993年版，第159页。

[5] 王军编著：《美国合同法判例选评》，中国政法大学出版社1995年版，第7页。

此产生的合同。❶

笔者认为，以上两种观点都有一定的道理，也都存在一定的片面性。要讨论英美法的准合同，必须明确的关键点是：英美法系和大陆法系所说的准合同的含义是不同的。

首先，英美法系中的准合同与大陆法系的准合同的内容来源不同。在大陆法系里，准合同的内容具有实质性的意义，是实实在在存在的。而在英美法系，准合同的内容则并不是客观存在的，而是由法律拟制出来的，这是两大法系准合同的本质区别。

其次，英美法系中的准合同与不当得利属于同一概念。从字面上看准合同是衡平法上的概念，来自拉丁文 quantum meruit，译成英文为"as much as he deserves"，意思是"所得不应多于应得"。❷ 这实际上说的就是不当得利。从它的内容来看，主要也是关于不当得利方面的规则，所以它又叫"不公平得利法"，英美法系整个准合同法实际上就是一个不当得利法。

再次，英美法系的不当得利与大陆法系的不当得利含义也是不同的。英美法系的不当得利要比大陆法系中不当得利的范围宽泛得多，它甚至涵盖了很大一部分在大陆法系中属于无因管理的内容。而在大陆法系，无因管理与不当得利是两个不同的概念，是两个并列的内容，它们各自成为准合同的一部分。

由以上分析可以得出：英美法系不承认无因管理制度独立存在，但在学说和判例上无因管理被归于准合同范畴，在准合同中无因管理同不当得利混杂在一起，统称为不当得利，即英美法系所称的准合同，就是一个不当得利法，而没有无因管理的概念，但其中却包含着无因管理的内容。

---

❶ 林国民等编著：《外国民商法》，人民法院出版社 1996 年版，第 101 页。王利明：《无因管理制度探讨》，载王利明主编：《民商法研究》（修订本）第四辑，法律出版社 2001 年版，第 666 页。

❷ 王军编著：《美国合同法判例选评》，中国政法大学出版社 1995 年版，第 7 页。

3. 英美法系准合同的发展

后来，英美法系将准合同理论进一步发展，先是把它作为法律上的默示合同，后来又抛弃默示合同理论，直接把准合同作为恢复原状法（返还法）适用。

早期的英国法对准合同的态度与罗马法显著不同。根据罗马法的请求返还之诉，合同无效但已经交付货物的人有权追回他的货物，很显然，对那些具有特定审美或艺术价值的物品而言，根据罗马法，可获得恢复原状（返还）的好处。而在英国法的准合同中，他只有权获得相当于货物价值的补偿。❶

但是，不当得利理论的引进则使英美法中传统的准合同理论发生了很大的变化。不当得利的直接法律效力就是不当获利人负返还义务，即不当获利人要履行恢复原状（返还）的义务。美国的《恢复原状法重述》（《返还法重述》）第1条明确规定："无正当理由而受利益，致他人受损害者，负恢复之责任。"现在，不当得利在英美等国已得到广泛认可，包含着无因管理内容的不当得利在英美法上的作用也越来越大，适用范围涉及财产法、合同法、侵权法、家庭法等各个领域。

由于"恢复原状（返还）"一词更直接、更明了地体现了英美法上的公平正义理念，因而这一术语更易为人们所接受，人们就更喜欢使用恢复原状（返还）这一术语，而较少使用准合同这一名词。❷ 随着默示合同理论被抛弃，准合同一词也就不再使用，而相关不当得利（包含无因管理内容）的法律，人们都习惯称为"恢复原状法（返还法）"。有关准合同关系也主要是由恢复原状（返还）的法律来调整。

需要特别强调的是，恢复原状法目前在英美法中尚处于新旧过渡交错使用时期，一方面引进了不当得利的概念，并大力

---

❶ 马继军：《论不当得利》，载梁慧星主编：《民商法论丛》（第12卷），法律出版社1999年版。

❷ 林国民等编著：《外国民商法》，人民法院出版社1996年版，第101页。

使用；另一方面，准合同的概念也没有被废除，仍然在大量使用，即在英美法中关于准合同问题是传统规则与新的规则共同存在。由此可以看出，英美法上的不当得利是以一种比较随意的方式发展的，它是历史偶然和立法拟制的产物，而非理性设计的产物。❶

在英美法系内部，恢复原状法（返还法）在美国的发展早于英国，因为是美国人首先使用返还法这一术语。❷ 美国早在 1937 年出版的《返还法重述》（《恢复原状法重述》），就成为英美法上返还法（恢复原状法）的里程碑，而直到 1966 年英国的《返还法》（《恢复原状法》）才首次把散见于英国各部门法律中的有关返还法（恢复原状法）规范，汇集成一个完整的体系，而到 1985 年《返还法引论》（《恢复原状法引论》）才提出了一个恢复原状法的理论体系。近年来，加拿大、澳大利亚、新西兰等国家的判例，在若干主要问题上比英国法有了更大的发展。❸

（三）英美法系无因管理制度演变的意义

英美法系国家准合同（包含无因管理内容）理论与实践的发展以及一些法学家有关无因管理的论述，对我们了解这一制度早期情况，以及从另一个角度（英美法的角度）来考察、研究无因管理制度都大有裨益，尤其是他们各具特色的文化背景，以及由于法律理念的不同而产生的独到见解和理论，更是极大地丰富了无因管理制度的理论内涵。

英美法系的准合同理论与大陆法系无因管理的共性，让我们看到了世界两大法系的融合点。而英美法系的"禁止爱管闲事"理论与大陆法系无因管理制度的冲突，则构成了大陆法系与英美法系的

---

❶ 马继军：《论不当得利》，载梁慧星主编：《民商法论丛》（第 12 卷），法律出版社 1999 年版。

❷ 沈达明编著：《英美合同法引论》，对外经济贸易大学出版社 1993 年版，第 160 页。

❸ 沈达明编著：《准合同法与返还法》，对外经济贸易大学出版社 1999 年版，前言。

一个非常突出的差别，也让我们体会到了世界两大法系的差异。可以说，对无因管理制度的研究，世界两大法系从各自的角度都做出了突出贡献。

第三章 | 无因管理制度的价值目标

　　法的价值问题是法的重要问题，也是法理学的基本问题之一。这个问题涉及面广，例如法的目的性、正当性和理想图景以及人们对法律制度的期许等。法律价值的含义包括法律在发挥其社会治理作用的过程中能够保护和助长那些值得期冀、希求的或美好的东西，也包括法律本身所应当具有的值得追求的品德和属性，还包括法律自身所包含的价值评价标准等。❶

　　任何一项法律制度的产生和确立，都有一定的价值取向。可以说，每一项好的法律制度都蕴涵着极其深远的价值内涵，都反映着从立法者、执法者到守法者追求的社会公平正义的最终目标。无因管理制度历经数千年，虽经历多种曲折，但经久不衰，原因有多方面，其中这一制度本身蕴涵的巨大价值目标，应该是它能够流传至今的最主要原因所在。

---

　　❶ 张文显主编：《法理学》（第四版），高等教育出版社、北京大学出版社 2011 年版，第 249～250 页。

一、无因管理制度的道德价值目标

（一）彰显道德价值目标是无因管理制度的基本功能

1. 私法自治原则与"禁止干预他人事务"

私法自治原则又称意思自治原则，是指任何一个民事主体都能够依照自己的意思、意愿，独立自主地进行民事活动、决定民事事项的原则，是私权神圣理念的产物。私法自治原则是民法最重要、最具代表性的原则，其"作为民法的一项基本原则，贯穿于整个民法之中，体现了民法最基本的精神"。❶私法自治原则是法律对尊重个体人尊严的一种确认，以此充分保障个体人的自由与平等，最大限度地发挥个体人的想象力和创造力，以便为社会的发展做出较大贡献。正是在私法自治原则的基础上，才派生出了诸如契约自由、婚姻自主、过错责任等一系列法的重要理念。这些法的重要理念是私法自治原则在民法不同领域、不同方面的具体体现，也是民法对各类冲突的利益关系据以作出价值判断从而进行利益衡量的基本依据。❷

私法自治原则也是市民社会理论的产物，按照市民社会理论，相对于政治国家的市民社会具有自发形成的高度的自治性，在这种社会里人与人之间不仅身份平等而且高度自主，其中任何人都没有特殊的地位。市民社会里任何一个个体或者任何一个组织都能够按照自己的意思建立或处理自己与他人的关系，并且高度自觉地遵守社会自治的法律制度。私法自治原则也只有在市民社会里才能体现出来，私法自治原则是市民社会自治在私法领域的体现，是民事主体身份平等和市民社会分工的必然结果，其成为民法最重要、最具代表性的原则有其必然性。在一般的意义上，民法保证了私法自治

---

❶ 王利明：《民法总论》（第二版），中国人民大学出版社 2015 年版，第 51 页。

❷ 王利明主编：《民法》（第四版），中国人民大学出版社 2008 年版，第 34 页。

原则，就是保证了民法所追求的公平、正义的实现。●

基于私法自治原则，在一个现代法治的社会里，没有合法根据和原因，人们是不能随意插手别人的事情，不能随便管理他人事务的，哪怕是善意地想帮助他人，否则就会构成侵权。这就是"禁止干预他人事务"的原则。这一原则也是私权神圣理念的必然产物，作为私权神圣和私法自治原则的一种具体化和自然延伸，"禁止干预他人事务"的原则就成为私法上的一个重要原则，成为私法上一项不言而喻的行为准则，体现了社会对私权的尊重、对个体的尊重，以此激发个体自身蕴含的能量、激发个体潜在的创造力，并以此为整个社会的发展做出个体的贡献，这是社会进步的表现。

2. 私权适度限制与"鼓励人类互助精神"

然而，现实社会生活中，正如马克思所说，人的本质不是单个人所固有的一种抽象物，在其现实性上，它是一切社会关系的总和。整个社会是一个普遍联系交织起来的网络，任何一个事物都和周围其他事物有条件地联系着，孤立的事物是没有的。人类社会中个体私权的存在及其行使必然会对其他私权主体的利益产生这样或那样的影响，为了平衡私权主体之间的利益，私权就必须要受到限制。在人类社会中，各种私权的存在和行使一般会促进公共利益的发展，但有时也会对公共利益产生不利影响，所以为了协调私与公之间的利益关系，维护公共利益，维持社会正常秩序，私权也必须要受到限制。❷ 因此，在一个现实社会中，那种绝对的私法自治是不可能存在的，也是无法存在的，民事主体自主自由地从事民事活动也是相对的、有限制的，❸ 正如有学者所说的："私权是无限弘扬的权利，私权同时也是受到适度限制的权利。"❹ 因为在社会治理过程中，法律保护主体最大限度获取利益的前提是主体不得损害他人或社会公

● 王连合主编：《民法（总论物权）》，山东人民出版社 2013 年版，第 10 页。

❷ 董学立：《民法基本原则研究》，法律出版社 2011 年版，第 79、80 页。

❸ 王连合主编：《民法（总论物权）》，山东人民出版社 2013 年版，第 10 页。

❹ 董学立：《民法基本原则研究》，法律出版社 2011 年版，第 82 页。

共利益，所以，法律上权利滥用禁止原则、公序良俗原则等应运而生。

不仅如此，在现实社会生活中，人们往往会面对各种各样的事件，尤其是可能会面对突如其来的变故，每当此时人们不可能凡事都凭借自己的力量处理得周到周全，许多事情客观上只能借助他人才能完成，许多时候人们只有互相依靠、互相帮助才能顺利完成一些事情。在许多时候个人的事务客观上经常需要得到他人的帮助，同时个人也时常会面对需要用自己的力量去帮助和管理他人事务的情况。这样一来，互帮互助遂成为人类社会中一种客观需要，这种互帮互助的行为在人类社会中体现的是一种美德，助人为乐、见义勇为更是成为一种高尚的道德情操。

因此，在人类社会生活中，当人们在无法定或约定义务的情形下，为避免他人的利益受损害而主动管理他人事务的行为，是完全符合人们共同利益的，这种行为也就成为一种社会道德的要求。❶ 所以在人类社会中，这种"人类互助精神"不仅是可能的，而且也是必要的，是值得大力倡导的人类文明行为。如果法律僵化地、固执地坚持"禁止干涉他人事务"，则不仅与法律上的"私权是受到适度限制的权利"原则不相一致，而且也必然在道德上违反了助人为乐、见义勇为的准则，必然会与现实生活中人们崇尚的价值理念发生激烈冲突，同时也与法律的目的和法律的任务背道而驰，如此的话，所谓"善法""良法"就无从谈起。所以，对于助人为乐、见义勇为的行为，法律不仅不能依据"禁止干涉他人事务"原则加以禁止，而且还应当构建相应制度规范来"鼓励人类互助精神"。

3. 无因管理制度的基本功能

正是基于以上原因，为了在"禁止干预他人事务"与"鼓励人类互助精神"之间找到一个平衡点，既能够从"私权是无限弘扬的权利"出发，坚持私法自治原则，坚持"禁止干预他人事务"，又

---

❶ 叶知年：《无因管理制度研究》，法律出版社 2015 年版，第 17、18 页。

能够从"私权同时也是受到适度限制的权利"出发，坚持弘扬互帮互助美德，坚持"鼓励人类互助精神"，法律特创设了无因管理制度，明确赋予无因管理行为阻却违法性，确认无因管理行为为合法行为，以此来平衡规范上述两种相互冲突而又有其存在合理性的利益。一方面规定管理行为严格的构成要件、本人所享有的权利和管理人所应负的义务，以避免胡乱干预他人事务；另一方面又规定管理人所应该享有的权利和本人所负担的相应义务，以鼓励人们的互助精神。这样既从法律上鼓励人们发扬"人人为我，我为人人"，互相关心、互相帮助、见义勇为的社会公德，又保障不胡乱干预他人事务，❶ 较好地发挥了无因管理制度特有的功能。

无因管理制度就这样通过把社会主体的利益关系用权利和义务关系的形式表现出来，使法律上的利益衡量与价值选择得以实现。由于这种衡量和选择兼顾了尊重个体利益与顾全社会整体利益，遵循了个体选择与整体选择相结合的原则，所以才有可能调动不同社会主体的积极性，从而有利于利益关系的协调发展，促进生产力和社会的全面进步。在不胡乱干预他人事务的前提下，对互帮互助的美德加以鼓励和倡导，正如有学者所说的，"无因管理制度就是要鼓励善行，鼓励人们之间相互帮助，从而弘扬互助合作的精神"❷，从而实现了无因管理制度所要达到的目的，充分彰显了无因管理制度的道德价值目标。

无因管理制度作为"禁止干预他人事务"的例外，较好地调和了"禁止干预他人事务"与"奖励人类互助精神"两个原则，恰当地权衡了个人事务由个人决定的个体利益与一定条件下干涉他人事务所体现的社会共同利益，使两种利益达到最大限度的契合，并且这种对社会共同利益的保护也在一定程度上体现了个体利益的最终要求，也就是说，无因管理制度鼓励和促进了社会互助、救死扶伤的道德风尚，强化了见义勇为、扶危救困的道德规则，在一定程度

---

❶ 郭明瑞：《关于无因管理的几个问题》，载《法学研究》1988 年第 2 期。
❷ 王利明：《债法总则》，中国人民大学出版社 2016 年版，第 160 页。

上弥补了意思自治的缺陷，达到了意思自治下个体利益无法达到的目的，最终保护了意思自治和个人利益，❶ 较好地诠释了道德与法律内在的关系，体现了这一制度特有的道德价值目标。

无因管理制度集中体现了道德与法律的协调关系，是道德法律化的生动体现，是法律彰显道德、倡导道德规范的集中显现，彰显道德价值目标遂成为无因管理制度的基本功能。尽管经济价值目标也是无因管理制度重要的功能之一，但是，"在无因管理进行的道德层面的证成与经济层面的证成中，中心是道德层面的证成"。❷ 毕竟无因管理行为的产生，是管理人基于自我内心道德的引导作用而实施的，"这种道德的积极引导正如开启无因管理大门的一把钥匙"❸，而且这种道德的引导作用往往会一直贯穿无因管理行为的全过程，具有持续性和持久性。由此可以看出，彰显道德价值目标是无因管理制度产生的最直接动力和最主要期许，也是无因管理这一制度的最终目的之所在。该制度的其他功能都是在这一功能基础之上衍生出来的，没有了这一功能，其他功能就都变得无足轻重。所以，彰显道德价值目标遂成为无因管理制度最基本的功能。

（二）无因管理制度道德价值目标确立的法理依据

1. 法、法律和道德

关于法的含义、法律的含义，几乎所有的法理学教科书都会涉及。但令人不解的是，每当谈到这个问题，几乎所有的教科书都是把法和法律这两个概念当成同一个概念来进行阐释。诚然，在很多时候，法和法律的确能作为同一个概念使用，但不可否认的是，在很多时候，法和法律并不是一回事。这种"在很多场合下，仍根据

---

❶ 李文涛、龙翼飞：《无因管理的重新解读》，载《法学杂志》2010 年第 3 期。

❷ 徐同远：《无因管理价值证成的追寻》，载《国家检察官学院学报》2011 年第 3 期。

❸ 郭如愿：《无因管理制度中的道德考量》，载《大连干部学刊》2016 年第 3 期。

约定俗成的原则，把所有的法统称为法律"❶ 的做法非常值得商榷。

（1）法、法律和道德含义的区别。本书所说的法是广义之法，即调整社会关系的行为规范，是在一定范围内具有持久性、普适性的行为准则，既包括法律规范，也包括道德规范。法律则是由国家制定或认可并由国家强制力保证实施的那些行为规范，是法的重要组成部分和表现形式。道德也是调整人们行为规范的一种调整方式，是社会调整体系中的重要组成部分，它是人们通过关于是与非、好与坏、善与恶、美与丑、正义与非正义、光荣与耻辱、公正与偏私等的感觉、认识、观点，来调整自己行为的规范的总称。道德调整人们的行为是通过人们的自我评价和他人评价的方式来调整人们的内心意愿和外在行为方式。所以，道德是靠社会舆论、社会习俗和人们的内心信念来调整人们行为规范的。

（2）法律与道德的联系。由以上三者的区别可以看出，同为法的组成部分，道德与法律是完全不同的，但二者的关系又极为密切。

首先，法律不可能离开社会道德，法律需要从社会道德中寻求自己的正当性资源，社会道德是法律赖以产生的沃土。同时法律之所以存在，其重要使命之一就是要维护该社会的基本道德秩序。人类社会发展的历史，向我们说明了这样的事实，即一个社会的法律必须是为了维护这个社会基本道德秩序而存在的，否则法律就失去了其存在的价值。这是因为法律和道德秩序之间的这种关联，是来源于社会大众对一种社会基本伦理秩序的需要，当法律不能维护这种基本道德秩序时，人们就会怀疑甚至否定这种法律的正当性❷，法律就会丧失存在的根基，就可能成为"恶法"，就可能会为社会大众所唾弃和抛弃。

其次，社会道德也需要法律的支持，很多时候，道德发挥作用

---

❶　张文显主编：《法理学》（第四版），高等教育出版社、北京大学出版社 2011 年版，第 40 页。

❷　张文显主编：《法理学》（第四版），高等教育出版社、北京大学出版社 2011 年版，第 320 页。

需要法律的保障，所以社会道德也离不开法律。而法律出现本身，正是道德已不足以调整社会关系而需要更强有力的调整工具的体现，所以道德法律化势在必行。从某种意义上讲，在一个法制完善和健全的国家中，法律几乎已成了一部伦理道德规则的汇编。[1] 英国学者哈特说："每一个现代国家的法律工作者处处表明公认的社会道德和广泛的道德理想二者的影响。这些影响或者是通过立法突然地和公开地进入法律，或者是通过司法程序悄悄地进入法律。"[2] 在民法领域，将道德法律化，通过运用法律来倡导保障一种道德行为的现象十分常见，例如民法上的诚实信用原则、公序良俗原则等。

2. 无因管理制度是体现法律与道德密切联系的一种制度设计

作为一项法律制度，无因管理不仅是从权利义务角度对当事人的权益进行保护，保障了不横加干涉他人事务，更重要的是通过制度设计，从法律上鼓励人们互相关心、互相帮助、见义勇为，并且后者才是无因管理制度设立的初衷和最终目的。而社会个体之间的互帮互助、见义勇为等都是典型的社会道德规范。这种通过法律来弘扬道德规范的制度设计正体现了法律与道德的密切联系，也可以看出无因管理制度的"煞费苦心"。因为，无因管理制度对于保护公民、法人的合法权益，对于发扬社会主义道德风尚，造就良好的社会风气，促进社会主义精神文明的建设，有着积极的社会意义。[3] 尤其是在大力弘扬社会主义核心价值观的今天，无因管理制度有着更深远的意义。

有学者从社会连带角度考察无因管理制度，认为从社会连带的视角上看，无因管理也是一种完全符合社会连带理论的制度。因为无因管理制度包含着强调社会连带的重要性，尊重利他的行为（亲切行为），而这一切都是社会连带理论的应有之义。在今日，无因管

---

[1] 叶知年：《无因管理制度研究》，法律出版社2015年版，第18页。

[2] ［英］哈特：《法律的概念》，张文显等译，中国大百科全书出版社1996年版，第199页。

[3] 郭明瑞：《关于无因管理的几个问题》，载《法学研究》1988年第2期。

理制度是私人间的相互扶助、人命救助行为等社会连带性质的行为，也就成为法律认可无因管理的重要理由之一。也就是说，强调并重视"为他人"这一根本点，并从人类互相帮助和社会连带这两方面阐述无因管理的正当性是妥当的。❶ 笔者认为，实际上社会连带是一个社会公共道德问题，即社会连带问题仍然属道德范畴，人类互助与社会连带本质上是一回事，社会连带问题仍然属于无因管理制度道德价值目标的内容。

在大陆法系内部，对于无因管理制度的立法理由也不完全一致。在法国，有主张无因管理来自承认道义上的义务，即帮助人的义务；有主张无因管理是一个利他主义制度，从而是一个自主制度。在德国，有主张人类互助说，有主张部分利他主义说，还有主张特种利他主义说。除此以外，还有"不公平的牺牲说"等。尽管这些学说观点不统一，甚至像有的学者所说："从来没有发展一个真正能令人信服的学说以支持管理人的请求权。"❷ 但有一点是肯定的，那就是无因管理制度是道德法律化的产物，无论是法国"道义上的义务""利他主义"还是德国"人类互助""部分利他""特种利他"等，这些观点归根结底都指出了无因管理行为是道德行为、无因管理制度是道德规范。观点分歧主要是在法律制度设计层面，而并不影响无因管理是体现法律与道德密切联系的一种制度设计这一根本问题。

从利益保护的角度看，法秩序所追求的目标是达到对社会上各种利益保护的平衡，以解决社会上的各种各样的利益冲突，可以说平衡利益是法的最高任务。当两种利益保护发生了冲突的时候，法律就要对这两种利益的保护进行衡量，以尽可能达到利益保护的平衡。所以在个体利益和整体利益保护方面，法律必然也是在个体利益保护与整体利益保护之间寻找最佳平衡点，而不可能只倾向于保护个体利益或者只关注整体利益。

---

❶　陈华彬：《债法各论》，中国法制出版社 2014 年版，第 231 页。

❷　沈达明编注：《准合同法与返还法》，对外经济贸易大学出版社 1999 年版，第 253 页。

无因管理就是通过对管理人和本人利益的保护，来平衡个人利益与社会利益，实现利己主义和利他主义的结合，从而建立起个人与社会的一种伙伴关系。无因管理是人类互助精神这一道德问题法律化的过程，通过在保护管理人的利益和保护本人的利益之间寻找一种平衡，以尽可能地使法律与现实生活相吻合。而保护管理人的利益就意味着法律通过对帮助他人的人进行褒奖，来实现对社会利益的保护，保护本人的利益就是对个人利益的保护。因此"无因管理制度之基本任务，即在于权衡、规律上述两种利益。易言之，即在区别类型，创设一定之条件，适当规范当事人间权利、义务关系"。❶

就是在这种利益保护平衡过程中，无因管理制度实现了对具体的法律和道德目标富有智慧的价值整合，化解了冲突，使价值总量最大化，实现了道德的法律化，倡导了社会的价值取向。尽管有学者认为"无因管理不仅仅是一种利益衡量，从法目的论的视角看，毋宁说是一种社会公共利益和社会政策的考量"，❷ 但笔者以为，社会公共利益和社会政策的考量过程恰恰就是一个利益衡量的过程，无因管理之债的确认对社会秩序有重要意义，这恰恰是利益衡量得出的结论和体现。

二、无因管理制度的经济价值目标

（一）避免财产损失

按照法理学原理，在众多的法与其他社会现象的关系中，法与经济的联系是最基本、最密切、最直接的联系。研究法与经济的关系是研究法与其他社会现象关系的基础，对于我们正确理解法的本

---

❶ 王泽鉴：《民法学说与判例研究》（2），中国政法大学出版社1998年版，第73页。

❷ 李文涛、龙翼飞：《无因管理的重新解读》，载《法学杂志》2010年第3期。

质和作用有着重要的意义和价值。● 尽管论述无因管理制度的经济价值方面的资料很少，但是，不可否认的是作为民法上债的发生原因，调整当事人之间的财产关系必然是无因管理制度的一项重要功能。

现实生活中，有许多涉及个人或集体、国家的财产，在本人不知晓的情况下可能面临遭受损失的情况，如果没有无因管理制度，大家都机械地奉行"禁止干涉他人事务"，每个人都不去管理他人事务，对他人财产面临的损失熟视无睹，则这种社会经济利益损失就不可避免。反之，有了无因管理制度，人们不但不会再顾忌自己给予他人的帮助行为是"干涉他人事务"，属于"违法"，而且在对他人事务实施了援助之后，还会得到法律肯定性评价，至少会受到法律在经济上的有效保护，这样的话，人们才有可能放心大胆地向他人事务伸出援助之手，以此践行"人类互助精神"，从而使社会经济利益损失减少甚至避免。

这种情况下无因管理行为的实施，最直接的效益就是使本人（包括个人或集体、国家）面临损失时经济利益得以保全或者减少损失，然后再通过对管理人支出必要费用偿还请求权的确认，较好地避免了管理人经济利益的损失。即使管理的事务不是本人最直接的经济损失（例如管理本人人身方面的事务），无因管理制度仍然是通过对管理人支出必要费用偿还请求权确认（即管理人的经济利益免受损失）的方式，来有效避免管理人财产利益的损失。在这一过程中，本人和管理人的经济利益都得到了及时有效的救济，从而有效地避免或减少了人们可能的财产损失。正是因为无因管理制度对避免财产损失的巨大作用，"东方的日本在其制定自己的民法时参考的德国民法，将无因管理制度厘定为对未受委托的出于为了他人的利益而实施的行为所产生的不当财产状态进行矫正的一种制度"❷。

无因管理有效避免或减少管理人和本人财产的损失，实际上也

---

❶ 张文显主编：《法理学》（第四版），高等教育出版社、北京大学出版社 2011 年版，第 302 页。

❷ 陈华彬：《债法各论》，中国法制出版社 2014 年版，第 231 页。

降低了整个社会财产损失或减少的可能性，对整个社会财产免受或减少损失做出了积极的贡献。因为整个社会财产是由单个个体（包括集体或国家）的财产组成的，为了避免他人财产遭受损失，管理人对本人的财产实施了管理行为，使本人的财产免受或减少了损失，这实际上相当于间接增加了社会的财富。❶

有人说，无因管理制度产生初期，是以保护本人利益为目的的。到了后来，无因管理制度又是以保护管理人的利益为目的的。这一观点的对错我们暂且不去讨论，但笔者认为，时至今日在避免财产损失方面，无因管理制度兼顾了本人和管理人双方的利益，是以双方财产利益都免受不必要的损失为出发点并切实达到了这一效果的制度设计。在无因管理制度具体实施过程中，是以道德价值为手段、以实现其经济价值为目的和以经济价值为手段、以实现其道德价值为目的这二者兼而有之的，这也使无因管理制度的道德价值与经济价值形成了密不可分的关系，两者互相依存、互相促进，从而使无因管理制度蕴含的价值达到了一个较高的层次。

需说明的是，尽管无因管理制度有以上避免财产损失的经济价值目标，但从总体上衡量，从无因管理制度设立的初衷来说，无因管理作为一种鼓励助人为乐精神、倡导见义勇为风尚的制度设计，经济价值目标是在其道德价值目标基础上产生的，两种价值目标相比，其道德价值目标更为根本，所以有学者说："无因管理是一项法定之债，是法律基于公共政策的考虑而强加在当事人身上的一项债权债务关系，其存在的正当性要从伦理价值和道德层面去寻求。"❷

（二）维护交易安全

在市场经济社会里，"民事关系包括财产关系和人身关系，而财

---

❶ 郑丽清：《无因管理制度的溯源与继受》，载《南华大学学报（社会科学版）》2015 年第 6 期。

❷ 徐同远：《无因管理价值证成的追寻》，载《国家检察官学院学报》2011 年第 3 期。

产关系又包括财产的归属关系、财产的流转关系和财产的利用关系"。❶ 其中财产的流转关系是实现财产增值或满足生产生活需要的重要环节，而财产的流转关系就是通过交易进行和完成的。交易是市场经济财产流转的基本形式，没有交易就没有财产的流转，也就无所谓市场经济。

为确保交易顺利进行，民法专设"债编"对交易行为进行规范。法律上的债，是指特定当事人之间能够请求为特定行为的法律关系，是民法调整财产关系的结果。❷ 引起债发生的原因主要包括意定之债和法定之债，在实践中除意定之债适用合同法外，还有大量的非意定之债即法定之债存在，无因管理行为所产生的债就是其中之一。尽管有学者认为："我们在承认无因管理作为一种债的独立类型的同时，也应承认其作为一种救济手段和救济理念在合同、侵权等领域的存在。"❸ 但笔者认为，对于无因管理制度，主要还是应限制在无因管理之债中进行适用，否则容易引起无因管理的泛化。

现实生活中，因为人们的互帮互助行为，就会在当事人之间产生一些债权债务关系。由于这种债权债务关系很多情况是在没有法定或约定义务情况下发生的，因而具有不同于一般情况下交易的特点。如何科学界定、评价这种交易关系，直接关系到法律上的价值判断和价值选择问题。如果法律无视这种情况下债权债务关系的存在，即此情况下的交易得不到法律的保护，债权人就会因为帮助他人，而使自己的合法权益得不到保障甚至招致损害，此种情况下的交易就会存在巨大风险。这必然会在市场经济财产流转关系中产生一个不畅通的，甚至最终会妨害正常交易秩序的薄弱环节。这不仅是法律上的一个疏漏，而且也会给市场经济财产流转的实践带来很大的负面影响。所以，创设一种法律制度专门负责这种情况下财产

---

❶　王连合：《物权法原理与案例研究》（第二版），北京大学出版社 2015 年版，第 7 页。

❷　王利明主编：《民法》（第六版），中国人民大学出版社 2015 年版，第 297 页。

❸　赵廉慧：《作为民事救济手段的无因管理》，载《法学论坛》2010 年第 2 期。

交易的安全就很有必要，而无因管理恰恰就是这样一种制度安排。

无因管理制度通过对管理人和本人在无因管理之债法律关系中各自权利义务的设定，从法律上确认了相关当事人之间所拥有的权利和必须履行的义务，保障了相关当事人各自的权益，很好地解决了当事人之间交易的安全问题。所以，有学者说："无因管理制度确定了一种法定之债的产生，使管理人依法享有报酬的请求权（这里所说的报酬，应理解为费用。因为原文作者在原文中曾专门谈到管理人只能请求费用的偿还，而不能要求本人支付报酬。——本书注），而本人也有义务返还无因管理人所应支付的合理费用，从而维护了交易秩序。"❶

法律确认的无因管理之债同不当得利之债和侵权行为之债一起，对现实生活中大量存在于意定之债之外的债权债务关系即法定之债进行规范、调整，这不仅有力地维护了市场交易的安全，而且也使法律在维护市场交易安全方面的制度建设更加周延、更趋缜密，提升了法治建设的质量。

三、无因管理制度的公平、公正与正义价值目标

（一）公平、公正与正义

众所周知，"公平、公正与正义"在任何时候都是法律的灵魂和价值目标，集中体现了法律的基本精神，在价值上要比其他具体规定更为重要，在功能上要比其他具体规定有着更广的调整范围。

1. 正义与法

在人类社会中，正义作为一种崇高理想和美德，一直为人们所孜孜追求，然而，对于究竟什么是正义却众说纷纭。正如博登海默所说，正义有着一张普洛透斯似的脸，变幻无常，随时可呈现不同

---

❶ 王利明：《无因管理制度探讨》，载王利明主编《民商法研究》（第四辑），法律出版社 2001 年版。

形状，并具有极不相同的面貌。● 在众多的正义概念中，柏拉图和亚里士多德的正义概念最具代表性。他们的正义概念用一句话概括，就是给予每个人以其应得的东西。这是正义概念的一般形式。古往今来，各种不同的正义理论可能在别的方面很不相同，但在这一点上却是相同的。●

而法则被看作是维护和促进正义的重要工具，法的实质和宗旨就是正义，法只能在正义中发现其适当的和具体的内容，甚至法本身常常会被看作是正义的化身，由此可见二者关系是多么密切，互相之间有多么重要的意义。这种意义具体表现如下。首先是正义对于法律的重要意义至少有以下二点：第一，正义对法律有积极的评价和推动作用；第二，正义对法律的进化有极大的推动作用。● 难怪有学者说，在社会的意义上，正义通常被认为是法律应努力达到的目的性道德价值。正义是法律上的善良和行为标准尺度或准则，可以根据正义对行为进行评论或评价。● 同样，法律对正义的实现也具有重要意义，法律最重要的价值在于实现正义。总体上体现为：第一，法促进和保障分配正义；第二，法促进和保障诉讼正义；第三，法促进和保障社会正义；第四，法促进和保障国际正义。●

2. 公平、公正与法

再来看一下"公平、公正"。现代汉语词典的解释是："公平：处理事情合情合理，不偏袒哪一方。""公正：公平正直，没有偏私。"●

事实上，法律上的公平、公正与正义是紧密相关的，谈公平、公正就离不开正义，谈正义也不可能离开公平、公正。因为广义的

● 张文显主编：《法理学》（第二版），高等教育出版社 2003 年版，第 409 页。
● 杨一平：《司法正义论》，法律出版社 1999 年版，第 16 页。
● 张文显主编：《法理学》（第二版），高等教育出版社 2003 年版，第 414 页。
● 杨一平：《司法正义论》，法律出版社 1999 年版，第 50 页。
● 张文显主编：《法理学》（第四版），高等教育出版社 2011 年版，第 273～275 页。
● 杨一平：《司法正义论》，法律出版社 1999 年版，第 12 页。

公平、公正均代表正义，它们是作为正义的原则而存在，尽管有学者将二者作了区别，❶ 但是，公平、公正与正义在本质上是一致的，这一点是毫无疑问的。作为正义原则的公平、公正乃是法律的渊源和目标，它意味着伦理和道德的原则优越于普通的法律规则。因此，正如有学者所说，在实现正义的过程中，广义的公平、公正有时候就要求不受严格成文法约束的理性和伦理原则来判案。❷ 也正因为如此，人们在日常行为中，常常自觉不自觉地把法律等同于公平正义或者说法律的本质就是公平正义。

公正与否、正义与否，是典型的价值判断问题。分析哲学家艾耶尔把价值判断称为"情感的呼唤"。❸ 无因管理制度就恰恰体现了这种呼唤。当然，我们并不否认公平、公正和正义具有相对性，并且现实中往往还交织着个案正义与普遍正义不能完全契合甚至有所抵触的现象。但是正由于存在这些现象，才更激发了我们去追求公平、公正和正义的强烈欲望。因为距离作为价值目标的公平、公正和正义越近，法律和司法被社会认可的基础就越雄厚，社会秩序就越井然，整个社会就越稳定。所以，对于法律价值目标的分析和追求，就会成为司法及所有司法活动参与者的本能。❹

（二）无因管理制度蕴含的公平、公正与正义价值

无因管理制度规范的是管理人与本人之间的债权债务关系，管理人是在没有法定或约定义务的情况下，主动自愿地为了他人的利

---

❶ 我国有学者将二者作了如下区别：公平可能更多地用来表述人们在法律面前或者纠纷中的双方当事人在审判（或裁判）过程中的地位和待遇，公正更多地强调法官或仲裁者在对待当事人双方和适用法律或社会正义时所应具有的不偏不倚、公而无私的品质；在有两造当事人与居间者构成的"三边关系"中，公平观念侧重于对两造权利享有与维护的考察，公正则侧重于对居间者行为公允而无私的要求；公平强调实体正义和实质正义，公正强调程序正义和形式正义；公平的核心是平等，公正的核心是无私、中立。参见杨一平：《司法正义论》，法律出版社 1999 年版，第 13 页。

❷ 杨一平：《司法正义论》，法律出版社 1999 年版，第 13 页。

❸ 郑成良：《法律之内的正义》，法律出版社 2002 年版，开卷语。

❹ 宋聚荣、宋燕敏：《公平正义价值观的司法解读》，载《法学论坛》2005 年第 6 期。

益而实施的管理行为，这本身就带有强烈的团结互助、助人为乐的道德因素，是值得大力提倡的有利于实现社会公共利益的行为。这种情况下，管理人因从事该管理行为而支出的必要费用或因此所受的损失如果得不到有效补偿，无法获得事后法律的救济，这显然对管理人是极为不公平的。因为根据法律公平原则，主体所享有的权利与承担的义务应是对等的，即法律赋予某一主体之权利，必须是以履行一定的义务为对价；同样，主体承担一定的义务，也应享有相应的权利。同样，就本人而言，由于他人主动的自愿行为使自己获得了益处，对他人因此而产生的必要支出或所受的损失本人不管不问，这也不符合法律权利义务对等的原则，本人不能只享受获益权而不履行与此相关的义务。

英国著名法学家哈特说，在社会生活的两种环境中言及公平是切题的，一是当我们关注个人组成的阶层被对待的方式时，以及当某种负担或利益在他们中间分配时；二是某种程度的侵害有人做出从而被请求补偿或赔偿的时候。❶ 在无因管理的情形中，尽管管理人因实施管理行为所造成的损失可能不是本人主动造成的，但是，管理人这种损失客观上是因为管理本人事务造成的，在法律倡导人们应当互相帮助的背景下，法律将因管理行为而获益的本人拟制为"做出侵害方"而负补偿或赔偿义务，这无疑符合哈特所说公平的第二种情形。

实际上，在罗马法中，关于无因管理的性质就有一种公平说，此种观点认为无因管理制度设立的基础是公平原则。在罗马法中曾有"自己享受利益者，使他人负担损失，是不公平的"原则，该观点认为无因管理制度就是根据该原则而产生的，所以在无因管理行为实施后，本人应将享受无因管理的结果所产生的利益按公平原则还给管理人，对其在管理活动中所支付的费用也应偿付。

梁慧星教授说："民法本身就当然蕴含着正义，当然贯穿着对社

---

❶　[英]哈特：《法律的概念》，张文显等译，中国大百科全书出版社1996年版，第156页。

会正义的追求，这种追求，我们叫作民法的理念。"❶ 纵观民法理念发展史，就是一部由形式正义到实质正义发展的历史。民法的价值取向就是一部由法的安定性到社会妥当性发展的历史。从这个角度讲，无因管理制度蕴含着公平正义的价值目标也就是自然而然的事了。

从利益调节的角度看，利益和公平正义是不可能分离的。法秩序的对象或实质是利益的平衡，即法规范的对象或实质是利益，这与我们所说的正义是法规范的对象或实质其实是一致的。因为正义是法规范的最高标准，法在调整利益的时候，会进行多种衡量和选择，而这个衡量和选择的过程就是尽可能达到公平公正以实现正义的过程，所以可以说，法的目的或实质是公平公正地对社会成员的利益进行调整和协调以实现社会正义。所以，谈到正义概念必然就会涉及某种被看作是利益或者不利益的东西，正义就是这种利益或不利益东西的合理分配和落实，离开利益的正义是没有任何意义的。❷ 法恰恰就是适应或者说满足这种利益调节的需要而产生的，其发展变化也是随着利益关系的发展变化而发展变化的，也就是说，法的发展变化根源于人们利益要求的发展变化。在这个意义上，利益规律是法的基础，法律制度实质上是一种利益制度。❸ 一句话，法律公平与否，取决于利益平衡与否。

无因管理制度恰恰就是为协调管理人与本人之间利益关系而产生的，是以平衡管理人与本人利益为切入点，进而实现社会公共利益与个体利益的相对平衡，从而实现社会正义目标。既然无因管理是以协调利益为原动力，并且实现了公共利益和个体利益间的调和，那么毫无疑问它就必然会包含并始终体现着公平、公正与正义的价值目标，从而使得无因管理制度的价值达到了一个更高的层次。"一

---

❶ 梁慧星：《从近代民法到现代民法法学思潮》，载梁慧星主编：《从近代民法到现代民法》，中国法制出版社 2000 年版，第 171 页。

❷ 颜运秋：《公益诉讼理念研究》，中国检察出版社 2002 年版，第 11、12 页。

❸ 张文显主编：《法理学》（第二版），高等教育出版社 2003 年版，第 371 页。

言以蔽之，无因管理制度具有广泛地实现公平的社会这一人世间的理想的功用。"❶

在英美法中无因管理被归于准合同范畴，而英美法中的准合同制度同样是在严格遵循公平原则基础之上构建起来的，并通过规定具体细致的行为规则体现着法律上的公平正义。《返还法重述》提出的总原则是："在使他人吃亏的情形下不公平得利的人应该返还。要求返还的人必须给过另一方某种得益。所谓得益是指转移财产、提供劳务。"❷ 当然，由于法律理念上的差异，英美法中对这种返还又作了种种限制，这些受限制的情况理论阐述较复杂，其中主要的除前面谈到的"禁止爱管闲事"外，还有"无偿给予的得益""给予的得益是可以测量的"，等等，但这些并不妨碍其公平正义光芒的显现。

（三）无因管理与赠与行为的区别

谈及无因管理的公平、公正与正义价值目标，还有必要对无因管理与赠与行为的区别做进一步说明。赠与是指赠与人把自己的或有权处分的财物无偿地给予受赠人所有的行为。赠与财产的一方叫赠与人，接受赠与财产的一方叫受赠人。从以上定义可以看出，无偿性是赠与行为最突出的特征，这与无因管理行为在性质上是完全不同的。

尽管无因管理也包含着通过管理人的行为，在客观上使本人"获益"的情况，但这种"获益"更多的是管理人为使本人的原有利益免受（或减少）损失，而使本人间接地"获益"，这也暗含着这样的一层意思：管理人在避免本人利益受损时，主观上并不愿意使自己的利益也受到损失（或减少），除非是迫不得已（即必要费用的支出或损失）。这种情况正如尼古拉斯教授所言：经管人既不是完全出于慷慨奉献的动机，也不是完全出于为个人谋利益的动机。

---

❶ 陈华彬：《债法各论》，中国法制出版社 2014 年版，第 232 页。

❷ 沈达明编著：《英美合同法引论》，对外经济贸易大学出版社 1993 年版，第 159 页。

王军教授也说：准合同产生的条件之一是，一方在给予另一方某种利益时期望就该利益的价值从另一方得到报偿。❶

既然法律承认无因管理行为是必要的，是值得大力提倡的，那么对于管理人因实施无因管理行为"迫不得已"的利益损失法律如果不予以补偿，显而易见对管理人是不公平的。而单纯的赠与行为，则是赠与人主观上故意通过自己利益的损失（减少），来使受赠人额外获益。对于这种捐赠行为，如果法律硬要受赠人因此承担对等义务，则不仅会使这种行为失去了其本身独有的价值和意义，而且对于受赠人也是极不公平的。为此，法律通过对无因管理进行制度上的设计，使得管理人的利益能够获得救济，而在赠与的情形，则完全相反。因而，无因管理行为中要求本人承担义务同在赠与行为中不要求受赠人承担义务一样，都是法律公平、公正和正义原则的体现。

四、无因管理制度的理论体系价值目标

无因管理制度的产生有其历史必然，更有其重大的社会现实意义。从这一制度诞生之日起，它就成为了指导社会实践的重要理论依据，成为了民法理论体系的重要组成部分，即使是英美法系不存在无因管理制度，但在理论体系上相关阐述一点也不比大陆法系少，即它同样是英美法系理论体系的重要组成部分。由无因管理制度的历史演变可以看出，无论是包含在准合同里面，还是作为债的一种独立发生原因，无论是大陆法系的明文规定，还是英美法系只存在于学说和判例中，法学理论体系中都不能没有无因管理。

将无因管理作为债的一种独立的发生原因，这是日本民法的巨大贡献，是无因管理制度进一步趋于完善的表现。它不仅使无因管理在债法中找到了应有位置，而且也有利于构建整个债的体系。首

---

❶ ［英］巴里·尼古拉斯：《罗马法概论》，黄风译，法律出版社2000年版，第239页。王军编著：《美国合同法判例选评》，中国政法大学出版社1995年版，第8页。

先，将无因管理"作为法定之债的一种，可以构成独立的请求权基础。无因管理和合同请求权、债权请求权、不当得利返还请求权等一起，共同构成了债权请求权的完整体系"。❶ 如果按传统观点将无因管理作为准合同，则不仅在理论上存在一些难以解释清楚的问题（因无因管理与合同在性质上是有根本区别的），而且在实践中也会助长"取消债概念"的主张。因为如果无因管理和不当得利作为准合同归于合同法，而侵权行为又可单独作为一篇加以规定，那么债的体系便无存在的必要。❷ 果真如此的话，债的体系便会支离破碎，整个民法体系便会残缺不全。所以，在无因管理制度建立的基础上形成了债法的基本结构，使整个债法体系乃至整个民法体系的构建更加科学合理。

另外，无因管理还有一项重要功能，就是弥补私法自治原则的不足。私法自治原则或称意思自治原则，"是指法律确认民事主体得自由地基于其意志去进行民事活动的基本准则"。❸ 无因管理行为，是管理人为了维护本人的利益免受或减少损害而实施的，这在通常情况下一般是符合本人意愿的，往往只是因为当时面临的情况紧急，当事人双方根本无法形成管理行为的合意，所以由法律对此行为进行确认以达到弥补的效果。这就是法律授权管理人在未经本人明确授权的情况下，可以根据本人明示或可以推知的意思，实现对本人的个人事务进行管理的目的，这在一定意义上可以在民事主体的私法自治不能发挥作用的领域和范围内发挥正面效果。❹

但是，由于历史习惯、法律理念乃至认识差异等原因，人们对无因管理在理论体系中具体应处于什么位置的看法，还存在很大的分歧，这直接体现在不同的立法例中。将无因管理作为债的一种独立的发生原因，把它同契约、不当得利和侵权行为并列进行规定，

---

❶ 王利明：《债法总则》，中国人民大学出版社 2016 年版，第 158 页。

❷ 王利明：《无因管理制度探讨》，载王利明主编：《民商法研究》（第四辑），法律出版社 2001 年版。

❸ 王利明主编：《民法》（第六版），中国人民大学出版社 2015 年版，第 28 页。

❹ 王利明：《债法总则研究》，中国人民大学出版社 2015 年版，第 509 页。

再加上设立债法总则，从整个立法例来看，这是一种较为科学的合理的配置。将无因管理归于准合同，虽有其合理的一面，但缺陷也极为明显，尤其是与大陆法系现代立法的科学性不相一致。

目前，我国正在编纂民法典，从发布在网上公开征求意见的《民法典各分则（草案）》一审稿来看，在立法体例上没有设"债法总则编"，而代之以"合同编"。在合同编中，无因管理作为其中的一章进行了规定，这在立法体例上显得不伦不类。在广泛听取意见基础上的二审稿做出了改变，将无因管理归于准合同，这相比一审稿有了巨大进步，但离比较科学的债法体系建构要求还有较大距离，没有完整地实现无因管理制度的理论体系价值目标，但在目前民法典编纂不设债权总则编的大背景下，将无因管理归于准合同也算是一种退而求其次的无奈的做法了。

第四章 无因管理的性质

关于无因管理的性质，在古罗马时期就有不同观点，主要有两种——一种是准契约说，另一种是公平说，准契约说为其通说。及至近现代，英美法系在学说和判例上，无因管理被归于准合同范畴，但大陆法系许多国家和地区的立法则都将无因管理作为债发生的独立原因，从而摒弃了古罗马的准契约说。

在大陆法系内部，关于无因管理性质的具体阐述方面，理论界存在分歧，主要有以下几种观点。一种观点认为无因管理属于事实行为。这是绝大多数人的一种观点。例如，史尚宽说，"无因管理，为法律要件，性质上属于事实行为，并非法律行为"；[1] 王利明说，"无因管理能引起债的发生，因此是一种法律事实。该种债权债务关系的产生，是基于法律的规定，而非当事人的约定，故非民事法律行为"。[2] 另一种观点则认为无因管理属于法律行为。"由于在一些国家民法典中，无因管理是作为准合同类型来规定的，因而一些学

---

[1] 史尚宽：《债法总论》，中国政法大学出版社 2000 版，第 58 页。

[2] 王利明主编：《民法》（第六版），中国人民大学出版社 2015 年版，第 497、498 页。

者认为该种行为更具有法律行为的性质。"❶ 还有一种观点认为：无因管理行为既不是法律行为，也不是事实行为，而是一种"准法律行为"。❷ 以上诸观点中，第一种认为无因管理属于事实行为的观点为现今通说，本书赞同该观点，以下就按事实行为的观点进行阐述。

一、法律行为与事实行为

（一）法律行为的含义

法律行为是来源于德国法的一个术语，最早规定在 1896 年的《德国民法典》中，其后被大陆法系国家传承。在我国，为了区别于其他法域所使用的类似概念，就在"法律行为"前增加了"民事"二字，即法律行为在我国又叫民事法律行为。对此种称谓，学界有许多批评之声。❸ 笔者认为，法律行为这一概念从其产生之初就是表征以意思表示为核心并能产生私法效果行为的术语，其是私法独有的概念，其他法域的相关概念称谓，例如行政法律行为、诉讼法律行为等是不合适的，歪曲了法律行为的本质，否定了其私法独有的特性，极易让人产生误解。

1. 我国有关法律中法律行为的含义

我国 1987 年 1 月 1 日起实施的《民法通则》第 54 条将民事法律行为定义为："民事法律行为是公民或法人设立、变更、终止民事权利和民事义务的合法行为。" 2017 年 10 月 1 日起实施的我国《民法总则》第六章专门规定了民事法律行为，其第 133 条将法律行为定义为："民事法律行为是民事主体通过意思表示设立、变更、终止

---

❶ 王利明：《债法总则研究》，中国人民大学出版社 2015 年版，第 504 页。

❷ 赵廉慧：《债法总论要义》，中国法制出版社 2009 年版，第 297 页。

❸ 我国有学者不赞成在"法律行为"前加上"民事"二字。此观点详见龙卫球：《民法总论》，中国政法大学出版社 2001 年版，第 478 页。也有学者认为"法律行为"前加"民事"二字，有得有失。详细论述见刘凯湘：《民法总论》（第三版），北京大学出版社 2011 年版，第 262、263 页。

民事法律关系的行为。"

从我国《民法通则》和《民法总则》的相关规定来看，两部法律规定的法律行为含义是不同的。《民法通则》中的法律行为被界定为"合法行为"，即只要是说到法律行为就是指合法的行为。并且我国《民法通则》还创立了"民事行为"一语，作为民事法律行为的上位概念，以此回避"无效法律行为"这一不合逻辑的称谓。❶ 民事行为包括有效的民事行为、无效的民事行为和可变更可撤销的民事行为，其中有效的民事行为就是民事法律行为。而我国《民法总则》则不再将其限定为"合法行为"，并且该部法律还取消了"民事行为"一词。我们可以这样来理解：民事法律行为本身既包括有效的民事法律行为，也包括无效的民事法律行为；既包括合法的民事法律行为，也包括不合法的民事法律行为。

以上两部不同时代的法律对法律行为界定的差异，反映了人们对一些法学概念的认识会随着时间的推移而不断出现新的变化。

2. 我国理论界有关法律行为的含义

我国法学理论界对法律行为概念的界定内容也存在较大差异，这反映了人们对这一概念内涵的认识至今仍无法达成一致。例如，有学者认为，"所谓法律行为，是以意思表示为核心、能够产生当事人预期的法律效果的行为"，"就法律行为而言，其并不限于合法行为，非法的行为也可能发生法律效果。"❷ 这种观点认为，法律行为并不必然等同于"合法行为"或"有效的行为"，虽然合法的行为或有效的行为一定能引起法律上的后果。但并不是只有合法有效的行为才能引起法律上的后果。很多时候，非法行为或无效行为同样也会包含着行为人的意思表示，只不过此时有些行为人做出的意思表示出现了瑕疵而已，所以说非法行为或无效行为同样会成为法律行为。还有学者持另外一种观点，认为"民事法律行为，是指自然

---

❶ 王连合主编：《民法（总论物权）》，山东人民出版社 2013 年版，第 131 页。

❷ 王利明：《民法总论》（第二版），中国人民大学出版社 2015 年版，第 225、226 页。

人、法人或者其他组织设立、变更、终止民事权利和民事义务的以意思表示为要素的合法行为"。❶ 这种观点非常鲜明地将法律行为界定为合法行为，与上一种观点截然不同。也有学者认为："法律行为是以意思表示为核心要素的、主体为追求该意思表示中所含效果在私法上的实现的行为。"❷

我国台湾地区学者则认为，"法律行为者，以意思表示为要素，法律因意思之表示，而使发生法律上效力之私法上法律要件也"❸，"法律行为，指以意思表示为要素，因意思表示而发生一定私法效果的法律事实"。❹

综合以上多种观点，尽管理论界对法律行为定义的语言表达不一致，并且有些分歧还比较大，尽管也有学者甚至认为"民法不宜用法律行为的概念统辖整个表意行为制度"❺，但对于法律行为是以意思表示为要素，其目的是产生当事人预期效果的行为的观点，则是为绝大多数人所赞成的。由此我们可以将法律行为做如下定义：法律行为是民事主体实施的、以意思表示为要素且能够产生当事人预期效果的行为。法律行为是民法中最为核心的制度之一。

3. 法律行为的特征

一般认为，法律行为具有以下三个法律特征。其一，法律行为是一种法律事实。其二，法律行为是以意思表示为要素的行为。意思表示为法律行为不可或缺的构成要素。其三，法律行为是发生私法上效果的行为。行为人、意思表示和标的构成法律行为的要素，其中意思表示是法律行为的核心要素。至于"法律行为是合法的行为还是既包括合法行为也包括非法的行为"的问题，因为存在较大争议，所以本书暂不将该问题作为法律行为的特征进行论述。

---

❶ 杨立新：《民法总论》，高等教育出版社 2007 年版，第 187 页。
❷ 李永军：《民法总论》，法律出版社 2006 年版，第 413 页。
❸ 史尚宽：《债法总论》，中国政法大学出版社 2000 版，第 297 页。
❹ 王泽鉴：《民法概要》（第二版），北京大学出版社 2011 年版，第 66 页。
❺ 魏振瀛主编：《民法》（第三版），北京大学出版社、高等教育出版社 2007 年版，第 139 页。

需注意，法律行为的成立要件（条件）与法律行为的生效要件（条件）并不是一回事，不能混为一谈。对于一个法律行为而言，只要行为人做出了意思表示，法律行为成立的条件即已具备，法律行为即告成立，但至于已经成立的法律行为能否生效，能否产生法律上的约束力，能否产生行为人预期的法律效果，则还需要考察该法律行为生效与有效的相关要件（条件）。

（二）事实行为的含义

事实行为是与法律行为相对应的一个概念，其与法律行为比较接近。关于事实行为，民法学对它的研究相对较少，相关的论述也不像法律行为那样多，其中的原因不得而知。但我国台湾地区学者曾世雄教授所谈或许能为我们提供一些参考。他认为："在法律行为之制度与理论被开发并充当民法规范之主要内容后，民法领域中渐次演变以法律行为为尊之景角，当初至堪重要之事实行为，被排挤失其光辉，至而冷落蹲处一隅。"[1]

果真如此的话，我们不但可以看出，在法律行为的概念出现以前，事实行为是民法上一个非常重要的被广泛使用的概念，而且我们更可以看出事实行为与法律行为的关系是非常紧密的。也就是说，法律行为与事实行为之间有着密切联系，二者不可单独论述，讨论无因管理的性质也需要先弄清法律行为和事实行为的含义。

从为数不多的有关事实行为的论述来看，学者们对事实行为的认识虽有共同的地方，但也存在较大的分歧。

对于什么是事实行为，在我国台湾地区学者中，史尚宽先生这样定义："事实行为者，基于事实之状态或经过，法律因其所生之结果，特赋以法律上效力之行为也。例如先占、加工、管理事务等。"[2] 王泽鉴教授认为："事实行为，指事实上有此行为，即生法律上效果，行为人有无取得此种法律效果的意思，在所不问，又称

---

[1] 曾世雄：《民法总则之现在与未来》，中国政法大学出版社 2001 年版，第 189 页。
[2] 史尚宽：《民法总论》，中国政法大学出版社 2000 年版，第 303 页。

为非表示行为，例如无主物的先占、埋藏物的发现、遗失物的拾得。"❶

在大陆学者中，中国人民大学的王利明教授对事实行为这样定义："事实行为，是指行为人实施一定的行为时，在主观上并没有产生、变更或消灭某一法律关系的意识，但由于法律的规定，同样会引起一定的民事法律后果的行为。"❷北京大学的刘凯湘教授认为，事实行为"是指民事主体主观上并无发生民事法律关系之意思，但其实施的行为依民法规范能够引起民事法律关系的产生、变更或消灭的行为，如拾得遗失物、先占无主物、发现埋藏物等"。❸也就是说，行为人实施了某一个行为，但在他实施该行为时其主观上并没有想通过该行为的实施来达到某种法律上的效果，即该行为的实施并不是行为人主动地追求权利义务关系的变动，但是根据有关法律规定，该行为的实施却能产生法律上的效果，这样的行为就是事实行为。

这些定义有许多共同点，尤其是在对事实行为内涵的界定上大体是相同的。但在有关这一概念归属范围上却出现了较大差异，即在事实行为外延的界定上，学者们的观点存在较大分歧，这些分歧集中体现在事实行为属于合法行为的一种，还是事实行为既包括合法行为也包括违法行为这一问题上。

史尚宽、曾世雄等都把事实行为归为合法行为（适法行为）的一种，史尚宽认为："适法行为者，法律所许之构成法律事实之行为也。例如买卖、无因管理。适法行为又可分为表示行为与事实行为两种。"❹大陆地区学者梁慧星、刘凯湘等也持此种观点。

而大陆地区学者中，如王利明、魏振瀛、李显冬等则认为事实行为分为合法行为和不合法行为两种。王利明认为："事实行为有合

---

❶ 王泽鉴：《民法概要》（第二版），北京大学出版社 2011 年版，第 67 页。
❷ 王利明：《民法总论》（第二版），中国人民大学出版社 2015 年版，第 90 页。
❸ 刘凯湘：《民法总论》（第三版），北京大学出版社 2011 年版，第 75、76 页。
❹ 史尚宽：《民法总论》，中国政法大学出版社 2000 年版，第 302 页。

法的，也有不合法的。从事智力创造活动，拾得遗失物、漂流物等属于合法的事实行为。侵害国家、集体的财产或他人的人身、财产则是不合法的事实行为。"❶

下面我们通过图 1 将相关学者的主要观点进行比较，以此考察两种观点的差异，并从中体会法律行为和事实行为的关系，从而为科学界定无因管理的性质奠定基础。

从图 1 我们可以看出，我国民法学理论界在对事实行为外延的理解上存在较大分歧，这种分歧的关键点是如何界定事实行为与违法行为的关系。我国也有学者认为，我国台湾地区民法学者的分类中虽然似含有逻辑矛盾，但却保全了民法基本概念的完整性；大陆地区学者则在试图克服台湾地区分类的矛盾时，又往往陷入进一步的逻辑错误。❷ 此观点正确与否，我们不去讨论。当然，单纯从图 1 的形式来看，有些观点的确存在一定的矛盾，例如刘凯湘教授认为，适法行为包括法律行为，法律行为包括无效法律行为，而无效法律行为又是民事违法行为，❸ 即适法行为包括违法行为，这显然是自相矛盾的。笔者赞同后一种观点，即事实行为包括合法行为，也包括不合法行为。

综合以上内容，我们可以给事实行为作如下定义：事实行为是指行为人不具有设立、变更或消灭法律关系的意图，但依照法律的规定能引起民事法律后果的行为。例如遗失物的拾得行为、埋藏物的发现行为等。

（三）法律行为与事实行为的关系

法律行为与事实行为既有密切的联系，更存在本质区别，具体如下：

---

❶ 王利明：《民法总论》（第二版），中国人民大学出版社 2015 年版，第 91 页。

❷ 有关此问题的论述详见董安生：《民事法律行为》，中国人民大学出版社 2002 年版，第 88、89 页。

❸ 刘凯湘：《民法总论》（第三版），北京大学出版社 2011 年版，第 325 页。

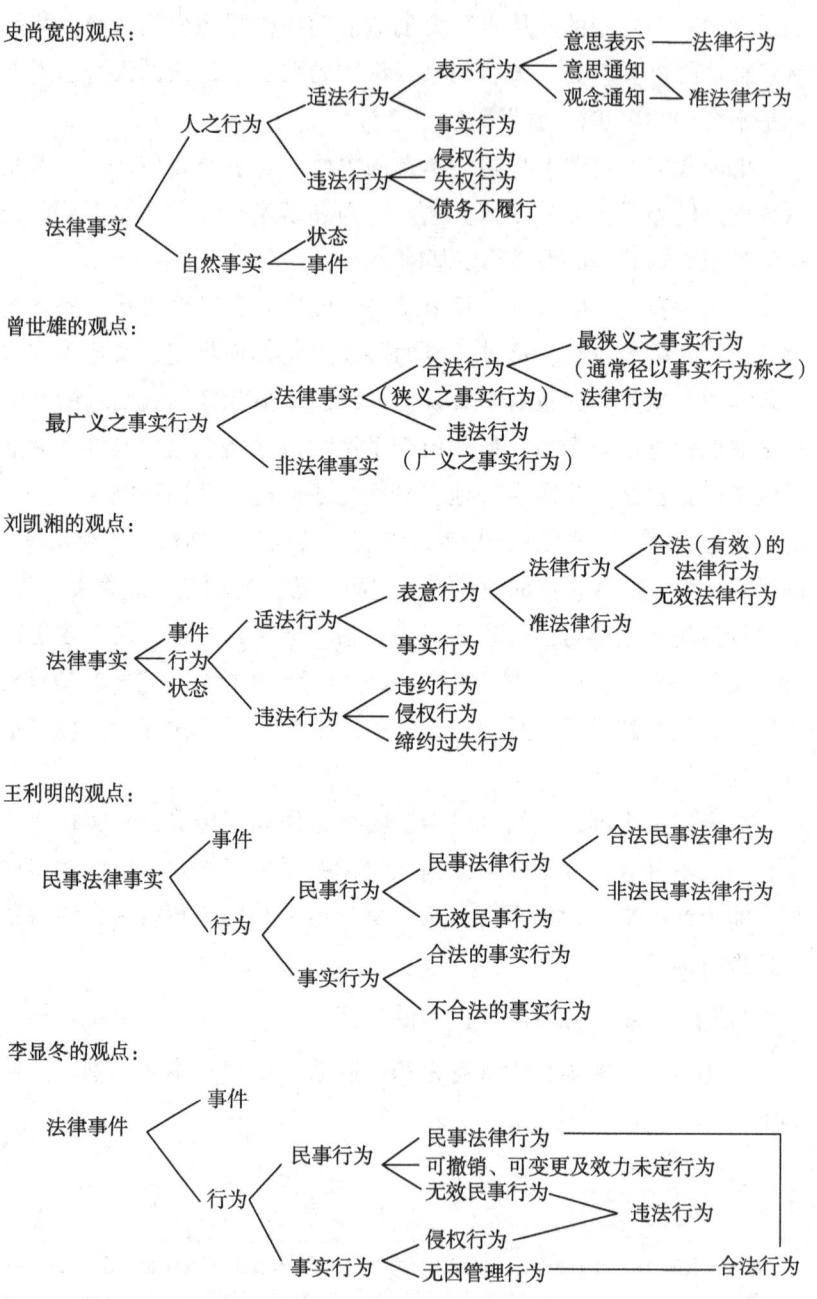

图1 对事实行为不同观点的比较

1. 法律行为与事实行为的联系

按照有些学者"事实行为属于合法行为"的观点，法律行为和事实行为都是引起法律关系变动的合法原因，二者关系特别密切，甚至按照曾世雄教授的观点，人类的行为，如果忽略在法律规范下区分合法行为和违法行为的话，则法律行为和事实行为在性质上都属于广义的事实行为。如果单从合法行为的角度来看，则法律行为实际上就是外观进行了法律行为设计的事实行为，所以，从实质上考察，法律行为性质上仍然属于狭义的事实行为。也就是说，法律行为最基本的性质是其属于事实行为。法律行为从广义上说，就是事实行为的一种，只不过对于法律行为，法律又设置一些成立要件，即对于某些事实行为只要符合法律规定的这些要件，其就可以成为法律行为。而对于事实行为，法律则没有再进一步设置这些条件，仅规定了这些事实行为的效力。法律之所以把法律行为从事实行为中划分出来，仅仅是"为使私法自治不致脱轨，民法乃设计出法律行为，又因法律行为另有其独特之要件规定，遂而导致法律行为自事实行为中分出，亦即事实行为与法律行为分立"。[1]

如果抛开"事实行为属于合法行为"的观点，单就法律行为与事实行为的关系来看，二者都是能够引起法律关系产生、变更和消灭的法律事实，所以二者会具有很多共性的东西，如果这两类行为不存在，则许多民法上的权利义务关系便无从产生，许多需要法律调整的领域就会成为法律调整的盲区，法律对一些法律关系的调整过程就不完整甚至缺失，这种情况造成的后果将是很严重的。

此外，法律行为与事实行为关系密切还表现在人们探讨法律行为时，总是避不开将其与事实行为相比较；探讨事实行为时，同样避不开将其与法律行为相比较。曾世雄曾很形象地形容二者关系，他说，"民法上之事实行为与法律行为是欢喜冤家，互不相融，但彼

---

[1]　曾世雄：《民法总则之现在与未来》，中国政法大学出版社 2001 年版，第 193 页、第 190 页。

此则互为因果。就存在之先后言，先有事实行为，后有法律行为，就行为获得如今日肯定之内容言，事实行为乃由法律行为之设计而彰显其内容"，"时至今日，事实行为在民法法学上之重要性，似乎有赖法律行为受重视所引起反射作用之照应"。❶

2. 法律行为与事实行为的区别

虽然法律行为与事实行为的关系非常密切，但它们毕竟是不同性质的两类行为，它们必然具有不同的特点。这些不同的特点分别体现了法律行为调整方式与法定主义调整方式的不同要求，在具体法律适用上二者必然要分别适用于不同的规则。❷

一般来说，法律行为与事实行为的区别主要有：第一，意思表示是法律行为的构成要素，而事实行为不以意思表示为要件；第二，法律行为依据行为人意思表示的内容发生设立、变更、终止法律关系的后果，而事实行为则是依据法律的规定产生法律后果；第三，法律行为是否生效受行为人自身民事行为能力的影响，而事实行为不要求行为人具有相应的民事行为能力。

通俗地说，法律行为与事实行为的最主要区别在于：实施法律行为的行为人积极追求某种法律效果，即其主观上就是想通过实施该行为达到这种法律效果，这种对某种法律效果的追求是行为人实施该法律行为的直接目的；而实施事实行为的行为人事先并没有通过实施该行为以引起某种法律效果的直接目的，即其主观上并没有通过实施该行为而达到某种法律效果的意思，该事实行为之所以引起了某种法律效果，仅仅是因为该行为客观上符合法律的规定，法律对该行为的实施已经规定了某种法律效果，这种法律效果的产生并不是依赖于行为人的意图，并不是行为人预期要达到的结果。

---

❶ 曾世雄：《民法总则之现在与未来》，中国政法大学出版社 2001 年版，第 188、189 页。

❷ 董安生：《民事法律行为》，中国人民大学出版社 2002 年版，第 80 页。

二、无因管理是事实行为而不是法律行为

（一）关于对当事人"意思表示"方面的要求

所谓意思表示，是指行为人把要进行法律行为的意思（意愿、意向）以一定方式表现于外部并为他人所知晓，其中必须包括效果意思。

1. 法律行为与意思表示

意思表示是解释或构造法律行为的最核心概念，是法律行为的精华所在，当事人的意思表示是法律行为的必备要件。在意思表示中，当事人表达的效果意思是法律行为成立的关键标志，有学者甚至把意思表示解释为：旨在达到某种特定法律效果的意思的表达。所以，在民事法律行为中，表意人必须将自己的效果意思表示于外部并为他人所知晓，而且这种意思表示能够依法在当事人之间产生拘束力，产生法律上的效果。

早期德国法学常常把法律行为等同于意思表示，足见意思表示与法律行为关系的密切程度，尽管后期德国学者进行了更正，区分了法律行为与意思表示，但意思表示作为法律行为的本质却从来没有动摇过。正是由于二者关系是如此密切，才有一些学者要求对二者作明确区分。例如，有学者认为，法律行为与意思表示是不同的两个法律概念，两者即使有时候在同义上使用，也只是因为这两个概念在外延上是重合的，实际上两者的内涵是完全不同的，法律行为与意思表示这两个概念的关系正确的表述应该为意思表示是法律行为的核心与构成部分。❶

2. 事实行为与意思表示

事实行为则完全不同，行为人在实施事实行为时，主观上并没

---

❶ 李永军:《民法总论》，法律出版社 2006 年版，第 417 页。

有要达到某种法律效果的预期，自然就没有相应的意思表示。该行为之所以会产生某种法律后果，完全是法律强行规定而致，与行为人实施该行为时的主观意识没有直接关系。正因为如此，在事实行为中，当事人的意思表示并不被列入考虑范围。也就是说，在事实行为中，当事人进行意思表示与否与该行为所导致的法律后果没有必然的联系，即使是在某一些事实行为中，相关当事人也对其行为后果有一定的意思，甚至将这种意思在外部表达出来，但是，这种所谓的意思表示是不符合法律行为的本质要求的，所以就不能产生法律上相应的拘束力，该行为所导致的法律后果只能由法律直接规定，这与法律行为是完全不同的，因为法律行为的法律效果是根据当事人的意思表示而产生的，二者存在本质的区别。

所以，事实行为是"不以表现内心的意思内容为必要，是无关心理的行为"。[1] 即在事实行为法律效果的判定中，是不涉及当事人意思表示问题，不考虑当事人主观心理状态的，这与法律行为完全不同，而无因管理对行为当事人"意思表示"方面的要求恰恰就是如此。

3. 无因管理与意思表示

在无因管理的构成要件中，有一个很重要的主观条件就是"管理人应有为他人管理事务的意思"，但是需要特别说明的是，无因管理构成要件中管理人的这种意思却并不是管理人的意思表示，因为在无因管理中，并不要求管理人有为他人利益的明确表示，更不要求管理人把管理行为要达到的法律效果明确表示出来。

也就是说，在无因管理中，虽然以管理人具有"为他人"这一意思作为成立要件，即管理人有为他人谋利益的意思，但这一意思并不要求管理人必须表示出来并为他人所知晓。如此的话，由于该意思不是以设立民事法律关系为目的的，同时也不要求必须表示出来，所以法律并不赋予依照或根据该意思内容实施的行为以相应的

---

[1] 王连合主编：《民法（总论 物权）》，山东人民出版社 2013 年版，第 133 页。

法律效果，而只是根据倡导互帮互助、助人为乐的理念而专门赋予该管理行为特定的法律效果。所以，无因管理并不以意思表示为必备要件，其自然不是法律行为。有学者就说，由于无因管理不是法律行为，所以民法上有关意思表示、法律行为的规定或规则（含原则）等，就当然不能在无因管理制度中使用，而且即使是类推适用原则上也不允许。❶

尽管无因管理中存在管理人为他人进行管理的意思，但此种意思只是无因管理中事实构成的要件，而不是管理行为发生法律后果的依据，所以那种将管理行为理解为法律行为的做法就违反了无因管理之债的本质。❷ 在许多情况下，在无因管理行为中，管理人是否有为他人管理事务的意思，是需要从管理行为的客观后果上来判定的，而不一定是依据管理人事前的表示，法律虽然要求管理人于管理开始时即通知本人，即管理人负通知义务，但这种通知的内容只是管理人将自己已经开始管理的事实告知本人，而不是将自己的管理意思告知本人，因此性质上属于观念通知。❸

最重要的是：无因管理行为产生的法律效果，是由法律直接规定的，与当事人的意思无关。也就是说，作为法律行为的必备要素，行为人的意思表示是行为人表达的通过该行为的实施所要达到的法律上的效果意思，该法律行为最终所引起的法律效果，是法律按行为人表示的效果意思赋予的。而作为构成无因管理所需要的构成要件，管理人的管理意思只要包含基于管理所产生的利益归属于本人这种意思就足够了，至于无因管理最终产生什么样的法律效果，则是由法律直接赋予的，而与管理人所表达的管理意思无关，管理意思不是效果意思，无因管理自然不是法律行为。❹

对此我国台湾地区的郑玉波先生说，无因管理行为"虽于引起

---

❶　陈华彬：《债法各论》，中国法制出版社2014年版，第232页。
❷　王利明：《债法总则》，中国人民大学出版社2016年版，第159页。
❸　张广兴：《债法总论》，法律出版社1997年版，第65页。
❹　王家福主编：《中国民法学·民法债权》，法律出版社1991年版，第584、585页。

外部的事实结果之外，复以一定之意思（管理意思）为必要，但其法律上之效果，却非基于管理意思而产生，申言之，管理人一有管理之事实，则法律上即生一定之效果，至管理人有否发生该效果之意欲，则在所不问"。❶

（二）关于当事人"民事行为能力"方面的要求

所谓民事行为能力，是指民事主体以自己的行为享有民事权利、承担民事义务的资格。"法律设置了民事行为能力制度，通过排除行为人不具备行为能力、不能正确识别民事活动的法律效力，保障行为主体和相对方当事人的利益，维护交易秩序。"❷ 我国《民法通则》和《民法总则》都规定了民事主体民事行为能力的三种类型，即完全行为能力、限制行为能力和无行为能力，以便确定不同行为能力的民事主体分别与其实施行为的相适应程度，❸ 从而更准确地适用法律。"完全民事行为能力人可以独立实施民事法律行为以取得民事权利，履行民事义务；限制民事行为能力人只能从事与其年龄、智力和精神健康状况相当的民事法律行为，其他行为需经法定代理人追认或同意；无民事行为能力人不能独立从事民事法律行为，而由法定代理人代理"❹。

1. 法律行为与民事行为能力

虽然民事法律行为的成立对行为人的民事行为能力并无要求，但是，对于民事法律行为能否生效，则要求行为人必须具有相应的民事行为能力。我国《民法总则》第 143 条对此明确规定："具备下列条件的民事法律行为有效：（一）行为人具有相应的民事行为能力；（二）意思表示真实；（三）不违反法律、行政法规的强制性规定，不违背公序良俗。"第 144 条明确规定："无民事行为能力人实

---

❶ 郑玉波：《民法债编总论》（修订二版），陈荣隆修订，中国政法大学出版社 2004 年版，第 73 页。

❷ 王连合主编：《民法（总论 物权）》，山东人民出版社 2013 年版，第 47 页。

❸ 刘凯湘：《民法总论》（第三版），北京大学出版社 2011 年版，第 282 页。

❹ 王连合主编：《民法（总论 物权）》，山东人民出版社 2013 年版，第 148 页。

施的民事法律行为无效。""民事法律行为以意思表示为核心，以产生一定的法律效果为目的，这就要求行为人必须具备预见其行为性质和后果的相应民事行为能力。"❶

民事法律行为是民事主体通过意思表示设立、变更、终止民事法律关系的行为，而这些行为一旦实施，就会在相关当事人之间产生一系列相应的权利义务关系，就会涉及相关当事人相应的利益，所以法律对实施这类行为的民事主体有着严格的要求和限制，以便维护法律的严肃性，从而给予当事人有效的利益保障，以维护社会秩序。而将民事主体进行民事行为能力的划分，不同行为能力人分别实施与自己客观情况相一致的民事行为，对自己实施的该行为承担相应的民事责任，就比较好地实现了这一目的。

由于法律行为与民事主体的意思表示关系紧密，所以法律对民事主体与其做出的意思表示的匹配度就成为一个需要重点考察的内容。所以在法律行为中，将民事主体进行民事行为能力的划分，从而赋予相应意思表示以法律效力，就是其应有之义。

2. 事实行为与民事行为能力

由于事实行为是与行为人的主观意识无关的行为，法律只是对其行为结果强行规定了相应的法律效力，所以在事实行为中，法律要考察的侧重点是行为的结果，至于实施该行为的民事主体的具体情况则不在法律考察的范围，所以事实行为对于行为人就没有必须具有民事行为能力的要求。也就是说，在事实行为中，法律根本不考虑当事人行为目的之类的心理活动内容，只要该行为发生就会产生相应法律上所规定的法律后果。所以，事实行为重在关注行为本身，而对行为人的行为能力在所不问，这与法律行为对民事行为能力的要求完全不同。

3. 无因管理与民事行为能力

对于无因管理是否要求当事人必须具有民事行为能力的问题，

---

❶ 王连合主编：《民法（总论 物权）》，山东人民出版社2013年版，第148页。

学界有不同观点，这些不同的观点主要集中在对于管理人是否必须具有民事行为能力的要求上，而对于本人来说，大家基本都认可这样的观点：本人不一定具有民事行为能力。

对于本人来说，由于其完全是被动受益的一方，因此不但不需要具备民事行为能力，而且也无须具有认识能力。即由于无因管理行为的特殊性，就决定了在无因管理的成立要件中，只规定主动实施管理行为的管理人应该满足的条件，而本人与无因管理的成立与否是没有关系的。这与合同需要双方当事人进行"要约"与"承诺"完全不同，无因管理的成立并不需要本人的"承诺"等意思表示。在无因管理中，就本人而言，其是否具有意思能力、行为能力等，法律是不予考虑的，也是不需要考虑的。❶

但是，在无因管理中受益人即本人应当具有民事权利能力。所谓民事权利能力，是指民事主体依法享有民事权利和承担民事义务的资格。我国《民法总则》第13条明确规定："自然人从出生时起到死亡时止，具有民事权利能力，依法享有民事权利，承担民事义务。"第14条规定："自然人的民事权利能力一律平等。"对于未出生的胎儿，从理论上说其不具有民事权利能力，只有在其成为民事权利主体后，才能成立无因管理。在社会实践中一般不会发生这种现象。❷

对于管理人来说，其在无因管理中是否必须具备民事行为能力的问题，理论界观点有分歧。例如有学者总结，在以往有学说认为不必要具备民事行为能力，但现在的通说则认为，无因管理一旦成立，则对于管理人来说就要产生一定的相应义务，从保护限制行为能力人的视角来说，管理人应当具备行为能力。❸

虽然以上学者认为管理人应具备民事行为能力的观点为现今的通说，但大多数学者的观点其实并不是这样。大多数学者认为在无

---

❶ 陈华彬：《债法各论》，中国法制出版社2014年版，第233页。

❷ 郭明瑞：《关于无因管理的几个问题》，载《法学研究》1988年第2期。

❸ 陈华彬：《债法各论》，中国法制出版社2014年版，第233页。

因管理中，管理人不必具备民事行为能力。笔者赞同该观点。因为只要管理人具备相应的"管理事务能力"，即有相应能力辨别该管理行为是纯粹为他人利益，或者说，只要管理人具备某种自然意思与辨别能力，并且具有为他人管理事务的意思，那么他所实施的管理行为，就足以发生无因管理的法律关系❶，而无论该管理人是否具有民事行为能力。

也就是说，在无因管理中，管理人同样不以具有民事行为能力为必备要件，无民事行为能力人、限制民事行为能力人也可以成为管理人。但是，由于管理人必须有为他人利益的管理意思——这是无因管理的主观要件，所以在无因管理中，管理人必须具有意思能力（认识能力）。正如有学者所说的，在无因管理中，就算管理人不具有行为能力，其所实施的管理行为仍然是有效的。因为管理人具有为他人管理意思的前提是其具有意思能力，而并不是指其必须具有行为能力。❷

另外，《德国民法典》第 682 条还专门规定，管理人为无行为能力人或限制行为能力人时，不负关于无因管理所规定的义务。日本法律对于管理人为无行为能力人及限制行为能力人的情况，也没有规定其在无因管理上的责任，学说上也认为管理者为无行为能力人时，其不负无因管理规定的特别责任，而仅负不法行为及不当得利的义务。❸ 这是因为无因管理是一种事实行为，不是行为人以发生一定民事法律关系为目的的行为，是社会互助精神在法律上的体现。当管理人为无行为能力人或限制行为能力人时，在其实施管理他人事务行为的时候，毫无疑问应和完全民事行为能力人一样受到肯定和鼓励，但同时由于这一群体本身就是受到法律特殊保护的群体，此时如果把他们等同于完全民事行为能力人，让他们承担相应义务，无疑是增加了他们的负担，对他们进行了超过其自身能力的要求，

---

❶ 吴从周：《见义勇为与无因管理》，载《华东政法大学学报》2014 年第 4 期。
❷ 王利明：《债法总则》，中国人民大学出版社 2016 年版，第 159 页。
❸ 王泽鉴：《民法学说与判例研究（5）》，中国政法大学出版社 1998 年版。

这样显然有失公平，甚至在某种程度上还可能会损害他们的利益，这也不符合无因管理倡导社会互助的初衷。所以，对于管理人为无行为能力人或限制行为能力人的情况，不仅不能让他们负关于无因管理所规定的义务，而且还很有必要加大对这部分管理人权益的保护，甚至在某些特殊情况下，当适用无因管理制度无法救济管理人的合法利益时，有必要排除无因管理制度的适用，而承认管理人的不当得利返还请求权。若仅以无因管理制度处理无行为能力人或限制民事行为能力人管理他人事务的费用偿还问题，无行为能力人或限制民事行为能力人及其监护人还必须履行无因管理制度所附加于管理人的各项义务，这并不完全符合法律设置无行为能力人或限制民事行为能力制度的目的。如果用不当得利制度处理无行为能力人或限制民事行为能力人管理他人事务的费用偿还问题，对无行为能力人或限制民事行为能力人请求费用偿还会比较有利。[1]

（三）关于是否发生当事人"预期法律效果"方面的要求

1. 法律行为与预期法律效果

法律行为是民事主体实施的、以意思表示为要素且能够产生当事人预期效果的行为。当事人之所以要实施某种法律行为，就是为了达到产生其预想得到的法律效果的目的，当事人之所以进行意思表示，也是为了得到与其意思相一致的法律效果。由此可以看出，某种法律行为之所以会产生某种法律后果，不仅是因为法律为该种法律行为规定了相应的法律后果，更重要的是民事主体想通过自己实施该行为以引起相应的法律后果。而法律对民事主体的意思表示予以确认。"也就是说，在民事法律行为中，当事人的意思被法律化了，其效力是基于当事人意思表示的内容而决定的，并不是法定的。"[2] 所以说法律行为就是能够产生当事人预期法律效果的行为，

---

[1] 邹海林：《我国民法上的不当得利》，载梁慧星主编：《民商法论丛》（第 5 卷），法律出版社 1996 年版。

[2] 王连合主编：《民法（总论　物权）》，山东人民出版社 2013 年版，第 144 页。

是行为人为了实现其预期的法律效果而专门实施的该种法律行为，这与事实行为存在根本的不同。

2. 事实行为与预期法律效果

事实行为是行为人实施一定的行为时，在主观上并没有要产生、变更或消灭某一法律关系的意识，但由于法律的规定，该行为同样会引起一定的民事法律后果的行为。即行为人实施某项事实行为时，根本就没有想要产生某种法律效果的心理活动，没有想要达到某种相应法律效果的目的和意思，其实施某种事实行为最终所产生的法律效果只是法律强行规定而已，所以法律对事实行为进行规制时，根本不考虑行为人的主观目的。也就是说，在事实行为中，该行为最终引起的法律效果纯粹是由法律强行规定产生的，与行为人实施该行为前的预期没有关系，与行为人实施该行为追求的目的没有关系，这与法律行为存在根本不同。

3. 无因管理与预期法律效果

无因管理是法律为弘扬人们的互助精神，而强行规定的能够阻却违法性的法律制度安排，而不是行为人事先主观追求的结果。

在无因管理中，促使管理人主动行使管理行为的原因，在于管理人是为了他人利益的动机，而这一动机与无因管理行为最终产生的法律效果是不一致的。无因管理行为产生的对管理人有利的法律效果是管理人相对于本人的债权请求权，而管理人实施管理行为前，其肯定不是看中了法律所设计的管理人相对于本人的债权请求权这一法律效果，因为管理人获得的这种债权请求权最终得到的仅是其在管理本人事务中的必要支出费用，而不存在多于其支出费用之外的"利润"。从经济利益角度来说，如果管理人单纯追求这种请求权而管理他人事务，对管理人来说是没有任何价值的。所以在无因管理中，管理行为所引起的法律后果并不是管理人实施该管理行为主观上所要达到的目的，是典型的事实行为。

更何况管理人相对于本人的债权请求权的享有，是建立在管理人谨慎注意义务基础之上的，其管理他人事务面临的风险也是比较大的，管理人的管理行为稍有不慎就有可能导致侵权损害等赔偿责任的产生。通常情况下，民事主体是不会因为法律的这一规定而冒险去追求这样一种债权请求权的。[1]

另外，根据我国一些学者的观点，在无因管理中即使管理人在实施管理行为时有与本人订立合同的意愿，但并不必然在当事人之间成立合同关系。所以无因管理的管理行为在性质上属于事实行为。[2]

三、无因管理是混合行为和合法行为

（一）无因管理是混合行为

1. 无因管理属于混合的事实行为

无因管理虽然不是法律行为，不以意思表示为核心，但是它却是一种以一定的精神作用（管理意思）为必备要素的行为，因而属于混合的事实行为。

混合的事实行为属于事实行为的一个下位概念，它与通常的事实行为不同，通常情况下事实行为的实施，与行为人的心理状态无关，不以人的精神作用为必要。但是在无因管理成立的要件中，管理人必须具有为他人谋利益的意思，即所谓的管理意思，这是无因管理得以成立的主观条件，不具备这个主观条件，无因管理就不能成立。所以，为了把它与通常的事实行为区别开来，我们就把无因管理称作混合的事实行为。也正是这种混合的事实行为，才产生了为他人管理事务的事实，基于这种事实，法律赋予该行为发生法律效力。郑玉波先生就说："不过无因管理仍系以人之精神作用为要素之适法行为，与先占之性质略同，所谓混合的事实行为是也。"[3]

---

[1] 郭如愿：《无因管理制度中的道德考量》，载《大连干部学刊》2016年第3期。

[2] 王利明：《债法总则》，中国人民大学出版社2016年版，第159页。

[3] 郑玉波：《民法债编总论》（修订二版），陈荣隆修订，中国政法大学出版社2004年版，第73页。

2. 管理的事务可以是事实行为也可以是法律行为

无因管理是事实行为而不是法律行为，但是无因管理的事务，既可以是事实行为，也可以是法律行为。

当管理的事务为法律行为时，无因管理并不因此而变为法律行为，即无因管理的性质并不会因其管理事务的性质而发生改变。例如，管理人在修理本人房屋的过程中，需要购买相关材料而与他人订立买卖合同。签订买卖合同是法律行为，但其只是管理人在实施无因管理行为（即为本人修理房屋）过程中的一个管理的具体事务，是为进行无因管理行为而采取的一种方法或手段，而不是无因管理本身，所以在这一过程中，签订合同的法律行为并不能改变管理人为本人修理房屋这一事实行为的性质。

对此，王家福先生就说，在无因管理中，尽管管理方法有时属于事实行为，有时属于民事法律行为，但这些管理行为都属于无因管理的手段，而非无因管理本身。❶ 郑玉波先生对此也说，虽然在无因管理中，管理人实施的管理方法有时表现为事实行为，有时表现为法律行为，但这些都属于无因管理的手段。当其为法律行为时，这个法律行为本身并不是无因管理。只有利用该法律行为作为手段，进行修理本人房屋的行为，才是无因管理。❷ 这也就是本书下文将论述的无因管理的承担与无因管理的方法的区别。

总之，无因管理既是混合的事实行为，其管理的事务又可以是事实行为或法律行为，所以，无因管理属于混合的行为。

（二）无因管理是合法行为

事实行为究竟属合法行为还是包含合法行为与不合法行为，因理论界分歧过大，我们暂且不去讨论。但对于无因管理是合法的行为，则没有任何异议。

---

❶ 王家福主编：《中国民法学·民法债权》，法律出版社1991年版，第585页。

❷ 郑玉波：《民法债编总论》（修订二版），陈荣隆修订，中国政法大学出版社2004年版，第72页。

首先，上述两种观点尽管存在分歧，但都承认无因管理为合法行为。认为事实行为属合法行为的自不必说，认为事实行为包含合法行为与不合法行为的观点，也直接宣布无因管理为合法的事实行为（详见图1）。

其次，法律确立无因管理制度的目的，就是赋予无因管理行为合法性，即法律为了鼓励无因管理这种行为，特地赋予没有根据地管理他人事务的行为阻却违法性，也就是法律将其规定为合法行为，赋予该行为某些法律效力，以此倡导该类行为。正如我国有学者所说的，尽管在无因管理过程中，可能会出现管理人的管理不恰当的情况，会出现不履行债务的情况，甚至可能会出现造成管理利益以外的其他人身财产损害的情况，但是这些情况都不能否认无因管理性质上的合法性。❶

由此，对于理论界存在的不适法无因管理的说法，笔者持反对态度，此问题本书下文还要阐释，此不多言。

（三）不能构成无因管理的行为

作为一项法律制度安排，无因管理有其独特的内涵和严格的构成要件要求，不符合无因管理构成要件的管理行为就不是无因管理行为，就不具有无因管理的法律效力。现实社会中有些管理行为在某些方面非常类似无因管理，但实际上却不能构成无因管理，这些行为主要有以下几种：

1. 职务行为

无因管理需具备"无法定或约定的义务"这一基本前提条件，任何职务行为，例如警察、消防队员等的救助行为，都不满足这一前提条件，都不构成无因管理。

2. 违法行为

由于无因管理是合法行为，所以对任何违法事务的管理都不能

---

❶ 李文涛、龙翼飞：《无因管理的重新解读》，载《法学杂志》2010 年第 3 期。

构成无因管理，例如为窃贼藏匿或寄存赃物。

3. 按照法律规定须本人授权方能实施的行为

社会实践中，有些行为的实施会涉及多种因素，甚至关涉到社会秩序和社会价值的判断，所以法律对这类行为的实施，往往会进行严格限制。如果本人无法亲自实施该行为，除非有本人的授权，他人是不能以任何理由代替本人实施该行为的。如果没有经过本人授权而实施了这类行为，则这类行为的实施不能构成无因管理行为，例如放弃继承权。

4. 必须由本人亲自办理的事项

无因管理是专门针对管理他人事务的行为设计的法律制度，任何法律规定必须由本人亲自办理的事项，都不存在他人管理事务的合法性，故不能构成无因管理的行为，例如结婚登记。

5. 不能发生债权债务关系的行为

无因管理作为一种法定之债发生的原因，在当事人之间产生相互的诉权。所以，不能发生债权债务关系的行为，而仅是纯道德、友谊或宗教等行为，不能成为债的标的事务的管理不能构成无因管理，例如为朋友接待客人等。

第五章 ｜ 无因管理的构成要件

　　无因管理是一种没有法律根据而管理他人事务的行为，因此为防止滥加干涉他人事务，法律严格规定了无因管理的构成要件。只有完全符合这些构成要件的行为，才能构成无因管理，才能适用无因管理的有关规定。正如有学者所说，一种行为被认定构成无因管理，就会在当事人之间直接产生法定之债。所以，无因管理的定义和构成要件的认定应当非常严谨，否则将会对当事人的意思自治产生实质性的压迫。❶

　　无因管理构成要件的界定，直接体现着对无因管理内涵以及对无因管理制度价值的解读，是我们正确理解无因管理、正确适用这一制度的基本前提，也是法律正确引领、倡导和鼓励社会风尚的前提。

一、无因管理构成要件的立法与理论现状

（一）无因管理构成要件的立法现状

　　从世界范围来看，作为一项比较完善的法律制度，世界上许多

---

　　❶ 李文涛、龙翼飞：《无因管理的重新解读》，载《法学杂志》2010 年第 3 期。

国家和地区的法律，对于无因管理都有具体明确的规定，例如《德国民法典》《日本民法典》以及我国台湾地区的"民法典"等的有关规定。对于这些国家和地区来说，无因管理的构成要件，比较容易从相关法律规定的内容中归纳出来，尽管在这些国家和地区具体法律规定的内容可能不尽相同，但构成要件作为无因管理制度的重要一部分都会在立法上有所展现。总体上来看，世界范围内无因管理构成要件立法相对比较成熟。

相比较而言，我国大陆地区有关无因管理构成要件的立法则显得有些滞后。1986 年的《民法通则》和 2017 年的《民法总则》各自只有一条规定无因管理内容的条文，我国《民法通则》第 93 条规定："没有法定的或者约定的义务，为避免他人利益受损失进行管理或者服务的，有权要求受益人偿付由此而支付的必要费用。"我国《民法总则》第 121 条规定："没有法定的或者约定的义务，为避免他人利益受损失而进行管理的人，有权请求受益人偿还由此支出的必要费用。"两部法律用寥寥数语规定了无因管理的内容，我们只能通过这些非常有限的内容的表述，概括出无因管理构成要件的内容。但由于这些表述过于宏观和原则，所以往往容易造成理解上的差异，于是关于无因管理的构成要件问题，在我国出现了许多不同的观点也就不足为奇了。

因而可以说，我国大陆地区的法律虽然规定了无因管理制度，但欠缺详细和具体的规范，尤其是欠缺了像构成要件这样的关键内容，从而影响了人们对无因管理含义的理解，造成该制度在社会实践中的可操作性不强等问题。

（二）无因管理构成要件的理论现状

1. 观点的分歧

在判例和学说上，许多国家和地区对无因管理问题都有比较深入、全面的研究和应用，对无因管理的构成要件问题的探讨也比较深入细致。即便如此，关于无因管理构成要件理论中的一些具体问题，理论界仍存在一些不同的看法。

在我国，由于本书上文谈到的原因，关于无因管理构成要件理论，学术界观点也是众说纷纭。总体上看主要有以下几种观点：

（1）有学者将构成要件总结为三要件说。例如，史尚宽认为，无因管理之要件包括管理事务、为他人管理、无法律上之义务。❶马俊驹、余延满认为，无因管理的构成要件一是客观条件，包括管理他人事务和没有法定或约定义务；二是主观条件，即管理人在管理他人事务时，须具有为他人利益管理的意思。❷ 文字表述上虽有差别，但从实际含义方面讲，都属三要件说。

（2）有学者将构成要件总结为四要件说。例如，张广兴认为，无因管理的构成要件包括：管理他人事务、为他人管理的意思、无法定或约定的义务、不违反本人意思。❸ 陈华彬认为："无因管理的成立要件包括如下四项：①管理人没有义务而管理他人的事务；②为他人的意思（事务管理意思）；③开始事务的管理；④不违反本人的意思或利益（合于本人的意思和利益）。"❹ 这种观点总体上说，实际上是在三要件说的基础上，增加了一个"不违反本人意思"的内容。

关于三要件说和四要件说，一个非常有趣的现象是王利明所持的观点。王利明在有些著作中，例如在其主编的《民法》第六版（中国人民大学出版社 2015 年版）中，明确坚持无因管理构成的三要件说。在这部著作中，王利明认为，无因管理的构成要件有三，即为他人管理事务、有为他人谋利益的意思、没有法定或约定的义务。❺ 但在王利明其他著作中，例如《债法总则研究》（中国人民大学出版社 2015 年版）中，却又明确坚持无因管理构成的四要件说。在这部著作中，王利明认为，无因管理成立要件有以下四个：没有法定或者约定的义务；行为人实施了管理他人事务的行为；管理人

---

❶ 史尚宽：《债法总论》，中国政法大学出版社 2000 年版，第 59 页。

❷ 马俊驹、余延满：《民法原论》（第四版），法律出版社 2010 年版，第 766 页。

❸ 张广兴：《债法总论》，法律出版社 1997 年版，第 70～74 页。

❹ 陈华彬：《债法各论》，中国法制出版社 2014 年版，第 237 页。

❺ 王利明主编：《民法》（第六版），中国人民大学出版社 2015 年版，第 498 页。

具有为他人利益进行管理的意思；管理人不应违背本人明示或可得推知的意思进行管理。[1]

从这种有趣现象的出现可以看出，我国理论界关于无因管理构成要件理论至今尚无定论，观点的分歧和冲突是非常激烈的。

（3）还有学者甚至将无因管理的构成要件总结为五要件说。例如，周枏认为，无因管理的要件有五项：须为他人管理事务，须有为他人的利益而管理的意思，管理人须有将来把利益移转给本人并请求偿还费用的意思，须没有本人的委托又无法律上的义务，须本人不反对他人为其管理事务。[2]

以上不同观点的存在，或许正如张俊浩教授所说，无因管理制度本身是针对完全不同的两种法律理念进行整合而形成的一种法律行为规范。由于这两种不同的法律理念存在严重冲突，所以对其进行的整合就极易出现不周全的问题，很难做到从各种类型的无因管理中抽象出其共同的构成要件。[3] 这的确也是一种客观情况，其实这种情况从一开始就存在。彼德罗·彭梵得说，在古罗马法的文献中，构成无因管理的要件并不是完全相同的，据此人们会将其作为一种根据，进而认为两个由此产生的债并不一定具有相同的要件，这种情况至少在优士丁尼法中是存在的。[4]

由此，今天人们对无因管理的构成要件观点不统一就不足为怪了。但是，从古罗马到今天，人们仍无法达成共识，这多少是一件令人遗憾和不解的事情，这说明对无因管理理论还有待于继续进行深入探讨，对该问题的研究仍然还有很长的路要走。

2. 对三要件说的进一步考察

综合国内外的学说和观点来看，大部分学者都认可三要件说。

---

[1] 王利明：《债法总则研究》，中国人民大学出版社2015年版，第553、540页。

[2] 周枏：《罗马法原论》下册，商务印书馆1996年版，第774、775页。

[3] 张俊浩主编：《民法学原理》（修订第三版下册），中国政法大学出版社2000年版，第940页。

[4] ［意］彼德罗·彭梵得：《罗马法教科书》，黄风译，中国政法大学出版社1992年版，第396页。

为了更全面地理解无因管理构成要件问题，现对三要件说做进一步分析。有一些观点虽然表述为四要件或五要件，但从内容来看都可整合为三要件说。例如王泽鉴认为，无因管理的构成要件有四：管理事务、管理"他人"事务、"为他人"管理事务、未受委任并无义务（无法律上的义务）。[1] 但从其内容来说，可归为三要件说。

总体来说，关于无因管理的构成要件问题，理论界观点最主要的冲突集中在"不违反本人意思"能否成为无因管理的构成要件这一问题上。这也是三要件说与四要件说最根本的分歧所在。

比较这两种观点可以看出，三要件说最核心的观点就是认为，在没有法定或约定义务的情况下，只要管理人有为他人利益而对他人事务进行管理的意思，该管理行为就都属于无因管理，至于该事务管理是否违反了本人的意思（即本人明示或可得推知的意思），以及管理事务的后果客观上是否有利于本人的，这一切都属于管理方法的问题，而不属于无因管理的构成要件问题。例如，郑玉波针对我国台湾地区"民法"第172条规定的"其管理应依本人明示或可得推知之意思，以有利本人之方法为之"说："虽不依本人之意思或不利本人，而管理事务者，亦非不能成立无因管理，故我一七二条下段之规定，只可解为管理之方法问题，似无解为无因管理成立要件之必要。"[2]

简单地说，三要件说主张在没有法定或约定义务的情况下，只要管理人是"好心"为他人管理事务，就属于无因管理，就应该受到鼓励。笔者以为，三要件说的确有一定道理，其观点内容对于鼓励人们助人为乐，特别是在保护管理人利益方面，肯定会有较大作用。但是，笔者同时认为，无因管理制度是对"禁止干预他人事务"和"鼓励互帮互助行为"的综合调和，是对两种利益的全面平衡，但是，"平衡并不意味着两个要等量齐观，保护个人自由更重于提倡助人为乐"。因为"从民法的品格来看，民法以自由为灵魂，以私人

---

[1] 王泽鉴：《民法概要》（第二版），北京大学出版社2011年版，第149页。

[2] 郑玉波：《民法债编总论》（修订版），中国政法大学出版社2004年版，第78页。

权利为本位"。所以"宁可少一些真好人，也不容许对他人权利的随意侵犯，归根结底，个人自由比社会互助来得重要"❶。

　　事实上，好心却办成"坏事"的情况，在现实社会中屡见不鲜。试想，在满足三要件的情况下，管理人违背本人意思或管理事务不利于本人，如果能够成立无因管理的话，则本人要承担管理人有关管理事务的费用，这在很多情况下对本人是不公平的，如管理人花钱雇用人将本人放置于垃圾场的家具又抬回本人家的情形。此时，尽管管理人认为该家具还有较大利用价值，他非常"好心"地为本人着想，雇人将该家具又抬回本人家中，但此时他显然应当知道本人对该家具丢弃的意思，他这样做显然是违反了本人的意思，如果该行为能够被认定为无因管理，由本人支付将家具运回家的相关费用，显然不妥当。至于在管理人将本人种植的稀有草药误认为是杂草而拔除的情形，尽管管理人是"好心"，是为了本人利益，但由于管理人的失误已经给本人造成了损失，如果该行为因为符合三要件说而被认定为无因管理，还得由本人再支付拔除草药的相关费用，这于情于理无论如何也讲不通。

　　综上所述，笔者认为，"不违反本人意思"且管理事务利于本人应属于无因管理的构成要件。当然，由于管理人是"好心"，所以在满足前三个要件的基础上，对于欠缺该要件的行为，不能简单界定为侵权，因为正如有学者所担心的，如果仅以"不违反本人意思"且管理事务利于本人作为评判依据，就会出现同样的助人为乐行为，符合"不违反本人意思"且管理事务利于本人的就是合法行为，不符合的就是侵权，这样的话对于管理人是不公平的，也无法发挥无因管理制度以规范管理人行为为中心的制度功能。❷

　　所以，对于满足三要件而欠缺"不违反本人意思"且管理事务利于本人的行为的处理，可综合多方面情况而定，对于没有给本人造成损害的，可通过管理人与本人协商的办法共同承担因管理所花

---

❶ 蒋云蔚：《论不适法的无因管理》，载《社会科学》2009 年第 10 期。
❷ 蒋云蔚：《论不适法的无因管理》，载《社会科学》2009 年第 10 期。

费的费用；对于给本人造成损害的，可酌情减轻管理人的赔偿责任，因为管理人毕竟是"好心"管理本人的事务。对于"不违反本人意思"且管理事务利于本人能否成为无因管理的要件问题，本书下文还要详述，此不赘述。

二、无因管理成立的客观要件

无因管理成立的客观要件，也有学者称为首要条件、前提条件，是无因管理成立的最基本要件。

（一）管理人须是管理他人的事务

无因管理制度是为了调整因管理他人事务而发生的关系所设立的一项制度，因此"管理人须是管理他人的事务"就成为无因管理成立的基本客观条件，不是管理他人事务，就不可能成立无因管理。

1. 管理人须管理事务

所谓事务是指有关人们生产生活的一切事项。可以成为无因管理事务的范围很广，可以是经济事务也可以是非经济事务，可以是事实行为也可以是法律行为，可以是一次性行为也可以是持续性行为，可以是单一事项也可以是多数事项，可以是有关财产的事务也可以是有关于身体健康、生命安全的事务。

尽管可以成为无因管理的管理事务的范围很广，可并非世间所有的事务都可以成为无因管理的事务，还有很多事务不能够成为无因管理的事务。这是因为无因管理是在管理人与本人之间产生一定的债权债务关系的法律制度，对于不能在当事人之间发生债权债务关系事务的管理是不能构成无因管理的。

也就是说，作为无因管理的事务必须是能够成为债的客体的事务。有学者将无因管理的事务的特征总结为以下四个方面：❶ 第一，有益于特定人的生活、生产和工作等；第二，能够成为债务的标的，

---

❶ 杨振山主编：《中国民法教程》，中国政法大学出版社 1999 年版，第 425 页。

可在管理人与被管理人之间产生权利义务关系；第三，具有合法性；第四，该义务能由他人管理。至于具体的不能作为无因管理事务的事项，在本书第四章中已做论述，这里不再重复。

所谓管理，是指处理事务的行为。"管理"的概念从不同角度有不同的解释，人们对其理解也具有多样性，理论界并没有形成一个统一的说法。无因管理中的"管理"是个广义的概念，它既可以是法律行为，也可以是事实行为；既包括狭义的管理，也包括服务。它不仅包含一般管理行为的看管、保养、改良的意思，也含有提供服务甚至处分的意思，如为避免他人鲜活之物腐烂变质，而以合理价格将其出售等。

2. 管理人管理的事务必须是"他人"的事务

所谓他人是指除管理人之外的其他人，可以是一人也可以是多人，可以是自然人也可以是国家、集体或其他组织，但并不要求管理人在管理他人事务时，一定知道他人是谁。所谓他人事务是指与他人生产、生活、利益有关的所有事务。判断确定管理事务是否属于他人，是界定无因管理的重要步骤。我国有学者认为，在如何确定管理的事务是否属于他人的问题方面，在客观上可以以该事务在法律上的权利或利益的归属作为判断标准。[1]如果管理人管理的是自己的事项，无论其主观上是为了何人的利益，都不能构成无因管理，例如误将自己的事务认为是他人的事务进行管理，即使主观上是为了避免他人利益的损失，该管理行为也不能成立无因管理。

现实生活中有些事务很容易判断是属于他人的事务（客观的他人事务），但有些事务在外观上属于中性，既可能是他人事务，也可能是自己的事务，很难从外部进行判断。在这种情况下，就要依据管理人的主观意思来判断，如果管理人有为他人管理的意思，并且能够举证证明的，就属于他人的事务（主观的他人事务），否则就推定为自己的事务。管理人所提供的证据只要依社会一般观念能够确

---

[1]　赵廉慧：《债法总论要义》，中国法制出版社2009年版，第300页。

定其具有管理他人事务的意思即可。所管理的事务从外观上就能判明既属于他人事务也属于自己的事务，例如修缮他人与自己共同使用的院墙，属于他人的部分，仍可成立无因管理。

有关无因管理管理他人事务问题，需强调以下几点。第一，在实施管理他人事务行为时，管理人可以以自己的名义进行管理，也可以以本人的名义进行管理。第二，管理他人事务，要求管理人必须积极地为某种行为，单纯的不作为不能成为无因管理的行为。第三，无因管理重在管理事务过程本身，目的是否达到并不影响无因管理的成立，例如帮助他人抢救大火中的物品，尽管最后物品被大火焚烧殆尽，即抢救物品的目的未达到，但该行为仍能成立无因管理。

（二）须是没有法定或约定义务

1. 法定或约定义务的含义

所谓法定义务就是法律直接规定的义务，既包括民法上直接规定的义务，也包括其他法律直接规定的义务，例如监护人对被监护人的监护、消防人员救火、警察救助等。法定义务又分为私法上的义务和公法上的义务，对于这些义务的履行，事后管理人都不能向受益人要求费用偿还。❶

也就是说，只要是履行法定的义务，在事务管理者与受益人之间就不能因该项管理事务成立债权债务关系，无论是履行公法上的义务还是履行私法上的义务都是如此。即履行法定义务都属于"有因"，故而从事该种情况下的管理行为都不能成立无因管理。但我国有学者认为，在无因管理构成要件中的"没有法定义务"，指的是没有私法上的义务，至于公法上的义务则需要根据具体情况确定其是否能变成私法上的义务。❷ 笔者不认同此观点，因为按照此观点可推断出来的意思是，当一种公法上的义务根据具体情况无法变为私法

---

❶ 王丽萍编著：《债法总论》，上海人民出版社2001年版，第62页。
❷ 陈华彬：《债法各论》，中国法制出版社2014年版，第238页。

上的义务时，负有公法义务的管理人因履行该义务而实施的管理行为就可认定为无因管理，这与无因管理制度设立的初衷相背离，与无因管理应有之意大相径庭。

所谓约定义务就是因合同产生的义务，是指在管理人与本人之间基于某种约定而发生的义务。这种约定在形式上既可以是书面的约定也可以是口头的约定，只要是符合合同成立的条件即可。履行合同上约定的义务而为他人管理事务，属于"有因"，与无因管理制度要调整的情形不相符，也不是无因管理制度价值目标的指向，故而该种管理行为不能构成无因管理。但在某种情况下，合同义务人的管理行为超出合同中约定的义务范围时，就其超过义务范围的管理事务，仍可发生无因管理。

无因管理中的"无因"是指没有法律上的原因或者称为没有法律上的根据，也就是没有法定的或约定的义务，这是无因管理制度要调整的情形。"没有法定的或约定的义务"同"管理人须是管理他人的事务"一起共同构成了无因管理成立的最基本客观要件。因为任何在法定义务或约定义务情况下所进行的管理行为，不论管理人主、客观情况怎样，行为人都是在履行义务，而不属于"无因"管理，不属于无因管理制度要调整的内容。

2. 需说明的问题

（1）有没有法定或约定的义务，是以客观标准来确定的，不以管理人的主观认识为准。如果管理人实际上负有管理某项事务的法定或约定的义务，而管理人误认为没有义务而进行了相关事务的管理，其管理行为仍应界定为负有法定或约定的义务，不能构成无因管理；如果管理人本来没有管理某项事务的法定或约定义务，而管理人误认为自己有义务而进行了相关事务管理，则该种管理行为仍应界定为没有法定或约定的义务，该管理行为仍有可能构成无因管理。

（2）衡量是否构成无因管理中的法定或约定义务，应以管理事务开始的情况为标准进行确定。如果管理人在管理事务之初负有管理该项事务的法定或约定义务，此时管理行为不构成无因管理，但如果在管理事务中途该法定或约定义务消失，则自此该管理行为可能成立无因管理；如果管理人在管理事务之初没有管理该项事务的法定或约定的义务，那么自管理行为开始起该管理行为可能构成无因管理，但如果在管理事务中途管理人又负有了管理该项事务的法定或约定的义务（例如因管理人和本人订立合同而产生了相应的约定义务），则自此时起该管理行为不再是无因管理。

3. 需要讨论的问题

（1）有人认为见义勇为，例如救落水者、制服歹徒等行为应该是每个公民应尽的义务，谈何无因管理？笔者不赞成这种观点。"见义勇为"是指见到合乎正义的事就勇敢地去做。而对于做"合乎正义的事"包括以下两种情况：

一种情况是这件"合乎正义的事"与当事人有直接关系，例如当事人带邻居家的小孩外出玩耍，小孩意外落水。在这种情况下，当事人负有一种照看邻居小孩、保障邻居小孩安全的义务，这种义务的存在是有法律根据的，即当事人客观上负有法定或约定的履行"勇为"的义务。此时，如果当事人对邻居小孩落水事件熟视无睹、听之任之，对可能造成的后果，他是要负一定法律责任的。所以，这种情况下当事人"勇为"的行为是在履行他自己的义务行为，是当事人"分内"的事情，并不是我们通常所说的无因管理，自然也算不上是一种见义勇为的行为。

另一种情况是这件"合乎正义的事"与当事人毫不相干，例如当事人偶遇一陌生人落水。在这种情况下，如果当事人被界定为有义务，那么这个义务规范的范围显然太大了，把所有为他人利益而管理的行为都界定为每个公民的义务，这在现实生活中是将高标准的道德要求法律化的表现，既无必要，又无可能，在法律适用上更是无法操作，是义务泛化的表现。

正如法律可以引导人们做好事，但不能规定人们必须做好事一样，法律可以通过制定相关制度鼓励人们见义勇为的行为，但不能规定人们必须见义勇为。因而在"合乎正义的事"与当事人毫不相干的情况下，或者说当事人完全是局外人的情况下，当事人应该被界定为没有义务，既没有法定的义务也没有约定的义务，即没有法律上的根据。在没有法律根据的情况下，当事人"见义勇为"了，这显然符合无因管理的构成要件，是无因管理行为中的一种紧急无因管理。这里的关键点在于这是一种"局外人"来"勇为"的行为，即管理人在没有法定或约定义务的情况下的"勇为"，这显然是我们提倡的行为。但如果当事人在没有义务的情况下不去"为"，他也就只能在道德的范围内受到谴责，而不承担法律责任。

（2）在一些材料中将"无约定的义务"表述为"未受委托的义务""未受委任的义务"等，有学者对此提出了异议。从字面上看"无约定的义务"的范围显然广于未受委托的义务、未受委任的义务。因为凡是根据合同的约定，管理人有管理义务的，都为有约定义务，而不限于委托、委任合同的义务，例如根据合伙、运输、租赁等合同的约定，当事人也有管理他人事务的义务。而"未受委托的义务""未受委任的义务"基本上是指通过委托、委任合同约定的义务。

尽管这两组概念存在以上区别，但是，笔者认为，在无因管理中涉及的约定义务虽然包括所有的约定义务，但最主要的、最典型的还是指受委托、委任的义务，因而在一些场合将"无约定的义务"表述为"未受委托的义务""未受委任的义务"等并无不当，相反在一些语境下更显确切。

三、无因管理成立的主观要件

无因管理的主观要件，指的是能够成立无因管理的管理人管理事务的主观心理状态，即管理意思。构成无因管理的主观要件是：管理人须有为他人利益管理的意思。

（一）管理人为他人利益管理意思的含义

无因管理中的管理人有为他人利益而管理的意思，这正是以倡导人们互助行为为目的的无因管理制度产生的原因所在。这个要件强调的是管理人必须具有为他人利益而管理的心理状态，是指管理人能够清楚地意识到自己的行为是在为他人获得利益而对他人事务进行管理或服务，自己实施的管理或服务行为最终产生的利益将归属于他人而不是自己。

1. 理解"为他人利益而管理意思"应注意的问题

这里所指的利益既包括通过管理人的管理或服务使他人取得的一定利益，也包括因管理人的管理或服务使他人免受损失的利益。在理解作为无因管理构成的主观要件"为他人利益而管理意思"时，需注意以下问题：

第一，为他人利益而管理的意思，只是一种心理状态，而不是一种意思表示。为他人利益管理的意思是事实上的意思，不是效果上的意思，所以不需要管理人明确表示出来。但是，当针对"管理人是否有意思表示"问题发生争议时，管理人应负举证责任。❶

第二，为他人利益而管理的意思，在需要认定的时候，只要是管理人能够证明在管理过程中自己具有这种意思即可。至于管理人是否已经将自己管理本人事务获得的利益交于本人，则在所不问。因为本人获得管理人因管理事务所产生的管理利益，是属于无因管理的效力问题，是无因管理之债的内容，而不是无因管理构成要件所要考虑的范畴。

第三，为他人利益而管理的意思，在需要认定的时候，本人的感受也不是关键因素。在无因管理中，只要管理人具有最终会将管理利益交于本人的意思，并且该管理行为在社会通常状态下，在客观效果上也是有利于本人的，就可以将该管理行为认定为无因管理。而本人对于该管理行为客观效果的感受，不论是本人认为该管理行为对自己有利还是无利，都不能成为认定无因管理成立与否的关键因素。

---

❶ 王丽萍编著：《债法总论》，上海人民出版社 2001 年版，第 68 页。

2. 理解"为他人利益而管理意思"应区分的几种情况

为他人利益管理意思的有无是无因管理区别于侵权行为、无权代理的主要标志之一，因此其是无因管理的核心部分和主要构成要件。在此问题上要注意区分以下几种情况：

第一，管理人误把他人事务当成自己的事务而管理的（即误信管理），虽然该管理行为在客观上可能会使他人获得利益，但因为管理人没有为他人获得利益而管理的主观意思，故不能成立无因管理。

第二，管理人误把自己的事务当成他人事务而管理的，虽有为他人谋利益的管理意思，但因不具备客观上"须是管理他人事务"的要件，所以也不能成立无因管理。

第三，管理人误将甲的事务认为是乙的事务而进行管理的，能够成立无因管理。因为无因管理的成立，是以管理人有为他人利益管理事务的意思为要件，至于他人（本人）是谁法律并不做要求，即使是对于本人有误认，也不影响"为他人"的意思，所以也就不影响就真实的本人成立无因管理。❶

第四，管理人既有为他人谋利益的主观意思，同时也有为自己谋利益的内心想法，例如邻居家失火，管理人既有帮助邻居的意思，同时也有为了防止大火殃及自己而参与救火的意思。这种情况下，该管理行为仍然能够成立无因管理。因为无因管理中的为他人利益管理意思无须是专为他人利益而管理，为他人利益的意思与为自己利益的意思可以并存。

（二）管理人为他人利益管理意思的判断

通常情况下，管理人为他人利益管理的意思是比较容易就能够判断出来的，但是由于为他人利益管理意思是管理人的一种心理状态，有些时候对于管理人是否具有这种心理状态很难判断，所以用什么样的判断标准来确定管理人是否具有为他人利益管理的意思就显得非常关键。

---

❶ 王泽鉴：《债法原理》，中国政法大学出版社2001年版，第335页。

1. 理论界的几种观点

（1）有人认为应当以本人的意思作为判断标准，即符合本人意愿的管理就是具有为他人谋利益的意思。反之，则认定没有为他人利益而管理的意思。

这种观点显然是不妥当的，因为现实生活中，有些人的意愿往往是有背公序良俗的，例如自杀、拒绝纳税等行为。如果此时管理人阻止了本人的自杀行为或暂时替本人交纳了税款，这种行为却因为不符合本人意愿而不能成立无因管理，这显然是极其错误的。

并且，仅仅把本人单方的意愿作为判断标准，完全由本人决定管理人是否有为他人利益而管理的意思，这对管理人是极不公平的，也有悖于无因管理制度的精神。

（2）有人认为应当用动机和效果的统一作为判断标准，即认为管理事务的效果有利于本人时，可断定管理人有为他人利益管理的意思。反之，则没有为他人利益管理的意思。

这种观点也是欠妥当的，因为动机与效果在很多情况下并不一定总是统一的，许多时候，同一动机很可能产生不同的效果。反过来，同一效果也可能是由几种完全不同的动机所产生。

同时也应看到，如果纯粹以客观结果是否有利于本人作为判断管理人是否具有为他人利益而管理的意思，这实际上是要求管理人在从事任何一项无因管理活动时，都必须达到一定客观效果，而不论管理人主观动机如何。这显然是给无因管理中的管理人增加了一层较重的负担，强加给了管理人一种极大的风险，使他们在实施无因管理活动的时候，都要不得不考虑是否值得承担达不到某种效果的风险，这显然不利于鼓励无因管理行为，❶ 有悖于无因管理制度设立的初衷。

2. 为他人利益管理意思的判断标准应是三种因素的有机结合

至于为他人利益管理意思的判断标准究竟应如何确定，笔者赞

---

❶ 王利明主编：《中国民法案例与学理研究·债权篇》，法律出版社1998年版，第48页。

同另外一种观点，即管理意思的判断标准应是以本人对其事务的管理要求、事务管理的社会常识、管理人所具备的管理知识水平三种因素的有机结合，❶ 我们姑且把这一标准称为综合标准。

（1）将本人的管理要求作为考虑因素，是因为在通常情况下，每一个人对自己的事务较别人会更了解、更熟悉，其一般会有适合他自己需要的管理想法。所以管理人根据这一社会生活常识，以对待自己事务之必要态度，为了本人利益对本人事务进行的管理，此种管理应认定管理人有为他人利益管理的意思。

（2）将事务管理的社会常识作为考虑因素，是因为在本人没有明确表达过其管理意思的情况下，管理人在实施管理行为时，需要用社会常识来推断本人的管理意思。只要管理人按照社会常识，根据社会通常状态，推断符合本人利益的意思对本人事务进行管理的，也应认定管理人有为他人利益管理的意思。

（3）将管理人所具备的管理水平作为考虑因素，是因为每一个人对具体事务的管理水平并不是总能与社会常识相一致，也并非总能与本人的要求相符合，需要对其专门进行考量。需注意的是，在具体管理事务中运用此标准的时候，还应综合各种客观情况加以分析判断，主要包括以下几种情况：

第一，当管理人的管理知识水平与社会常识相当时，如果本人曾明确表达过对自己的事务进行管理的意思，而且其表达的管理意思符合公序良俗和法律强制性规定，那么管理人依据本人表达过的管理意思，并按照适当的方法对本人相关事务进行了管理，就可认定管理人有为他人利益而管理的意思。如果本人曾明确表达过的管理意思违反公序良俗和法律强制性规定，则尽管管理人的管理不符合本人明示过的意思，管理人的管理活动仍然可认定有为他人利益而管理的意思。

第二，当管理人的管理知识水平高于社会常识时，如果本人曾

---

❶ 王家福主编：《中国民法学·民法债权》，法律出版社 1991 年版，第 591 页。

明示过的管理意思违反公序良俗和法律强制性规定，则管理人必须采取与自己管理知识水平相适应的方法对本人事务进行管理，才能认定该管理人有为他人利益而管理的意思。如果本人没有表达过管理意思，管理人若依据社会常识对本人事务进行管理，会导致管理所取得的最终效果一般或较差，而如果按照其高于社会常识的知识水平管理事务能取得更好效果时，管理人只要采取与其管理水平相适应的方法进行管理，就能认定该管理人有为他人利益而管理的意思。

第三，当管理人的管理知识水平低于社会常识或本人的管理意思时，只要管理人已经尽其最大努力对本人事务进行了管理，就应认定管理人有为他人利益而管理的意思。

四、不违反本人意思且管理事务利于本人能否成为无因管理的构成要件

所谓不违反本人意思，是指不违反本人明示或可得推知的意思。可得推知的意思，是指按照社会现有的一般观念，在通常情况下符合本人利益而推定本人的意思。

所谓管理事务利于本人，是指管理人对本人事务的管理在客观上对本人有利。这是以社会正常的、合理的、公认的认识作为标准来判断的，而不依本人和管理人主观上的认识为判断标准。即"管理事务是否利于本人，应斟酌一切与本人、管理人及事务之种类性质相关之情事，客观决定之"。❶

（一）理论界的观点

对于不违反本人意思且管理事务利于本人是否能成为无因管理的构成要件，理论上争议颇大，综合这些争议，主要有以下观点：

---

❶ 王泽鉴：《民法学说与判例研究》（2），中国政法大学出版社 1998 年版，第 81页。

1. 否定观点

持此种观点的学者数量众多，尽管他们的观点在具体阐述上有一些差异，但都否认将"不违反本人意思且管理事务利于本人"作为无因管理的构成要件。该观点认为，不违反本人意思且管理事务利于本人是决定无因管理效果时的考量因素，属于无因管理效力的范畴，而不属于无因管理构成要件的内容。

史尚宽在其著作《债法总论》（中国政法大学出版社 2000 年版）中将"利于本人并不违反本人明示或可得推知之意思"有关内容，放在"无因管理之效力"部分，作为无因管理效力的内容进行阐述。王利明在其主编的《民法》（中国人民大学出版社 2015 年版）一书中，也是在"无因管理的效力"部分，阐述管理事务违反本人要求和管理事务不利于本人的情况。而在这些著作中有关无因管理构成要件部分，则都没有涉及"不违反本人意思且管理事务利于本人"的问题。在他们的其他相关著作中，也存在相似情况。

王利明更是直接说，作为无因管理的构成要件，不能用本人是否愿意接受无因管理的后果来确定或判定。如果纯粹用本人的意志来判定无因管理是否成立，必然会损害管理人的利益，也不利于鼓励无因管理的行为。[1] 还有学者以本人的意思有时也会违反法律强制性规定或公序良俗为例，说明管理人可以从维护法律强制性规定或公序良俗的角度出发，违反本人的意思，而对本人的事务进行管理，其管理行为同样构成无因管理，[2] 以此说明管理行为违反本人意思，同样能成立无因管理。

2. 肯定观点

持这种观点的学者也为数不少。该观点认为，"不违反本人意思且管理事务利于本人"应当作为无因管理的构成要件。例如我国台

---

[1] 王利明：《无因管理制度探讨》，载《民商法研究》（修订本）第四辑，法律出版社 2001 年版。

[2] 柳经纬主编：《债权法》（第二版），厦门大学出版社 2005 年版，第 354 页。

湾地区学者洪文澜认为："管理事务不利于本人，或违反本人明示或可得推知之意思者，适法之无因管理不能成立，本人与管理人之法律关系，应依关于不当得利及债权行为之规定而定之。"王泽鉴表示赞同该观点。❶

我国大陆有学者认为，作为无因管理行为，就应该符合本人的意思，按照本人意思从事管理，否则的话就是侵权行为，就不具有合法性，该管理行为就不能构成无因管理，除非本人意思违反了法律强制性或公序良俗原则。所以说，不违反本人意思且管理事务利于本人是无因管理构成要件中重要的客观要件之一。❷ 更有学者说，把不违反本人意思且管理事务利于本人作为无因管理的构成要件，既符合法律规定的精神，也能起到简化无因管理体系的作用。❸

3. 折中观点

之所以称之为折中观点，是因为该观点对不违反本人意思且管理事务利于本人是否应成为无因管理的构成要件问题，既不是完全否定也不是完全肯定，而是认为，不违反本人意思且管理事务利于本人应作为适法的无因管理的构成要件，而不能成为其他类型无因管理构成要件。例如有学者认为，在无因管理中管理人不仅有管理的意思，而且其所实施的管理事务也有利于本人，并且该管理不违反本人明示或可得推知的意思，这种管理被称之为适法的无因管理。❹ 也有学者说，不违反本人意思应该成为适法的无因管理的要件。管理人在管理他人事务的时候，原则上不能违反本人的意思。❺

笔者认为，这种折中的观点是在承认无因管理可分为适法的无因管理与不适法的无因管理分类基础上得出的结论，而对无因管理的这种分类方法笔者是持否定态度的。因为在笔者看来，无因管理

---

❶ 王泽鉴：《债法原理》，中国政法大学出版社 2001 年版，第 330、331 页。

❷ 李文涛、龙翼飞：《无因管理的重新解读》，载《法学杂志》2010 年第 3 期。

❸ 张广兴：《债法总论》，法律出版社 1997 年版，第 75 页。

❹ 江平主编：《民法学》，中国政法大学出版社，2000 年版，第 723 页。

❺ 叶知年：《无因管理制度研究》，法律出版社 2015 年版，第 73 页。

就是合法的行为，凡是无因管理都具有阻却违法的效力，不适法的无因管理是不存在的（有关此观点，下文还要详细论述）。所以，该种折中观点的缺陷显而易见。

（二）不违反本人意思且管理事务利于本人应成为无因管理的构成要件

1. 管理事务的承担与管理事务的方法

我国有学者还专门谈到关于无因管理中管理事务的承担与管理事务的方法问题。笔者认为不违反本人的意思且管理事务利于本人，这是指管理事务的承担而言，这是于承担事务管理时就已经具备的特征，而不是管理事务的方法问题，不属于无因管理的效力范畴，而是属于无因管理构成要件的内容。

管理事务的承担与管理事务的方法是完全不同的两个概念，正确区分这两个概念对正确认识无因管理的含义有重要意义。管理事务的承担往往是判定某一行为是否为无因管理的标准。而管理事务的方法则是无因管理之债的管理人是否履行其适当管理义务的问题，不能成为区分某种行为是否成立无因管理的标准。在无因管理成立的情况下，如果因管理事务的方法不当（即管理人未尽注意义务）造成本人损害的，一般要承担损害赔偿责任，但这并不妨碍无因管理（管理事务的承担）的成立。

收留走失的儿童，这个事件就管理事务的承担而言，客观上显然是利于本人并且不违反本人明示或可得推知的意思，是典型的无因管理。但在收留期间，该儿童生病需要住院，而管理人却因给儿童求神拜佛延误了治疗，致使其病情加重。此时属于管理事务的方法不当，管理人应负由此带来的损害赔偿责任。但这并不妨碍管理事务承担的无因管理性质，即管理人仍然享有对收留儿童所支出的必要费用的请求权。

但是在另一种情形，例如误把别人种植的名贵草药认为是杂草而拔除，尽管管理人主观上有为他人的意思，但由于在管理事务的承担这一环节上已经出现了问题，即这个管理事务的承担在客观上是不利于本人的，这不是管理方法不当的问题，所以这个行为不能成立无因管理。其可作为一种比较特殊的侵权行为处理。当然，在特殊情况下，例如为免除本人生命、身体或财产上的紧急危险而为事务的管理，对于因无因管理所产生的损害，除有恶意或重大过失外，不负赔偿责任。

2. 不违反本人意思且管理事务利于本人是无因管理的构成要件

需强调的是，绝大多数材料在论述有关"本人意思"的内容时，往往是不管在什么情况下，都是把"本人明示的意思"和"本人可得推知的意思"用一个"或"字连接，作为同一种情况来论述。但实际上，本人的这两种意思所产生的法律效果，在很多情况下是不相同的，所以本书将两种意思区分开来，根据不同情况进行分析。

（1）在本人的意思为明示的情况下，不违反本人意思且管理事务利于本人应成为无因管理的构成要件。

本人明示的意思是指本人明确表示过要实施某种管理行为的意思表示。这种明示的意思不论是以什么方式做出，不论是在什么场合做出，也不论是否向管理人做出，只要管理人知道或应当知道本人明示的意思，他就应该按照本人这种明示的意思对本人相关事务进行管理，哪怕在某些情况下，本人明示的意思可能会给本人带来利益上少许的损失，否则该管理行为不能成立无因管理。

这是因为，在通常情况下本人对于自己的事务都会做出于自己有利的处理。即使是在某些情况下，本人抛弃自己的某些利益也必有特别原因。法律充分尊重民事主体意思自治，对其不损害社会利益和他人利益的处分行为也同样加以承认和保护。对于民事主体实现或者处分自己利益的行为，法律不允许任何他人随意加以干涉。否则，管理人的管理行为不仅与本人没有利益，而且在性质上属于对本人自由意思的强制。这是法律所不允许的，是法律要禁止的行为。因为"意思自治原则"是私法上一项重要原则，不贯彻私法自治原则，民法上的其他原则也就无从谈起。

如此一来，再来看前文所述的本人将自己的旧家具放置于户外，想让回收废旧物品的人收走，但其邻居却花钱雇人将旧家具又抬回本人家中的情形。本人将旧家具放置于户外，就是一种要放弃该旧家具所有权的明示行为，其邻居应当知道本人处分家具的意思，所以其花钱雇人将旧家具抬回本人家中的行为，就违反了本人明示的意思且该行为并不利于本人，所以其邻居的行为就不能成立无因管理，邻居（管理人）就不享有对本人必要费用（雇人的费用）偿还的请求权。因为如果认为该种行为成立无因管理，允许邻居作为管理人向本人请求支付因管理支出的必要费用（雇人的费用），这不仅于情于理讲不通，而且对于本人显然也是不公平的。

此种情况对于本人明示的意思的掌握需注意以下两个问题：

第一，本人明示的意思不是指明确表示让管理人管理该事务的意思。如果本人明确表示让管理人进行管理，则可能发生委任，而不发生无因管理。

第二，当本人明示的意思违反法律强制规定或违反公序良俗时，管理人违反本人明示意思而管理是为本人尽公益上的义务或为其履行法定义务或该管理符合公序良俗，则其管理行为仍成立无因管理，例如依法纳税、救助自杀之人等。

（2）在本人意思没有明示的情况下，不违反本人可得推知的意思且管理事务利于本人应成为无因管理的构成要件。所谓本人可得推知的意思，是指管理人应按社会的一般观念，按照通常情况下符合本人利益而推定本人的意思。此时，须区分以下情况：

第一，管理行为违反本人可得推知的意思时，不能成立无因管理。管理人主观上有损害本人利益的故意，至少是管理人没有避免本人利益受损的主观意图时，不但不能成立无因管理，而且有可能要承担侵权甚至刑事责任。但是，当本人可得推知的意思违反法律的强制性规定或公序良俗时，管理人违反本人可得推知的意思对本人事务进行管理时，仍然能够成立无因管理。

第二，当管理人按照本人可得推知的意思，即管理人可推定为不违反本人意思而进行管理时，又应区分以下两种情况：

第一种情况是，当管理人推定的本人的意思与本人真实意思一致时，因其同管理人按照本人明示的意思进行管理相一致，所以毫无疑问，此时该管理行为应当成立无因管理。

第二种情况是，当管理人推定的本人的意思与本人真实意思不一致时，还需要区分两种情况：

A. 管理行为客观上利于本人时，应成立无因管理。此时，尽管管理行为与本人的真实意思不一致，但我们只能以社会的一般观念来推定本人的意思，只要在通常情况下符合本人的利益，至少是客观上未给本人的利益带来损害，或者是带来的损害小于带来的利益就足够了。例如，本人从来没有明示其柿子变红时不摘取而留作观赏，邻居在本人外出后，按一般社会观念推定本人的意思而为本人摘取的行为，就应成立无因管理。

B. 管理行为客观上不利于本人时，不能成立无因管理。此时，尽管管理人是依社会的一般观念，按通常情况下符合本人的利益而推定本人的意思进行了管理，或者说管理人主观上有为本人利益而管理的善意，但由于该管理行为客观上不利于本人，甚至还给本人带来了较大损失或者是带来的损害大于带来的利益，例如前文所述甲把乙农田里种植的稀有草药误认为是杂草而拔除，这时假如说能成立无因管理，本人还要负担管理人必要的管理费用，这显然对本人是不公平的，这既不符合社会道德观念，也不符合无因管理制度的经济价值目标。

也就是说，只要管理行为客观上有不利于本人的结果出现，此管理行为就不能成立无因管理，即管理事务利于本人也应同时成为无因管理的构成要件。这是对管理人注意义务的加重。由于无因管理是对他人事务的"干预"，为防止"滥加干涉"，这种注意义务的加重很有必要。这种情况下由于管理人主观上存在善意，所以，其可作为一种比较特殊的侵权行为（这里并非指侵权行为法上的特殊侵权行为）来处理，可根据具体情况减轻甚至免除管理人的侵权责任。

通过以上分析可以得出，不违反本人意思且管理事务利于本人，应当成为无因管理的构成要件，也就是关于无因管理的构成要件，笔者赞同四要件说。

五、有关"道路交通自我牺牲行为"

这是很多我国台湾地区学者谈到的一个问题。它来自德国的一个判例，说的是无任何过错的驾车者甲为躲闪突然跑入快车道的儿童乙，车毁人伤。这种情况下，甲的行为是否构成无因管理？这个问题的特殊性在于跑入快车道的乙是一名儿童，他的行为不构成侵权行为。否则的话，甲可以侵权行为的规定，向乙请求损害赔偿。

这就涉及一个问题，在上述案例中，如果乙没有识别能力或其他事由不成立侵权行为时，甲能否根据无因管理的规定，请求乙进行损害赔偿？诚如王泽鉴教授所说，当驾车人驾驶汽车，并已尽自己最大的注意义务的时候，驾驶车辆之人突遇需要选择"自我冒险牺牲"还是"辗毙他人"的紧急状态的时候，道路交通法并没有强制性规定必须牺牲自己，成全他人。❶

因此，上例中甲的行为已不是履行法律上的义务问题，他为避免乙受损害实施的行为是典型的为了乙的利益而对乙的事务进行的管理，对乙有利且不违反乙可得推知的意思，因而应成立无因管理。即使是无法判断当时甲究竟是为自己还是为他人管理事务，或二者兼而有之，但是，考虑到甲驾驶车辆并无任何过错（如果其不采取这种"自我冒险牺牲"的紧急措施，那么即使撞伤了乙，甲也不需要承担侵权责任的状况）而且乙也的确是因为甲的"自我冒险牺牲"行为而避免遭受损害，❷ 所以甲的行为仍然要界定为无因管理。

---

❶ 王泽鉴：《民法学说与判例研究》（2），中国政法大学出版社1998年版，第97页。

❷ 王泽鉴：《债法原理》，中国政法大学出版社2001年版，第337页。

　　此例是否为紧急避险呢？根据《刑法》第 21 条第 1 款的规定，紧急避险是指在法律所保护的权益遇到危险而不可能采用其他措施加以避免时，不得已而采用的损害另一较小的权益以保护较大的权益免遭损害的行为。司法实践中，有关人身权利权益大小的衡量原则是：生命权是最高的权利，通常不容许为了保护一个人的健康而牺牲另一个人的生命。并且紧急避险的构成要件之一是紧急避险所损害的客体是第三人的合法权益而不是相对双方中某一方的利益。

　　所以，笔者认为此例不符合紧急避险的上述概念、原则、构成要件，所以此例不是紧急避险。但德国有学者主张准用紧急避难之利益衡量原则。❶

　　笔者认为，此种"道路交通自我牺牲行为"完全符合无因管理的构成要件，理应界定为无因管理，只不过它属于无因管理中的一类较为特殊的类型——紧急无因管理即见义勇为行为，应按照见义勇为制度的设计对其进行处理。

---

　　❶ 黄立：《民法债编总论》，中国政法大学出版社 2002 年版，第 181 页。

第六章 | 无因管理的效力

所谓法的效力,是指法的约束力和强制力。法的效力问题是法的一个最重要的问题。法的效力如果不存在,法的功能、作用、价值等,就都不复存在。所以,从某种意义上讲,法的效力是法的生命,法之所以存在并发挥作用,就是因为它拥有一定的效力,即法具有一定的约束力和强制力,并通过其效力来调整人们的相互关系,规范人们的日常行为,从而实现维护社会秩序的目的。法的效力既关系到立法意图的实现,又关系到法律权威的显现,更关系到对公民权利、国家利益以及社会公共利益的保障。[1]

无因管理的效力,是指无因管理成立后产生怎样的法律上的效果。综合理论和社会实践情况,对于无因管理的效力可以归纳为以下两个方面。其一是无因管理一经成立,就会产生无因管理之债。也就是在管理人和本人之间形成债权债务关系,即管理人和本人各自享有相应的权利,负担相应的义务。其二是无因管理一经成立,该管理行为就成为一种阻却违法的事由,即无因管理属于一种合法的行为。

---

[1] 张文显主编:《法理学》(第四版),高等教育出版社、北京大学出版社 2011 年版,第 60 页。

一、管理人的权利和义务

（一）管理人的权利

在无因管理之债中，管理人的权利又称管理人的请求权，是指无因管理成立后，管理人有权请求本人偿付因管理事务所支出的必要费用，以及在该管理活动中所遭受的实际损失。根据前文所述无因管理的构成要件，管理人权利的行使须区分以下两种情况：

1. 管理人没有违反本人明示的意思进行的管理

（1）必要管理费用偿还请求权。管理人可就管理本人事务中所支出的必要费用及其利息请求本人偿还。请求偿还的范围并不以本人所受利益为限，即使管理行为的结果对本人并无多大利益，但只要是该管理行为没有违反本人明示的意思，管理人就可以向本人请求偿还其在管理本人事务中支出的必要费用。

管理人在管理本人事务中所支出的费用是否必要，应以社会的一般观念加以判断，而不以管理人或本人的主观认识为准。对于不必要支出的费用，本人不负偿还义务。

（2）必要债务清偿请求权。管理人可就管理本人事务中为本人所负担的必要债务请求本人清偿。本人能否直接向第三方债权人清偿，理论界观点不一。例如，有学者认为，该种债务是本人直接对于管理人的债务，而不是本人直接对于第三人的债务。哪怕是以本人的名义所负担的债务，本人对于第三方相对人也不直接负担债务。❶ 还有学者认为，在无因管理中，如果管理人以自己的名义为实施管理事务负担了债务，那么管理人有权要求本人直接向第三方债权人进行清偿。❷ 对于管理人用本人名义负担的债务，有学者则主张适用民法关于无权代理的规定对相关债务关系进行调整。如果事后

---

❶ 王丽萍编著：《债法总论》，上海人民出版社 2001 年版，第 72 页。
❷ 房绍坤主编：《民法》，中国人民大学出版社 2009 年版，第 508 页。

本人进行追认，则对本人发生效力，本人可向第三方债权人进行清偿。如果事后本人不予追认，则管理人应直接向第三方债权人进行清偿，但同时管理人有权依照无因管理的规定，向本人行使必要债务清偿请求权，对自己所负债务进行清偿。❶

笔者认为，只要是管理人在管理本人事务中所负担的必要债务，不管管理人是以自己的名义还是以本人的名义，管理人都既可以自己直接向第三方清偿，而后再请求本人向自己清偿，也可以请求本人直接向第三方清偿。否则，管理人以本人名义负担债务的情形，如果适用民法关于无权代理的规定，一旦本人不予追任，就会增加债权债务关系的复杂性，这对于管理人来说是不公平的。

当然，管理人的债务清偿请求权应以"必要"的债务为限，对于管理事务中不必要的债务，管理人无权向本人请求清偿。判断债务必要与否，也是以负担债务时是否客观必要为标准，而不以管理人或本人的主观认识为准。

（3）损害补偿请求权。管理人在管理本人事务中遭受损害的，有权请求本人进行补偿。对于这一问题，我国学者有不同观点，认为管理人在管理本人事务中受到的实际损失，并不是全部由本人偿付，如果管理人对所遭受损失的发生没有过错，并且管理人遭受的损失又大于本人因该管理所获得的利益的，则应该按照公平原则，由管理人和本人双方共同分担损失。❷

但是，笔者认为，管理人在管理本人事务中，在没有违反本人明示意思的情况下实施管理行为而因此遭受损害，则该损害理应得到本人的补偿，即管理人对本人享有损害补偿请求权。但是，具体补偿的范围，应以管理人直接实际损失为限。至于管理人因此遭受的可得利益损失，则应该界定为是管理人为实施该管理的一种自我

---

❶ 王丽萍编著：《债法总论》，上海人民出版社 2001 年版，第 72 页。刘经纬主编：《债权法》（第二版），厦门大学出版社 2005 年版，第 358 页。

❷ 魏振瀛主编：《民法》（第三版），北京大学出版社、高等教育出版社 2007 年版，第 591 页。

牺牲、自我奉献精神的体现，这种可得利益损失是管理人心甘情愿为无因管理行为付出的代价，自然应该由管理人自己负担。需特别注意的是，此时管理人对本人享有损害补偿请求权还有一个很重要的条件，就是管理人的实际损失与管理本人事务的行为之间要存在因果关系，❶ 否则管理人不享有该损害补偿请求权。当然，如果管理人在管理过程中对该损害的造成有过错的，则应视具体情节减轻本人的责任。

需强调的是，由于当本人明示的意思违反法律强制性规定或违反公序良俗时，管理人违反本人明示意思而为管理是为本人尽公益上的义务或为其履行法定义务或该管理符合公序良俗，仍能成立无因管理。所以，此时尽管管理人违反本人明示的意思，但其各项请求权仍视同管理行为没有违反本人明示的意思的情形。

（4）报酬请求权。有关此问题下文还要详述，此不多言。

2. 管理人以本人可得推知的意思进行管理

在本人的意思没有明示的情形，管理人须以本人可得推知的意思对其事务进行管理，这时需区分以下两种情形：

（1）当本人可得推知的意思与本人真实意思一致时，此种情况下的无因管理与依本人明示意思而管理的无因管理一致，所以此时管理人所享有的权利，与管理人没有违反本人明示的意思进行管理时所享有的权利相同。

（2）当本人可得推知的意思与本人真实意思不一致时，又分为以下两种情况。

第一种情况：管理行为客观上利于本人时，该情况下的管理成立无因管理，所以此时管理人所享有的权利，与管理人没有违反本人明示的意思进行管理时所享有的权利一致。

但有学者认为，在管理人违反本人的意思的情况下管理了本人的事务，如果管理事务的结果却对本人有利，那么本人应该只就实

---

❶ 房绍坤主编：《民法》，中国人民大学出版社 2009 年版，第 509 页。

际所得的部分利益偿还管理人支付的必要费用，而不以管理人实际支付的费用为标准进行偿还。❶ 笔者认为，该观点需要区分具体情况，如果管理人违反的是本人明示的意思，则因该管理不成立无因管理，无因管理之债的权利问题也就无从谈起；如果管理人是以本人可得推知的意思进行管理，而该可得推知的意思与本人真实意思不一致，但管理结果却有利于本人，该管理行为成立无因管理，管理人对本人享有必要费用偿还请求权。但因情况有些特殊，可以考虑本人只就实际所得的这部分利益偿还管理人支付的必要费用，而不以管理人实际支付的费用为标准进行偿还。

第二种情况：管理行为客观上不利于本人时，由于该情况下的管理不成立无因管理，所以管理人不仅不享有对本人的请求权，而且管理人还须承担对本人的侵权责任。只不过由于管理人主观上存在善意，所以可根据具体情况减轻甚至免除侵权人的相关责任。

（二）管理人的义务

无因管理的管理人本无管理本人事务的义务，但管理人对本人事务一旦实施管理就应当管理好，就会产生相应的管理义务。这是法律为保护民事主体合法权益和维护社会正常秩序的必然要求，也是无因管理成为适法行为的必然结果。在无因管理中管理人负有以下主要义务：

1. 适当管理义务

这是管理人在无因管理过程中所负的最主要义务或称为最基本义务。所谓"适当"，就是要求管理人在管理本人事务的时候，要尽到善良管理人的注意义务。管理人是否尽到适当管理的义务有重要意义，无因管理中许多权利与义务的确认，都与该项义务的履行情况直接相关，例如在界定管理人不履行债务是否应承担责任及责任承担程度的大小等方面，还有管理人能够向本人求偿的范围等方面

---

❶ 王利明主编：《民法》（第六版），中国人民大学出版社2015年版，第501页。

的界定都起着决定性作用。❶ 这一义务主要包括以下两方面内容：

（1）管理人应不违背本人的意思进行管理。在管理过程中，管理人要按照本人明示或可得推知的意思进行管理，该管理才有可能最符合本人意愿，最有可能给本人带来最大利益，否则就很难说管理行为"适当"。当然，在本人明示的意思违反法律强制性规定或违反公序良俗时，管理人违反本人明示意思而实行管理，是为本人尽公益上的义务或为其履行法定义务或该管理符合公序良俗时，仍为适当管理。

我国有学者认为，管理人进行事务管理是否符合本人的意思，是否有利于本人，是界定管理人管理他人事务行为阻却违法性的重要标准。也就是说，如果管理人进行事务管理不符合本人的意思且不利于本人，那么，对于管理人的管理行为是侵权行为还是属于无因管理行为，本人就能够在这两种性质迥异的债的关系中进行选择。❷ 笔者认为，在事务管理不符合本人的意思并且又不利于本人的情形下，管理行为因为不符合无因管理的构成要件，所以不能成立无因管理。此时管理人就自己在管理中支出的相关费用，只能通过主张不当得利返还，而本人对管理人也不能主张无因管理的债权，而只能依侵权责任保护自己的权利。

管理人不违背本人的意思进行管理，属于管理事务的承担问题。所谓管理事务的承担是指管理人开始承担（管理）本人的事务，管理事务的承担是判定某一行为是否是无因管理的标准。

（2）管理人应以最有利于本人的方法进行管理。这属于管理事务的方法问题。所谓管理事务的方法，是指管理人对本人事务进行承担（管理）后采取的具体管理方法（行为）。这要求管理人在管理过程中要尽一定的注意义务，这种注意义务一般认为是善良管理

---

❶ 王利明主编：《中国民法典学者建议稿及立法理由》（债法总则编、合同编），法律出版社 2005 年版，第 27 页。

❷ 王利明主编：《中国民法典学者建议稿及立法理由》（债法总则编、合同编），法律出版社 2005 年版，第 27 页。

人的注意义务。所谓善良管理人，是指在交易中诚实信用且具有相关经验的人。管理方法是否有利于本人应以当时客观情况而定，而不依管理人或本人的主观认识为准。

在无因管理中，如果管理人因管理方法不当，给本人造成损害，管理人是否应负损害赔偿责任，理论界观点不一致，主要有以下几种观点：

第一，有学者认为，无因管理是没有法律上义务而干预他人事务的行为，管理行为的这种特性，就决定了管理人在原则上应负善良管理人的注意义务；如果管理人在管理过程中出现了管理方法不当的情况，而导致本人遭受损害的时候，就说明管理人没有履行善良管理人的注意义务，管理人应该按照债务不履行规定，对本人负损害赔偿责任。[1]

第二，有学者认为，如果在管理人开始管理本人事务时，并不违反本人明示或可得推知的意思，管理人只是采取的管理方法、管理措施等不适当，而给本人造成损害的时候，如果管理人有故意或重大过失的，应负赔偿责任；如果管理人只是存在一般的过失，那么应该免除或减轻管理人的责任。[2]

第三，还有学者认为，为了鼓励更多的人实施无因管理行为，法律对管理人的注意义务不能要求过高，而应当只是要求管理人对所管理的本人事务给予如同管理自己事务一样的注意即可。所以，在无因管理中，虽然管理人的管理方法是不恰当的，但只要是管理人对所管理的本人事务尽到了如同管理自己事务一样的注意，就可界定管理人的管理行为不存在过错，管理人就应当不承担债务不履行的责任。但是，如果管理人在管理本人事务中没有尽到如同管理自己事务一样的注意，那么管理人就存在管理过错，他就自然应当

---

[1]　王泽鉴：《债法原理》，中国政法大学出版社 2001 年版，第 344 页。
[2]　王利明主编：《民法》（第六版），中国人民大学出版社 2015 年版，第 501 页。

承担债务不履行的责任。❶

在以上众观点中，笔者赞同第三种观点。此外的特殊情况是，在紧急无因管理的状态下，当管理人为了使本人免受生命、身体或财产上的更大损害，而实施了相应管理事务行为造成一定损害的时候，除非有恶意或重大过失，管理人不负赔偿责任，这项减轻管理人注意程度的规定是合乎情理的，❷ 也是紧急无因管理所必需的。这种紧急无因管理也就是我们通常所说的见义勇为。

管理事务的方法是管理人是否正确履行管理义务的问题，不能成为区分某种行为是否为无因管理的标准，这与管理人不违背本人的意思进行管理属于管理事务的承担不同。

2. 通知义务

在无因管理中，在对本人事务的管理开始后，在可能和必要的情况下，管理人应将事务管理开始的事实及时通知本人。如果所管理的本人事务并不急迫，还应停止管理，等待本人对该管理的相应指示。对此《德国民法典》第 681 条规定："事务管理人开始管理时，只要能够通知，应立即通知本人，如果拖延不会造成危险，应等待本人的决定。此外，对事务管理人的义务，准用第 666 条至 668 条关于受托人的规定。"《日本民法典》第 699 条也规定："管理人应将其开始管理事项从速通知本人。但是，本人已知时，不在此限。"

本人接到管理人相关通知后指示管理人继续进行管理的，表明本人对管理行为进行了追认（承认），管理人对本人事务管理的性质随之发生改变，即该管理行为不再属于无因管理，自本人对管理行为承认时起，有关法律关系应适用有关委任的规定。本人接到管理人相关通知后指示停止管理的，管理人应立即停止对本人事务的相关管理。如果管理人接到本人停止管理的指示后，仍然进行相关事

---

❶ 魏振瀛主编：《民法》（第三版），北京大学出版社、高等教育出版社 2007 年版，第 590 页。

❷ 王泽鉴：《债法原理》，中国政法大学出版社 2001 年版，第 344 页。

务的管理的，则该管理属于违反了本人明示的意思，从其违反本人指示而进行管理时起，管理人的管理行为属侵权行为，由此造成本人利益损失的，管理人要承担损害赔偿责任。

法律之所以要求管理人负通知义务，是因为无因管理本就是对他人事务的干涉，而这种干涉本质上是一种无权限的干涉，仅是因为他人利益面临损害，所以法律才鼓励这种避免他人利益受损的干涉，以利于人们形成互相帮助的良好风尚，一旦能够通知本人，理应及时通知以求得本人的有关指示，从而使得该干涉转化为正常的民事行为。

管理人通知义务的履行非常重要，它关系到最终法律对管理人是否有为他人利益而管理意思的界定。如果管理人违反了通知义务，就要承担债务不履行的损害赔偿责任。但是，管理人的通知义务是以能够和有必要通知本人为限，无法通知或者本人已经知道的，管理人不负通知义务。

3. 报告和交付义务

管理人在对本人事务管理结束（包括完成管理和中断管理）后，应当将对本人事务管理的有关情况及管理的结果及时报告给本人。该报告义务同样以管理人能够报告为限。同时管理人应将因管理获得的利益交付给本人，因为无因管理的目的就是使本人获得利益，所以无因管理结束后，管理人将因管理获得的利益交付本人，也是管理人一项最基本的义务。

无因管理结束后，管理人需交付给本人的利益除了因管理本人事务所获得的直接成果外，还包括因管理本人事务所收取的物品、金钱、孳息等，也包括因管理本人事务所取得的权利等。如果管理人在管理事务过程中使用了本人的金钱或物品，在管理结束后，管理人应将管理中使用的本人金钱连本带息交还本人，所使用物品也一并交还本人。对于这些金钱和物品，管理人没有交还本人的，本人对管理人享有不当得利返还请求权。如果因为相关金钱或物品没有返还而导致本人受到损害的，本人对管理人还享有侵权损害赔偿

请求权。❶

另外，除了以上义务，有些国家的法律还规定了管理人的继续管理义务。例如，《意大利民法典》第 2028 条规定："没有义务而自觉管理他人事务的人，直至利害关系人能够自己处理该事务之前，要承担继续管理并完成该事务的义务，如果利害关系人在事务终结之前死亡，则直至继承人得直接处理该事务之前，继续管理的义务亦存在。"《日本民法典》第 700 条规定："管理人于本人、本人的继承人或法定代理人得以进行管理前，应继续管理。但是，管理的继续违反本人意思或显然对本人不利时，不在此限。"

但是，笔者认为，在无因管理行为开始后，管理人有权决定停止或继续管理他人事务，并不一定非得继续管理，当然如果管理人停止管理对本人造成的不利，大于管理人没有开始管理时本人利益的损失，管理人应尽继续管理的义务，而不能停止管理。例如，为他人修缮漏雨房屋，在揭去瓦顶后停止管理行为，显然较之不开始修缮对本人更为不利，此时管理人应履行继续管理义务，对本人房屋实施修缮行为。但是本人或者其他继承人、代理人可以进行该事务管理时，管理人也可停止管理。

二、管理人是否应该享有报酬请求权

（一）我国理论界主要观点及立法现状

1. 我国理论界主要观点

我国理论界对无因管理人是否享有报酬请求权问题存在较大争议，各种理论观点可谓莫衷一是。综合各种观点主要内容如下：

（1）否定说。该观点认为无因管理人不能享有报酬请求权。例如，有学者认为，如果管理人因为其管理了本人事务而收取了相关

---

❶ 王利明主编：《中国民法典学者建议稿及立法理由》（债法总则编、合同编），法律出版社 2005 年版，第 30 页。

报酬，那么，这与无因管理制度为他人利益而设立的基本目的不相吻合。❶也有学者说，无因管理制度设立的目的就是要发扬人们互帮互助、助人为乐的精神，管理人请求支付报酬不符合无因管理的这一目的，因此通常情况下，管理人不应当因管理本人事务而享有报酬请求权。❷有学者更是直接说，在无因管理中，虽然管理人享有对本人必要管理费用偿还请求权和赔偿损害请求权，但是同无偿委任一样，管理人不享有报酬请求权。❸

（2）肯定说。该观点认为无因管理人应享有报酬请求权。例如，有学者认为，无因管理制度一方面保护本人利益，另一方面又保护社会整体利益，如果赋予管理人报酬请求权，以此来鼓励管理人管理本人事务的行为，会具有更重要的意义。❹也有学者认为，为了鼓励无因管理行为不断涌现，进一步促进人类道德文明建设和经济社会发展，法律必须赋予管理人相应的报酬请求权，对实施了无因管理行为的管理人予以保护，以保障管理人为他人与社会谋利益的行为，防止不公平现象发生，以此实现立法的社会意义。❺

（3）折中说。也叫有条件的肯定说。该观点认为无因管理人在一定条件下应享有报酬请求权。例如，有学者认为，在无因管理中，一般情况下管理人不享有报酬请求权，但是，当管理人要求的报酬能够计入必要费用中的话，就应当赋予管理人这种报酬请求权。❻也有学者认为，在无因管理中，管理人对本人事务的管理，如果是属于管理人职业范围内的事情，例如医生救助遭遇车祸的人，就应当

---

❶　梁慧星主编：《中国民法典草案建议稿附理由》（债权总则编），法律出版社 2006 年版，第 34 页。

❷　柳经纬主编：《债权法》（第二版），厦门大学出版社 2005 年版，第 358 页。

❸　史尚宽：《债法总论》，中国政法大学出版社 2000 年版，第 63 页。

❹　郑玉波：《民法债编总论》（修订二版），中国政法大学出版社 2004 年版，第 72 页。

❺　彭熙海、杨少冰：《无因管理人报酬请求权的理论检讨与制度安排》，载《湖南财经经济学院学报》2016 年第 6 期。

❻　郭明瑞：《关于无因管理的几个问题》，载《法学研究》1988 年第 2 期。

赋予管理人即医生报酬请求权。❶ 还有学者说，在无因管理中，应当赋予管理他人事务的管理人在一定条件下的报酬请求权。至于"一定条件"如何界定，应该是由法律来直接规定或者依据具体管理事务的性质来确定。❷

我国绝大多数学者对此问题都持否定态度，所以，第一种否定观点呈压倒性优势，居于通说地位。第二种肯定的观点认为应赋予管理人报酬请求权，赞成者相对较少。第三种折中的观点，即有条件肯定说，认为在一定条件下可赋予管理人报酬请求权，也获得了相当人数的赞同。

2. 我国立法现状

从立法情况来看，我国大陆地区的《民法通则》《民法总则》及其他相关法律对管理人的报酬请求权都没有进行规定。我国台湾地区的"民法"对此也没有相关规定。

（二）世界主要国家理论界观点及立法现状

对于无因管理人是否应该享有报酬请求权问题，国外立法与学说也多持否定观点，但是，与我国有关此问题的具体做法显著不同的是，在欧洲大多数的国家里，对于无因管理行为，管理人的报酬请求权往往会得到部分承认。在西方国家的社会实践中，弘扬助人为乐的精神与相关当事人获取报酬，似乎并不必然相互排斥。❸

德国学说和判例认为，如果管理的事务是在管理人职业范围内的事情，例如医师救助遭遇车祸之人、出租车司机将病人送往医院等，就可以认为管理人有间接财产支出，管理人就能够享有相关报酬请求权。

法国学说和判例认为，符合"获益性的事务管理"的无因管理人可以获得报酬请求权。所谓获益性的事务管理，指的是管理人从

---

❶ 王泽鉴：《债法原理》，三民书局股份有限公司 2012 年增订四版，第 392 页。

❷ 叶知年：《无因管理研究》，法律出版社 2015 年版，第 111 页。

❸ 张虹：《无因管理人的报酬请求权问题研究》，载《法律科学（西北政法大学学报）》2010 年第 5 期。

事事务管理，既有为了他人管理的目的，也有为自己谋取利益的意图。职业人员在实施无因管理行为时，如果其管理的本人事务属于其职业范围内的事情，管理人的管理活动属于自己的职业活动，此时管理人更可能被认为具有为自己谋利的意图。[1] 所以法国的做法实际上同德国是一样的。

葡萄牙、希腊等其他欧洲国家社会实践中也采取了同样的做法。而《荷兰民法典》《俄罗斯联邦民法典》和《巴西新民法典》等则倾向于直截了当地承认无因管理人在特定情况下的报酬请求权。

英美法系国家则是基于衡平原则，认为无因管理人在管理本人事务的时候，投入了一定的劳动与技巧，并且当这样的投入明显超过了普通社会成员对于通常的社会义务的履行的时候，对相关管理人的报酬请求权应予以支持。[2] 职业人员在实施无因管理行为的时候，其管理更具有专业性和技巧性，对其注意义务的要求也就更高，其投入肯定会超过普通社会成员通常的义务履行。所以，英美法系国家对此种情况下管理人报酬请求权的支持，与欧洲大陆法系国家的做法殊途同归。

（三）无因管理人是否应该享有报酬请求权问题的反思

1. 我国否认无因管理人享有报酬请求权的原因

我国民法理论与立法实践否认无因管理人享有报酬请求权，主要原因是认为无因管理的立法宗旨在于倡导互帮互助、见义勇为的道德风尚，并且实践中管理人的行为多为义举而不在谋私利，如果赋予管理人报酬请求权，则会降低无因管理行为的道德价值，这与无因管理制度的宗旨不相符合。

以上原因实际上也是中国传统道德文化在法律领域的体现。试想在一个提倡"君子喻于义，小人喻于利"传统的国度，人们难免

---

[1]　张蕴：《确立无因管理人报酬请求权的价值取向》，载《福建警察学院学报》2016 年第 1 期。

[2]　叶知年：《无因管理制度研究》，法律出版社 2015 年版，第 109 页。

会把"利"与"义"对立起来,"谈利"也往往会被认为是"忘义",所以在作为一种义举的无因管理制度设计中,人们不赋予管理人报酬请求权也是可以理解的。

2. 否认无因管理人享有报酬请求权的不妥当性

社会应该鼓励、倡导高尚的道德情操,但是,基于法律的特性,将高尚的道德情操、行为的高标准设计成具体的法律制度是不妥当的。这种不妥当性具体表现在以下方面:

(1)管理人不享有报酬请求权混淆了道德和法律两种不同的规范体系。众所周知,道德与法律有着十分密切的关系,二者互相渗透、互相制约、互相保障。但是道德与法律的区别也是极为明显的。它们各自具有自己的表现形式、违反后果、调节方式、调整对象、规范体系结构等。

第一,法律是在道德最低限度上规范调节人们的行为。法律是最低限度的道德,其无法要求也不能要求人们遵循过高的道德标准,法律规范只对人们提出最起码的要求。我国有学者认为,在我国古代许多伦理要求是淹没个人利益的,用古代这些伦理来设计法律是不可取的。同样在今天,如果用高道德标准来设计法律,也是不会成功的,因为现实中的人类的特性和要求以及生活手段等存在诸多局限性,这种局限性决定了整个社会要达到高标准的道德化是不可能的,将根本无法实现的一个标准纳入现实法律生活,必将对社会生活的合理秩序产生消极作用。❶

正如我们大力弘扬雷锋精神,却不能用法律规定人们每天必须做好事一样,我们弘扬助人为乐的美德,但不应该规定管理人不能获得报酬请求权。法律从来都不是把道德的制高点作为自己立法的基准点。

现在的问题是,我们的立法往往是从一个抽象的、高尚的道德

---

❶ 杨振山:《论罗马法的成就对人类的基本贡献》,载《罗马法》,中国政法大学出版社 1995 年版。

要求出发，将其作为制度建构的基点，实际上是以高尚的道德标准要求每一个普通人，这在一定程度上高估了市民社会中人的道德品质，超出了现阶段人的一般觉悟，对普通人的行为提出了过高的要求。对于高尚的道德，我们可以通过法律去引导，但却不能用法律制度要求社会每一个普通人都必须做到。

第二，道德与法律调节人们行为的方式不同。道德主要是通过为人们建立以义务为纽带的道德关系来调整人们之间的关系。而法律则是通过为人们确定社会生活中的权利和义务来调节人们之间的关系。道德是以义务为本位的，法律则是以权利为本位的。

对于行为者来说，履行道德义务，不能有谋求个人权利和报酬的动机，不能以能否获得某种权利和报酬为条件。但法律讲究的却是权利和义务的对等性，一般情况下，有什么样的权利就有什么样的义务；同样，尽什么样的义务就享有什么样的权利。管理人不能获得报酬请求权制度的设计，就是典型的用道德调节方式来取代法律调节方式。

第三，道德与法律调整的对象不同。道德调整的对象包括人的举止行为、思想动机以及世界观、人生观、价值观等意识方面的内容，而且尤其注重人的主观动机等意识方面的内容。即道德既要求人们按照善的标准实施某种行为或者不实施某种行为，更要求人们必须具有善的意志和意识。如果行为主体仅仅是行为符合道德标准，而主观上却不具有善的意志和意识，那么道德评价依然会认为这种行为并不是高尚的行为、并不是值得提倡的行为。

但是法律则不同，法律调整的对象主要是人的外部行为，也就是说法律要求人们必须按照一定的行为模式、行为规范去实施自己的活动。通常情况下，行为人只要按照法律规定的行为模式去实施自己的行为即可，至于该行为是出于自觉或是出于惧怕，是出自习惯或是盲目服从，法律一般不会去过问。❶ 法律正是通过对人们外部

---

❶　张文显主编：《法理学》（第二版），高等教育出版社 2003 年版，第 473 页。

行为的规范和调整，而达到建立一种外在秩序的目的。

在无因管理中，对管理人赋予报酬请求权，是法律对管理人管理行为的肯定，有利于建立无因管理法律关系的正常秩序，至于对管理人享有报酬请求权前后的心理状态，法律没有必要去考虑。我国现行法律不赋予管理人报酬请求权，其根本原因就是担心管理人拥有并行使了报酬请求权，就似乎预示着管理人实施管理行为的心理状态不具有善的意志和意识。这纯粹是把道德和法律调整的对象混为一谈的做法，是不可取的。

（2）管理人享有报酬请求权更能够弘扬传统美德。管理人在管理本人事务时，是为了本人的利益。在这一阶段我们通过设置管理人的适当管理义务、通知义务、报告和交付义务等来规制管理人，对任何超过权利范围不履行义务的行为，依《侵权责任法》追究侵权责任。

管理人的报酬请求权，是在前一阶段管理行为结束后即管理人履行完自己一系列义务之后，法律对管理人助人为乐精神的一种肯定性评价和褒奖。法律对管理人助人为乐精神进行褒奖，正是"弘扬美德"，正如人们对见义勇为的行为进行奖励，有利于弘扬见义勇为的精神一样。立法不能强制性要求人们去助人为乐，而是通过适当的制度安排去激励人们助人为乐。

在无因管理这个法律关系中，如果我们只侧重于对管理人进行多方面的限制，而忽视赋予其该享有的权利，这样反而会打击管理人助人为乐的积极性，导致我们的立法目的、愿望与实际效果不相符。这实际上就是一种用理想上的道德高标准去设计具体的法律制度的行为，那么法律自然很难实现其所预设的效果。❶ 相反，法律上赋予管理人报酬请求权，才是弘扬助人为乐传统美德的具体体现。

（3）管理人不享有报酬请求权违反了权利义务对等原则。法律调整社会关系，是通过设定当事人权利义务关系实现的。而通常情

---

❶ 张蕴：《确立无因管理人报酬请求权的价值取向》，载《福建警察学院学报》2016 年第 1 期。

况下，权利义务关系的设定一般是相对应的，享有什么样的权利会对应履行相应的义务，履行什么样的义务也会对应享有相应的权利。权利和义务的对应配置，也是法律公平正义的体现。

在无因管理中，管理人享有的最主要权利是必要费用偿还请求权，这是因为管理人在管理本人事务过程中支出了费用，如果不赋予管理人必要费用偿还请求权，无论如何也说不过去。此外，对于为了他人利益主动去管理他人事务的管理人来说，这是一种善意行为，是法律需要大力倡导的，但在这一过程中，我们除了给管理人设定了适当管理义务、通知义务、报告与交付义务等义务外，又赋予了管理人什么实质性的权利呢？没有！相反，在无因管理法律关系中，法律设定的管理人应履行的义务要远远多于其享有的权利，这种权利义务的设置，不但让人看不出法律是在鼓励无因管理行为，反而给人的感觉是法律在尽可能限制管理人，这是有违社会常理的、非常不公平的状况。

所以，在无因管理法律关系中，立法要注意多从相关当事人权利义务合理配置方面，为行为人提供恰当的行为激励，多注重当事人权利义务的平衡，兼顾当事人各方利益的相对公平，而不是一厢情愿地把助人为乐预设为人们普遍遵守的行为规则。

以上问题在我国《物权法》中对于遗失物拾得人是否享有报酬请求权的规定中同样存在，拾得人不仅不享有报酬请求权，而且其的相关义务远远多于权利。如果按照法律的规定去做，拾得人往往会面临一系列麻烦，这自然会严重挫伤拾得人拾金不昧的积极性。"不规定报酬请求权，实际上是将拾金不昧这种道德规范上升到法律规范，忽视了双方实际利益的平衡，从而影响了法律规则实际效用的发挥。"[1]

3. 管理人享有报酬请求权制度的构建

有鉴于此，笔者认为在我国民法典中关于无因管理制度的设计

---

[1]　王连合：《物权法原理与案例研究》（第二版），北京大学出版社 2015 年版，第 159 页。

上，应考虑至少有条件地承认管理人的报酬请求权，这样不仅能够兼顾当事人各方利益的相对平衡，实现利益分配的相对公平，而且也不会与无因管理制度本身的宗旨相违背，反而会极大地提高人们互帮互助的积极性。在这里，有关孔子关于道德问题认识的故事或许对我们思考这一问题有所启发：

相传春秋时期，鲁国制定了一道法律，如果鲁国人肯出钱把外国被卖为奴隶的同胞赎回来，那么回到鲁国后，国家就会给他们以赔偿和奖励。孔子的一个弟子从国外赎回来了很多鲁国人，为了显示自己追求"崇高道德"，他拒绝了国家的赔偿，情愿为国家分担赎人的一切费用。别人都说这个人品德高尚，但孔子知道后，不但没有赞扬这位弟子，反而严厉地训斥了他。孔子的解释是：花自己的钱去赎回奴隶，虽然为国家节省了费用，显得道德高尚，但是如果对这种行为大加鼓励和渲染，那么那些原本会用国家的钱赎回鲁国国籍奴隶的人，就很可能会放弃赎买的机会，以避免和这些所谓"崇高品德"的人形成鲜明对照。其结果是，这种自己掏腰包为国家着想的所谓"崇高品德"，最终只能事与愿违，让更多的鲁国国籍的奴隶难以被赎回。

还有一次，孔子的一位弟子见到有人溺水，他奋不顾身，跳下水，将其搭救上岸。事后，这位溺水者为了感谢他，给了他一个贵重的酬谢：一头牛。孔子的弟子接受了这份礼物。别人就议论开了：下水救人还要酬谢，真是见利忘义。孔子知道此事后，对此学生的所作所为倍加赞赏。孔子的解释是：虽说拯救他人生命后收受谢礼表面上看有悖于崇高道德，但却可以激发更多的人产生类似的道德行为，也会使更多处于危难之中的人获得援救，惠及大多数人才是道德的真正意义所在。

所以，在无因管理问题上，我们应该好好思考以上二则故事，对管理人是否应该享有"报酬请求权"问题进行深入反思。

基于以上分析，借鉴国外做法，笔者认为我国应该构建无因管理人一定条件下享有报酬请求权制度，因为"有条件地肯定无因管理人的报酬请求权，一定会给社会带来越来越多的正能量"。❶ 需注意，这里所说的管理人并不仅仅指管理行为是其职业范围内事情的管理人。正如有学者所说，那种只承认管理行为是其职业范围内事情的管理人可享有报酬请求权的观点，其实是一种只认可专业人员工作时间的价值，而否认非专业人员时间应有价值的观点，这显然是一种带有偏见的观点，是不正确的。不论管理人管理本人事务的行为是否属于其职业范围内的事情，只要管理人通过其管理行为客观上有效避免了本人的损失，就足以证明管理人具有管理本人事务的能力，❷ 其理应得到与相关专业的职业人员管理此事务相同的待遇，也就是管理人通过因自己的劳动而获得报酬的权利，而绝不能是在管理后果一样的情况下，因管理人是非职业人员就得不到与职业人员一样的权利。

当然，基于公平正义原则，对职业人士的管理和普通社会成员的管理在具体报酬数额上还是应有所区分的。这里所说的"一定条件"，强调的是并非所有无因管理行为的管理人都享有报酬请求权，而是特指管理行为合理且为本人带来有益结果时，综合考虑管理人情况、管理事务情况、本人收益情况等因素，通过合理、均衡地配置当事人权利义务实现管理人相应报酬请求权。

承认管理人享有报酬请求权，会不会导致管理人为了报酬而去管理他人事务的情况呢？这也是一些持否定观点学者所担心的。例如，据报载，某地有两人经常在车站"助人"，看到他人携物较多，便"主动、热情地"予以帮助，当他人道谢时，二人则脸色一变讲："我们不是雷锋，拿 50 元来，东西还你。"实际上，这种以获得报酬为目的去管理他人事务的行为，是完全不符合无因管理构成要件的，不具备无因管理成立的主观条件，即管理人须是

---

❶　张蕴：《确立无因管理人报酬请求权的价值取向》，载《福建警察学院学报》2016 年第 1 期。

❷　彭熙海、杨少冰：《无因管理人报酬请求权的理论检讨与制度安排》，载《湖南财经经济学院学报》2016 年第 6 期。

为他人利益而管理。所以，这种情况根本就不成立无因管理，当然也就更谈不上管理人的报酬请求权问题了。相反，这种行为明显是一种侵权甚至犯罪行为，对此，法律不仅不能支持，还要予以制裁打击。

另外，我国有学者将无因管理分为一般的无因管理和特殊的无因管理，认为特殊的无因管理还有权获得表扬或物质奖励。他们所说的"表扬或物质奖励"同我们所说的"报酬"的含义是不同的。但是享有表扬或物质奖励请求权的行为与享有报酬请求权的行为在性质上应该是相同的，对于"特殊无因管理"，本书下文将有专门论述。

三、本人的权利和义务

（一）本人的权利

上述管理人的义务同时也是本人所享有的权利，主要有：

（1）请求管理人对自己事务因不适当管理造成的损害进行赔偿的权利。

（2）接受管理人通知的权利。

（3）接受管理人报告与交付的权利。

（二）本人的义务

上述管理人的权利同时也是本人所要履行的义务，主要有：

1. 偿还管理人必要管理费用的义务

管理人为管理本人的事务而支出的必要费用，本人应予偿还，并应同时支付相应的利息。所谓必要费用是以当时支付时的情况为标准进行判断的，只要当初支出时为必要即可，即使以后情况发生了变化，使得该费用成为不必要，本人偿还费用的范围也不能因此缩小。对"必要"的判断，应依一般社会观念客观进行界定，且应当依据管理行为进行时的社会标准进行判断。

2. 清偿必要债务的义务

管理人在管理本人事务的过程中，为本人负担的必要债务，本人应当偿还管理人。这包括本人向管理人清偿或本人向第三方的债权人清偿。在本人向第三方的债权人清偿的情形中，我国有学者将其分为以下两种情况：一种情况是，管理人可以请求本人代替自己直接对第三方债权人进行债务清偿，也就是所谓的代清偿；另一种情况是，如果债务还不到清偿期，管理人可以要求本人提供相当的担保，以确保债务的履行。❶

3. 损害补偿义务

管理人在管理过程中为管理本人事务而遭受损害时，本人应当予以补偿。这时的损害与管理本人事务应有相当的因果关系，否则本人不承担补偿责任。在损害发生的过程中，如果管理人有过失的，本人的补偿责任应适当减轻。但是，我国有学者认为，当今世界各国民法的解释论一般对此都持否定态度。其原因在于本人既不是委托（托付）人，也不是加害人，但却要其承担与委托人相同的损害赔偿责任，是不合情理的。❷ 但笔者以为，管理人是为了本人利益而遭受到损害的，依据无因管理制度设立的目的，从应当对管理人进行鼓励的角度讲，其损害应当由本人进行补偿，这也是符合公平原则的。

四、阻却违法性

阻却违法的效力，是无因管理一项非常重要且富有特色的制度，是无因管理成为合法行为的法律依据。本来没有法律上的根据而管理他人事务，是属于侵权行为的，但是，为了鼓励人们之间互助的精神，法律认可了无因管理，赋予了无因管理合法性，所以，它成

---

❶ 陈华彬：《债法各论》，中国法制出版社 2014 年版，第 252 页。
❷ 陈华彬：《债法各论》，中国法制出版社 2014 年版，第 253 页。

为上述规则的例外，成为不法侵害的抗辩事由。也就是说，只要构成无因管理，即使是管理人干预本人的事务，法律也不让管理人承担侵权责任。❶ 所以说，无因管理是一种无法律依据而干涉他人事务的行为，具有阻却违法性的效果。❷

对于以上所述理论界并无争议，但是，理论界围绕不适法的无因管理究竟是否具有阻却违法的效力，则存在较大分歧。所谓不适法无因管理，是指违反本人意思或者虽不违反本人意思但却不利于本人的无因管理。这些分歧主要有以下几种：

第一种观点，认为不适法的无因管理能构成无因管理，可阻却违法。代表人物是我国台湾地区的王伯琦、郑玉波等。

第二种观点，认为不适法的无因管理不能构成无因管理，不具有阻却违法性。代表人物是郭明瑞、张广兴等。

第三种观点，认为不适法的无因管理能构成无因管理，但不应使其具有阻却违法的效力。代表人物是江平和王泽鉴等。

对于不适法的无因管理是否具有阻却违法性的问题，笔者认为，由于违反本人意思的管理情况较复杂，有的情况下能成立无因管理，有的情况下不能成立无因管理（此问题详见前文"不违反本人意思"是否能成为无因管理的要件）。因此，对不适法的无因管理也应分情况进行分析，而不能笼统地一概而论。

总起来讲，只要是成立无因管理的，就应具有阻却违法的效力，因为"构成无因管理的最主要、最基本的法律效果是违法性阻却"。❸ 凡是不具有阻却违法效力的行为就不能成立无因管理。否则的话，有的无因管理具有阻却违法的效力，有的无因管理不具有阻却违法的效力，这与无因管理创设的初衷相违背，也使得无因管理制度本身存在巨大的矛盾，难以自圆其说，容易造成混乱。所以，史尚宽先生所说"民法对于无因管理行为，除后述之不真正无因管

---

❶ 王利明：《债法总则》，中国人民大学出版社 2016 年版，第 159 页。
❷ 王利明：《债法总则》，中国人民大学出版社 2016 年版，第 160 页。
❸ 陈华彬：《债法各论》，中国法制出版社 2014 年版，第 248 页。

理外，以之为适法行为，因而有阻却其违法性之效力，则甚明显"，❶ 笔者极为赞同。

笔者认为，将无因管理分出一类不适法的无因管理的做法，是非常不妥当的。这种分类不仅造成理论上的前后矛盾，难以自圆其说，而且也容易让人曲解无因管理的真正内含，是非常不可取的，且根据无因管理的构成要件可知，不违反本人意思且管理事务利于本人为无因管理的构成要件，不符合这一条件的管理行为不能成立无因管理，也就是说作为无因管理的一个种类，所谓的不适法的无因管理根本就不能成立，至于其是否具有阻却违法性效力就更无从谈起。有关此问题下文还有详细论述，此不多言。

五、无因管理请求权诉讼时效的适用

依据 2017 年 10 月实施的《中华人民共和国民法总则》第 188 条的规定："向人民法院请求保护民事权利的诉讼时效期间为三年。法律另有规定的，依照其规定。"据此无因管理请求权诉讼时效为 3 年。

至于起算时间，早在 2008 年 8 月，最高人民法院发布《最高人民法院关于审理民事案件适用诉讼时效制度若干问题的规定》，对无因管理请求权诉讼时效的适用进行司法解释，该规定第 9 条第 1 款规定："管理人因无因管理行为产生的给付必要管理费用、赔偿损失请求权的诉讼时效期间，从无因管理行为结束并且管理人知道或者应当知道本人之日起计算。"该规定第 9 条第 2 款规定："本人因不当无因管理行为产生的赔偿损失请求权的诉讼时效期间，从其知道或者应当知道管理人及损害事实之日起计算。"

---

❶ 史尚宽：《债法总论》，中国政法大学出版社 2000 年版，第 63 页。

六、无因管理的承认

(一) 无因管理承认的含义

无因管理行为发生以后，存在本人对该管理行为可能予以承认的情况。但是，对于无因管理承认含义的理解，理论与实践中均存在不同的观点，主要有：

1. 无因管理的承认是指本人对违反自己意思的管理行为的追认

德国民法规定无因管理的承认仅限于对不符合本人意思及利益的无因管理予以承认。我国也有学者认为："违反本人的意思的管理行为将不构成无因管理，但是存在追认的情形时，作与无因管理相同的处理是妥当的。管理行为即使违反本人的意思、利益时，也将作为不违反而认可管理人有费用偿还请求权。"❶

2. 无因管理的承认是对各种无因管理行为的承认

我国台湾地区"民法"所指的无因管理的承认，是泛指对各种无因管理行为的承认。我国大陆地区大部分学者也持此观点。笔者赞同此观点并按这种观点进行阐述。

(二) 无因管理承认的法律效力

无因管理承认的法律效力，是指无因管理被本人承认（追认）后所具有的法律上的效果，主要表现为当本人对无因管理行为予以承认（追认）后，管理人与本人之间的法律关系应怎样进行确定。

我国台湾地区的"民法"第 178 条规定："管理事务经本人承认者，除当事人有特别意思表示外，溯及管理事务开始时，适用关于委任之规定。"瑞士债务法第 424 条规定："本人追认管理事务时，适用委任之规定。"日本学者我妻荣也认为："事务管理之承诺，使与管理人间成立委任关系，具备契约之实质时，当然自此时起，事

---

❶ 陈华彬：《债法各论》，中国法制出版社 2014 年版，第 246 页。

务管理之关系消灭，而成为委任关系。"❶

但史尚宽认为，无因管理的承认，"其效力并非使无因管理变为委任契约，惟关于委任之规定，在无因管理性质许可之范围内，比照适用于无因管理"❷。王泽鉴也认为："第 178 条规定仅具拟制的效力，旨在使经承认的无因管理，如同委任待之，而非在于使无因管理转变为委任契约。盖契约须经双方当事人互相表示一致始能成立，不能仅依当事人一方之意思表示，使无因管理此项事实行为，转变成为契约。"❸

委任合同，在我国大陆地区称为委托合同，是指当事人一方委托另一方处理自己的事务，另一方承诺处理事务的合同。❹ 我国有学者认为，无因管理在许多方面，如管理人的通知义务、报告义务、继续管理义务与计算义务等方面与委托合同的规定相同。所以，德国民法典与瑞士债务法都是把无因管理规定在"委托合同"之后，❺作为委托合同对待。

笔者认为，尽管无因管理与委托合同存在很多相似之处，但是无因管理与委托合同毕竟分属法定之债和意定之债，所以二者又存在明显区别。由于无因管理行为是为法律所鼓励的行为，而对无因管理行为的承认又是本人的单独行为，所以"盖管理人不应因本人之承认而处于较为不利之地位也"❻。因此，在本人承认无因管理行为的情况下，有关管理必要费用偿还规定的适用，则既可适用委托合同的有关规定，也可适用无因管理制度的规定，二者哪一个对管理人有利就适用哪一个规定。

至于本人对无因管理的承认，是指对管理行为的承认，对结果

---

❶ ［日］我妻荣：《中国民法债编总则论》，洪锡恒译，中国政法大学出版社 2003 年版，第 43 页。

❷ 史尚宽：《债法总论》，中国政法大学出版社 2000 年版，第 70 页。

❸ 王泽鉴：《债法原理》，中国政法大学出版社 2001 年版，第 359 页。

❹ 崔建远：《合同法》（第二版），北京大学出版社 2013 年版，第 631 页。

❺ 王利明主编：《中国民法典学者建议稿及立法理由》（债法总则编、合同编），法律出版社 2005 年版，第 25 页。

❻ 史尚宽：《债法总论》，中国政法大学出版社 2000 年版，第 70 页。

行为的承认，还是对二者共同的承认，世界各国和地区的规定不一致，学者观点也存在分歧。依史尚宽的观点："本人的承认如无特别保留，视为对于事务管理行为及其后果均予承认；对因管理人欠缺注意而造成的损害，亦视为本人抛弃损害赔偿请求权。"❶ 笔者赞同该观点。

---

❶ 叶知年：《无因管理制度研究》，法律出版社 2015 年版，第 121 页。

第七章 | 无因管理类型问题的反思

　　长期以来，我国民法学界对待无因管理类型理论存在一种非常奇怪而又令人百思不得其解的态度，这就是传统的无因管理类型理论明明存在许多问题，但我国民法学界的许多学者仍然坚持使用这套理论，以致使其成为通说，而另一些持不同意见的学者也没有站出来进行说明，更不用说辩论了。有学者就认为，对于无因管理理论（当然包括无因管理类型理论），近年来我国民法学界讨论甚少，已有的著述均散见于教科书和一些专著中，并且几乎未见有何争议。❶

　　这就给无因管理理论在我国的发展蒙上了一层略带神秘色彩的面纱：大家都避而不谈分歧，甚至对外竟说没有分歧，其中尤以无因管理类型理论最为典型。本书对传统的无因管理类型理论进行深入反思，进一步揭示了传统无因管理类型理论存在的缺陷，以期引起理论界对这一问题的关注，希望在制定民法典的大背景下，对无因管理类型理论与实践有所助益。

---

　　❶ 刘心稳：《中国民法学研究述评》，中国政法大学出版社 1996 年版，第 674 页。

一、无因管理类型化的意义●

（一）帮助我们从深层次加强对"无因管理"含义的理解

对无因管理的理解和运用，需要在真正弄懂其含义的基础上，与时俱进，结合具体情况进行分析，才有可能正确适用这一制度，否则只停留在原来的认识上，已无法适应社会发展的需要，更有可能误解其深意，从而不能正确使用这一制度。

从深层次上理解无因管理的含义有很多方式，其中，对无因管理进行纯逻辑意义上的分类，不失为一条好的办法。通过对无因管理进行分类，深入剖析无因管理各种类型的内在意义，揭示无因管理的深层架构，透视无因管理的深层内涵，这对于澄清一些模糊认识，统一我们对无因管理的认识有着重要意义。也就是说，无因管理类型化，是我们进一步领会、理解无因管理深刻内涵的一条重要途径。同时，对于指导我们的立法、司法实践，完善我们的相关法律制度无疑也具有重大意义。

（二）帮助我们正确识别真假"无因管理"

由于世界各国和地区立法的差异，以及法律理念的不同，人们对无因管理的认识也就存在着较大的区别。同时，社会实践中出现的具体情况又是多种多样，所以，在面对社会生活中一些有关"无因管理"的问题，特别是一些比较特殊的"无因管理"时，人们的反应也必然不同。如此，一些似是而非的甚至是假的无因管理行为便有可能被堂而皇之地冠以"无因管理"之名，而一些真正的无因管理行为则可能遭到误解甚至被封杀。

现在，通过对无因管理进行分类，对无因管理进行更为深入细致的梳理与探究，对各种无因管理类型的含义进行界定和理论归纳，能帮助我们进一步理清无因管理发展的基本脉络，弄清无因管理内

● 王连合：《无因管理类型问题初探》，载《临沂师范学院学报》2008 年第 2 期。

在的价值目标，弄懂无因管理的实质，这一切将有助于我们正确识别真假"无因管理"，为我们正确、合理地运用这一制度奠定坚实基础。

总之，对无因管理作纯逻辑意义上的类型划分，是为揭示无因管理的深层架构，以便用无因管理的功能价值这一"探测器"甄别"貌似"实违的"假"的或"半假"的所谓的"无因管理"，为准确适用法律提供可资利用的理论依据。[1]

二、对目前理论界无因管理几种分类的质疑

关于无因管理的类型，理论界有多种不同的划分，涉及内容较为复杂，各种无因管理类型的具体名称也呈现混乱状态，需要细细梳理。比较典型的有以下几种：

（一）真正的无因管理与不真正的无因管理

1. 真正的无因管理与不真正的无因管理的含义

这是以管理人管理他人事务的目的，即管理人是为本人还是为自己而对他人事务进行管理为标准所作的划分。真正的无因管理是指无法定或约定的义务而为他人管理事务的行为。这实际上就是我们通常所说的无因管理的含义。不真正的无因管理是指无法定或约定的义务为了自己的利益而对他人的事务而为的管理。其又可分为两种情形：一是管理人明知是他人事务，却仍然将其作为自己的事务进行管理，这就是所谓的不法管理；二是管理人误以为他人事务是自己的事务而进行管理，这就是所谓的误信管理。也有学者将不真正无因管理定义为："管理人明知是本人事务而作为自己的事务进行管理的无因管理。"[2] 如此界定的不真正无因管理显然不包括误信

---

[1]　张俊浩主编：《民法学原理》（第三版），中国政法大学出版社2000年版，第942页。

[2]　马俊驹、余延满：《民法原论》（第四版），法律出版社2010年版，第768页。

管理的情形。还有学者将不真正无因管理中不法管理的情形看作是准无因管理，并认为将不法管理的情形准用无因管理的有关规定具有一定的积极意义。

不法管理的情形实际上是管理人对他人事务的不法干涉，应当适用侵权行为法或不当得利的规定，但是，在许多情形中单纯适用侵权行为法或不当得利的规定，对于受到不法侵害的本人来说，其利益的保护可能不尽周全，❶ 这显然会违背公平原则。对此我国台湾地区民法立法说明谈到：在不法管理的情形中，本人依侵权行为或不当得利的规定请求损害赔偿或返还利益时，其请求范围却不及于管理人因管理行为所获得的全部利益；这样的话就相当于承认管理人能够得到因不法管理所得到的利益，这显然有违正义原则。因此此时可使不法管理准用适法无因管理的规定，使不法管理所产生的利益仍归本人享有，这样就能够除去经济上的诱因而减少不法管理的发生。德国民法也确认了不法管理情形适用无因管理的规定。笔者也赞同将不法管理的情形准用无因管理制度来处理有关问题。

2. 对此种分类的质疑

根据以上真正无因管理与不真正无因管理的含义，本书对这种分类提出如下质疑：

（1）这种分类方式在字面上前后不一致，说法自相矛盾。从定义上我们可以看得非常清楚，所谓不真正无因管理，其实根本就不是无因管理。

对于不真正无因管理不是无因管理的说法，大家基本上都认同，就连持此种分类观点的学者也都非常明确地指出来了。例如，王泽鉴在其著作中说，无因管理可分为真正无因管理和不真正无因管理。前者就是民法上所规定的无因管理，我们之所以将其称为"真正无因管理"，目的是在于同"不真正无因管理"加以区别。❷ 江平在其

---

❶ 柳经纬主编：《债权法》（第二版），厦门大学出版社2005年版，第351页。
❷ 王泽鉴：《民法概要》（第二版），北京大学出版社2011年版，第151页。

著作中阐述"无因管理的基本类型"时说，根据管理人是否具有管理他人事务的意思，可以将无因管理分为真正无因管理与不真正无因管理。而在阐述"不真正无因管理"的内容时又说，在不真正的无因管理的情形中，因为管理人没有为他人利益管理的意思，所以不真正无因管理不成立无因管理，也不发生无因管理的法律效力。[1]张俊浩在其著作中谈到，无因管理根据管理人管理他人事务的目的，可以分为真正无因管理与不真正无因管理，而在他谈到"不真正无因管理"的内容时又说，由于无因管理的管理人必须有为他人管理的意思，所以当管理人没有这种意思时，就不能成立无因管理，当然也不发生无因管理的法律效力。[2]

既然"不真正无因管理"不是无因管理，那又怎么能说"无因管理分为真正无因管理与不真正无因管理"呢？一方面持这种分类观点，可另一方面又说"不真正无因管理不成立无因管理"，这种说法给人的感觉是自相矛盾，逻辑混乱，至少从字面上是讲不通的。

（2）这种分类方法混淆了无因管理与不真正无因管理的界限。无因管理是对他人事务的一种管理，但并非所有管理他人事务的行为都是无因管理。同样，无因管理是没有法律上的原因而对他人事务的一种管理，但并非所有没有法律上的原因而对他人事务的管理行为都是无因管理。"对他人事务进行管理"和"没有法律上的根据"，只是无因管理成立的其中的两个要件。我们知道无因管理的成立需要几个要件同时具备，仅仅具备其中两个要件的行为不可能是无因管理。

而以上的分类方法把仅仅具备两个要件，即"对他人事务进行管理"和"无法定或约定的义务"特征的行为，硬命名为"不真正无因管理"，还将无因管理分为真正无因管理与不真正无因管理，完全混淆了无因管理与不真正无因管理的界限，令人费解。

---

[1]　江平主编：《民法学》，中国政法大学出版社 2000 年版，第 722、727 页。

[2]　张俊浩主编：《民法学原理》，中国政法大学出版社 2000 年版（第三版），第 941 页、第 945 页。

（3）将"无因管理"界定为"真正无因管理"的说法欠妥当。从真正无因管理的含义我们可以看出，所谓真正的无因管理就是我们通常所说的无因管理。只要符合无因管理构成要件的管理行为就是无因管理，不符合其构成要件的管理行为就不是无因管理，怎么还出来一个真正的无因管理？

按照此种说法的话，任何一个概念都可以分为"真正的"与"不真正的"两类。但事实上其他概念很少甚至几乎没有这样进行分类的，因为这样进行分类很明显是不妥当的。为什么别的概念都不这样分类，对无因管理却进行这种带有明显错误的分类呢？真正的无因管理作为一个口语还可以理解，但作为一个书面用语，在无因管理基础上又出来一个"真正无因管理"的术语，尤其还将其作为无因管理的一个类型，实在是欠妥当。

（4）不法管理可准用无因管理，但不能说不法管理就是无因管理。从以上学者的观点可以做如下推导：既然无因管理分为真正无因管理与不真正无因管理两类，从字面形式上来看不真正无因管理就属于无因管理的一种，而不法管理又是不真正无因管理的一种，那么不法管理自然也是属于无因管理的一种了。

以上推导出来的结论很显然是错误的，这种错误结论的推导也可算是对这种分类错误的一种佐证。我们之所以说不法管理可准用无因管理，就是因为它不是无因管理，否则哪能还说"准用"？我们所说的准用无因管理，只是说在处理不法管理情形时，为了确保公平公正，在处理方法上可准用无因管理处理，而不能说不法管理的性质就变成了无因管理。

对于无因管理与不真正无因管理的关系，我国台湾地区学者的做法值得借鉴。他们把这二者作为"无法律上的原因而管理他人事务"的两种类型并列，明确地将不真正无因管理排除在无因管理之外，在体系上显得比较科学。同时笔者认为不用"不真正无因管理"这个字面上讲不通的术语，而是径称"准无因管理"，效果可能会更好。

（二）适法的无因管理与不适法的无因管理

1. 适法的无因管理与不适法的无因管理的含义

这种分类是当今理论界最为普遍、最为流行的一种分类方法，但是，对于适法的无因管理与不适法的无因管理的具体含义，理论界有多种表述，观点不一。

大家都认可的观点是，适法的无因管理与不适法的无因管理都属于真正无因管理，是对真正无因管理所做的一种类型划分。所谓适法的无因管理，是指管理事务利于本人，并不违反本人明示或可得推知的意思的无因管理。所谓不适法的无因管理，是指管理事务不利于本人，违反本人明示或可得推知的意思的无因管理。[1]

适法的无因管理又分为主观适法的无因管理和客观适法的无因管理。所谓主观适法的无因管理是指管理事务利于本人，且不违反本人明示或可得推知的意思。客观适法的无因管理是指管理行为虽然违反本人的意思，但是管理人是为本人尽公益上的义务或为其履行法定的义务，该管理符合公序良俗。

不适法的无因管理又分为三种类型：第一种是不利于本人的无因管理，是指违反本人的意思且又不利于本人的无因管理；第二种是利于本人的无因管理，是指虽违反本人的意思但管理利于本人的无因管理；第三种是符合本人意思的无因管理，是指虽不违反本人的意思但不利于本人的无因管理。[2]

有学者认为，虽然真正无因管理可以分为适法的无因管理和不适法的无因管理，但两者的主要区别在于过失责任的不同。适法的无因管理属于具体轻过失责任，不适法的无因管理则属于过失责任。同时这两种无因管理还有一个区别是管理人的请求权范围不相同。[3]

还有学者认为，适法无因管理是指管理人无法定义务或约定义

---

[1] 柳经纬主编：《债权法》（第二版），厦门大学出版社 2005 年版，第 351 页。

[2] 张俊浩主编：《民法学原理》（第三版），中国政法大学出版社 2000 年版，第 944 页。

[3] 叶知年：《无因管理制度研究》，法律出版社 2015 年版，第 129 页。

务而为他人管理事务，但其管理违反本人意思的行为。❶

另外，还有学者将适法的无因管理与不适法的无因管理等同于正当的无因管理与不当的无因管理，等同于合法的无因管理与不法的无因管理，认为这几组概念是同一种含义，只是叫法不同罢了。例如有学者说，不法无因管理又称不适法无因管理、不正当的无因管理，与合法无因管理（又称适法无因管理、正当无因管理）相对应，❷"不法无因管理，又称不适法无因管理"。❸ 王泽鉴说其曾参考学者及"最高法"判决的用语称为适法的无因管理与不适法的无因管理，为避免与不法管理（不真正无因管理）混淆，拟改称为正当无因管理与不当无因管理。❹ 也就说，王泽鉴所说的正当无因管理与不当无因管理的划分，同适法无因管理与不适法无因管理是属于同一个内容，仅仅是为了名称上的区分，才用"正当"和"不当"无因管理替代"适法"和"不适法"无因管理。

2. 不适法的无因管理是否具有违法阻却的法律效力

关于不适法无因管理是否具有违法阻却的法律效力问题，学者观点有分歧，主要有以下两种观点：

（1）第一种观点认为不适法无因管理具有违法阻却的法律效力。例如有学者认为，既然不适法的无因管理属于真正无因管理的一种，那其自然就是无因管理了；既然是无因管理，就应当在当事人之间产生无因管理之债的效力，其自然具备违法阻却的功能。❺

（2）第二种观点认为不适法无因管理不具有违法阻却的法律效力。这是大多数学者坚持的观点，这一观点一方面认可不适法的无因管理属于真正无因管理，但另一方面又否认其具有阻却违法性。

例如王利明说，无因管理的违法阻却的效力原则上仅限于适法

---

❶ 张广兴：《债法总论》，法律出版社 1997 年版，第 81 页。

❷ 柳经纬主编：《债权法》（第二版），厦门大学出版社 2005 年版，第 359 页。

❸ 张广兴：《债法总论》，法律出版社 1997 年版，第 81 页。

❹ 王泽鉴：《债法原理》，三民书局股份有限公司 2012 年版，第 374 页。

❺ 蒋云蔚：《论不适法的无因管理》，载《社会科学》2009 年第 10 期。

的无因管理，对于不适法的无因管理因为其原则上已经构成侵权，所以一般不具有阻却违法的效力。[1] 高富平说，如果管理事务违反本人的意思或不利于本人的，应该依据侵权行为的规定，由管理人负损害赔偿责任，管理行为自然也就不能成为违法性阻却的理由。[2] 王泽鉴说，如果事务管理不利于本人，且违反本人意思，因管理人具有为他人管理事务的意思，所以该管理仍然成立无因管理。但是在这种情况下，衡量社会整体利益和本人个体利益，对于管理人没有必要进行特别的保护，所以此种情况下法律不赋予管理人的管理行为违法阻却的效力。[3] 李淑明认为，在不适法无因管理的情形中，"本人与管理人间的法律关系，应回复其本质，依不当得利或侵权行为之规定加以处理"[4]。

3. 对此种分类的质疑

对于该种分类方法，尽管王泽鉴说"此项体系构成有助从不同观点了解无因管理制度的基本问题，并可提供处理实例的思考层次"[5]，但根据以上适法的无因管理与不适法的无因管理的含义以及其是否具有违法阻却效力的观点，本书对这种分类提出如下质疑：不适法的无因管理是否成立？或者说不具有阻却违法性的所谓"无因管理"能否成立？

根据无因管理法律制度的立法目的、基本功能可知，无因管理制度之所以被创设，就是法律为了调和"禁止干预他人事务"与"奖励人类互助精神"两原则而确认无因管理行为为合法行为，即法律特意赋予无因管理这种特殊的干预他人事务的行为"阻却违法性"，以此来平衡和规范上述两种相互冲突而又有其存在之合理性的利益，以此达到其价值目标，否则无因管理制度就没有存在的必要。

---

[1] 王利明：《债法总则研究》，中国人民大学出版社 2015 年版，第 543 页。

[2] 高富平主编：《民法学》，法律出版社 2009 年版，第 771 页。

[3] 王泽鉴：《民法学说与判例研究》（2），中国政法大学出版社 1998 年版，第 90 页。

[4] 李淑明：《民法入门》，元照出版有限公司 2007 年版，第 142 页。

[5] 王泽鉴：《债法原理》，中国政法大学出版社 2001 年版，第 331 页。

从无因管理的实质来说，无因管理是法律赋予没有根据地管理他人事务的某些行为阻却违法性，不具有阻却违法性的管理行为就不是法律要倡导的无因管理。尽管在无因管理过程中，管理人可能因为管理方法（有学者称之为事务管理的方法）上的不适当，会出现债务不履行甚至导致本人财产受到损害的情况，但这些并不妨碍管理行为（有学者称之为管理事务的承担）本身的合法性即阻却违法性。

从无因管理的法律效力来看，正如郑玉波所说："无因管理乃人类之义举，有利于社会之公益，故法律使其具有阻却违法性，而转为适法行为。此点民法上虽无明文规定，但由其规定无因管理为债之发生原因一点观之，自可不言而喻。"❶ 也就是说，凡是无因管理都应具备一个重要的法律效力，这就是"阻却违法性"。反过来讲，如果一种行为不具有阻却违法的效力，就说明这种行为欠缺法律所要保护的条件，它就不应成为法律特意要保护的无因管理。

从以上分析可以得出，无因管理就是一种合法的行为，一旦否认了无因管理的合法性，则这一制度的其他功能必然会丧失殆尽，无因管理制度就会形同虚设。而"违反了本人明示或可得推知的意思"的管理行为，是管理人对本人自由意思的明显强制和干涉，尽管管理人也可能是"好心"，但衡量私法核心理念，这种行为是应该为法律所禁止的，自然不属于无因管理。

正如前文所言，在本人意思为明示的情况下，"不违反本人意思"是无因管理的构成要件（本人明示的意思违反法律强制性规定或公序良俗的除外）。也就是说，在本人意思为明示的情况下，即使管理行为满足了无因管理前三个构成要件，即管理他人事务、没有法定或约定的义务、为他人利益而管理，但如果该管理行为欠缺"不违反本人意思"，也不能成立无因管理。

在本人的意思没有明示的情况下，管理人只能按照本人可得推

---

❶ 郑玉波：《债编总论》（第二版），中国政法大学出版社 2004 年版，第 78 页。

知的意思进行管理时，如果管理人违反了本人可得推知意思而为管理，则该管理行为同样不能成立无因管理。当然，在管理人没有违反本人可得推知的意思进行管理时也不一定能成立无因管理，这要根据管理人可得推知的意思与本人真实意思是否一致来分两种情况考察。其中一种情况就是当管理人可得推知的本人意思与本人真实意思不一致时，如果管理事务不利于本人，则该管理行为也不能成立无因管理。

总之，当事务管理不利于本人，违反本人明示或可得推知的意思的时候，该管理行为是不能成立无因管理的。而管理事务不利于本人，违反本人明示或可得推知的意思的管理恰恰就是所谓的"不适法无因管理"。试想连无因管理都不是，又怎么能说"真正的无因管理又分为适法的无因管理与不适法的无因管理"呢？也就是说，所谓的不适法无因管理根本就不能成立，至于其是否具有违法阻却性的效力问题也就无从谈起。所以，那种"不适法无因管理属于真正无因管理，但不具有阻却违法性功能"的观点是不能成立的。正如有学者质问的："无因管理本身就是适法行为，何来不适法的无因管理？"[1] 郭明瑞教授也鲜明地提出："我不认为有不适法的无因管理。"对此观点笔者极为赞同。

谈一个有趣的现象，在李开国教授任副主编的《民法学》（中国政法大学出版社 2000 年版）有关不适法的无因管理内容中写道："我们认为，若管理的事务不利于本人并违反其意思者，仍构成无因管理，但不应使其具有阻却违法的效力。"但是，在李开国教授任主编的《中国民法学》（法律出版社 2002 年版）相关内容中却写道："管理行为非利于本人或违反本人明示或可得推知之意思，不能成立无因管理。"从这一现象也可以看出，对此问题理论界还无法形成定论，各自观点的分歧也是非常巨大的，同时也说明这种分类方法存在巨大问题。

---

❶ 李文涛、龙翼飞：《无因管理的重新解读》，载《法学杂志》2010 年第 3 期。

综上所述，正如有学者所说，无因管理行为，就是一种阻却违法性的行为。不具有阻却违法性的管理他人事务的行为不可能成为无因管理行为。● 也就是说不具有"阻却违法性"的所谓"无因管理"是不能成立的，即所谓不适法的无因管理是根本不成立的，故而把无因管理分为适法无因管理与不适法无因管理的做法，是没有合理根据的。

（三）正当的无因管理与不当的无因管理

该种分类方法内容同适法无因管理与不适法无因管理相同，仅仅是名称有所区别而已，故不再赘述。

（四）适当的无因管理与不适当的无因管理

1. 适当的无因管理与不适当的无因管理的含义

这是以管理人管理方法是否适当为标准对无因管理进行的分类。所谓适当的无因管理，是指管理人不仅有管理的意思，而且管理方法符合本人的管理要求和社会常识，所产生的效果也有利于本人的无因管理。所谓不适当的无因管理，是指管理人虽有为他人管理的意思，但管理方法违反本人的管理要求和社会常识，产生的效果也不利于本人的无因管理。

2. "适当"与"不适当"不同于"适法"与"不适法"

适当的无因管理与不适当的无因管理的分类，显然不同于所谓适法无因管理与不适法无因管理的分类，前者是依据管理的方法为标准进行分类，后者是依据管理的承担为标准进行的分类。但有学者却将这两种不同类型的分类混为一谈。例如，有学者认为，对于真正的无因管理的类型划分中，可以根据管理人的管理方法是否有利于本人，再划分为适法的无因管理与不适法的无因管理。也就是说"适法无因管理"与"不适法无因管理"类型划分的标准就是管

● 房绍坤、郭明瑞、唐广良：《民商法原理》（三），中国人民大学出版社 1999 年版，第 313 页。

理人的管理方法，也就是客观要件。❶ 这种观点虽然名称用了"适法"与"不适法"无因管理，但实质内容却是"适当"与"不适当"无因管理的内容。这样就把"适当"与"不适当"和"适法"与"不适法"完全混为一谈了，更增加了无因管理类型划分的混乱。

正如有学者所谈，具体管理方法并不是无因管理的构成要件，就如同管理人必须尽善良管理人的注意义务一样，管理人采用有利于本人的方法进行管理，属于管理开始后管理人应当负担的一种义务。管理方法不利于本人的，可以构成管理人的义务违反，发生债务不履行的法律效果，但不能以此否认无因管理的成立。因此，管理方法是否有利于本人，不是区别适法无因管理和不适法无因管理的标准。❷

3. 对此种分类的质疑

笔者认为将无因管理分为适当的无因管理与不适当的无因管理，还是有一定道理的，但仍存在一些困惑：在管理方法符合本人的管理要求和社会常识的情况下，所产生的效果还存在可能不利于本人的情况；同样，在管理方法不符合本人的管理要求和社会常识的情况下，所产生的效果还存在可能利于本人的情况。在此种分类中，这两种情况无法包括在内，显得有失偏颇、有所遗漏。

（五）一般的无因管理与特殊的无因管理

1. 一般的无因管理与特殊的无因管理的含义

所谓一般的无因管理，是指不必对管理人给予表扬或物质鼓励，只赋予管理人请求本人偿还管理费用的权利的无因管理。所谓特殊的无因管理，是指应当受到表扬或物质鼓励的无因管理。在特殊无因管理中，管理人不仅有接受表扬或者物质鼓励的权利，而且享有请求本人或有关单位予以表扬或物质鼓励的权利。

---

❶ 李淑明：《民法入门》，元照出版社 2007 年版，第 139 页。
❷ 张广兴：《债法总论》，法律出版社 1997 年版，第 82 页。

2. 此种分类的意义

区分一般的无因管理与特殊的无因管理的法律意义在于：两种类型的无因管理的管理人享有的权利范围不同。❶

前文中我们已经谈到，无因管理的管理人在一定条件下应享有管理报酬请求权，虽然"表扬或物质奖励"同"报酬"的含义是不同的。但是笔者同时认为，管理人对表扬或物质鼓励的请求行为与对报酬的请求行为在性质上是相同的，是符合无因管理的立法目的的。在现实社会中，有些无因管理行为确实值得进行表扬或物质鼓励，以便更好地弘扬助人为乐的精神。例如，对紧急情况下的无因管理行为，这种表扬或物质鼓励是社会对无因管理行为道德价值的一种肯定，是外界对无因管理行为的一种确认。

如果赋予管理人表扬或物质鼓励请求权，同报酬请求权一样会进一步提升无因管理的道德价值。当然，所有的无因管理都应在受鼓励的范围，但各种无因管理由于具体情节、具体状况不同会有所差异，有些差异还会比较大，例如有些管理可能会导致管理人重大损失等。对无因管理进行这种划分，赋予管理人不同的权利范围，还是很有必要的。

3. 对此种分类相关问题的质疑

在许多材料上，几乎所有持此种分类观点的学者都认为，《民法通则》第79条第1款规定的"无因管理"就属于特殊的无因管理。《民法通则》第79条第1款的内容是："所有人不明的埋藏物、隐藏物归国家所有。接受单位应当对上缴的单位或个人，给予表扬或物质奖励。"

我们知道，法律对所有人不明的埋藏物、隐藏物，视为无主财产，规定应归国家所有。法律禁止任何单位和个人将所有人不明的埋藏物和隐藏物据为己有，否则视为不法占有，应依法追究不法占

---

❶ 马俊驹、余延满：《民法原论》（第四版），法律出版社2010年版，第768页。

有人的民事责任。❶ 也就是说，公民个人和单位都负有将所有人不明的埋藏物、隐藏物上缴国家的义务。既然是法定的义务，那又怎么能说这种行为是无因管理呢？连无因管理都不成立，又如何谈的上特殊的无因管理？

（六）进行管理的无因管理和进行服务的无因管理

无因管理中的"管理"是个广义概念，它既包括狭义的管理也包括服务。在很多情况下管理与服务是很难明确划分界限的，所以这种类型的划分给人的感觉比较模糊。在 2017 年 10 月 1 日实施的我国《民法总则》对无因管理制度的规定中，只用了"管理"，而没有再像《民法通则》那样用"或者服务"字样，所以，此种类型划分的不妥当性是显而易见的。

三、无因管理的分类

（一）管理他人事务行为的分类

对无因管理进行分类有重要的意义。为了准确地对无因管理进行真正意义上的分类，要首先对管理他人事务的行为进行分类，以揭示传统无因管理分类的不足，从而为我们对无因管理进行正确分类提供启发和借鉴。

1. 管理他人事务行为具体分类体系图

管理他人事务行为具体分类体系图见图 2。

---

❶ 梁书文、回沪明、扬振山主编：《民法通则及配套规定新释新解》（新编第二版·中），人民法院出版社 2001 年版，第 1594 页。

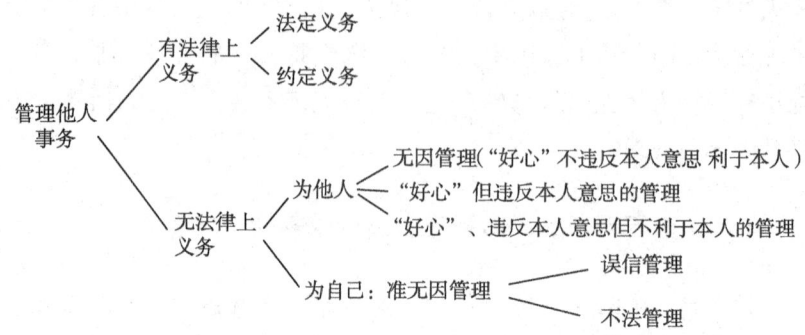

图2 管理他人事务行为具体分类体系图

图2中所谓"好心"是指为了他人利益。从此体系图可以看出，在无法律上义务为了他人利益而管理他人事务的情形中，并不是只有无因管理一种情况，而是包括以下三种情况：第一，"好心"、不违反本人意思且利于本人，即我们所说的无因管理；第二，"好心"但违反本人意思的管理；第三，"好心"、不违反本人意思但不利于本人的管理。

针对有学者认为只要是管理人"好心"，即为了他人利益而管理就是无因管理的观点，❶ 本书特对后两种情况进行逐一分析，以揭示在无法律义务情况下，"好心"，即为了他人利益而管理的情形，并不都是无因管理。

2. "好心"但违反本人意思的管理

（1）"好心"但违反本人意思的管理的含义如下。所谓"好心"但违反本人意思的管理，是指没有法定或约定的义务，为了他人利益而对他人事务进行管理，但这种管理行为却违反了本人明示或可得推知意思的行为。例如前文所举"邻居雇人将本人放于户外想让回收废旧物品的人收走的旧家具又抬回本人家中"的例子。本人将

---

❶ 例如王泽鉴说："若事务管理不利于本人，并违反其意思，因其具有为他人管理事务的意思，仍可成立无因管理。"参见王泽鉴：《民法学说与判例研究》（2），中国政法大学出版社1998年版，第90页。

旧家具放于户外，其意思即使未明示，但也足以可得推知本人要丢弃这套家具。而邻居的举动显然是违反了本人可得推知的意思。这时如果成立无因管理，允许管理人向本人请求支付必要的管理费用，对本人显然是不利的，所以这时的管理行为就是一种"好心"但违反本人意思的管理，而这种管理行为绝不可能成立无因管理。"好心"但违反本人意思的管理行为包括客观上利于本人但却违反了本人明示或可得推知的意思（本人明示或可得推知的意思违反法律强制性规定或公序良俗的情况除外），还包括客观上不利于本人，同时也违反了本人明示或可得推知意思的情况。

有学者将管理方法不利于本人也认定为"好心"但违反本人意思的管理。前文已多次强调，某项管理行为是否成立无因管理，是就管理事务的承担而言。管理方法是管理开始后管理人应负担的一种履行义务。管理方法不利于本人的，可以构成管理人的义务违反，发生债务不履行的法律后果。管理方法不利于本人既可能发生于成立无因管理的情况下，也可能发生于不成立无因管理的情况下，所以它不能成为界定是否成立无因管理的标准。

（2）"好心"但违反本人意思的管理的构成要件如下：①管理他人事务；②为了他人利益而为他人管理事务；③无法定或约定义务；④管理行为违反了本人明示或可得推知的意思，且该违反不以维护法律强制性规定或公序良俗为目的。

法律充分尊重民事主体实现自己利益的权利，对其不损害社会利益和他人利益的处分行为（包括在特殊情况下本人抛弃自己的某项利益），也同样加以承认和保护。因此，违反了本人明示或可得推知的意思，对本人事务进行了管理，哪怕这种管理客观上对本人可能有利，但是因为这种管理行为有违本人的意思，侵害了民事主体处理自己事务的自由意思和权利，有违私法的最基本原则——私法自治原则，并且这种行为与法律规定无因管理制度的目的也不相符，所以这时的管理行为与无因管理有质的区别，因而不能成立无因管理。例如前文所举的邻居替本人收取柿子一例，如果本人在柿子变红前后，在不同的场合多次表明要把柿子留作观赏而不收取，在这种情况下当本人外出时，明知本人意思的邻居感到不收取可惜，于是雇人替本人收取了柿子。这种行为尽管客观上对本人有利（本人获得实际收益），但仍不能成立无因管理。

至于违反本人明示或可得推知的意思且管理行为不利于本人的情况就更不用说了，这形成了"好心"但违反本人意思的管理。

有学者提出，如果管理人不为该管理行为，本人同样会遭受该损害的，管理人不负赔偿责任；如果该损害与该管理行为之间不具有因果关系的，管理人也不负赔偿责任。[1] 笔者赞同此观点。例如，前文所讲乙为甲修屋顶一例，如果乙事先知道甲屋顶的古董的价值，也知道甲因此一直未修整其屋顶。在甲外出长期未归期间，因连降大雨甲房屋的屋顶即将被毁，如不及时修理整个房屋都有被毁的可能，这种情况下乙违反甲（本人）的明示，而为其重新修建了一个新屋顶。这种行为是否成立无因管理暂且不论，单就甲的古董屋顶被毁所受损害一事而言，乙不负赔偿责任。

特殊情况是，当本人的明示或可得推知的意思违反了法律强制性规定或公序良俗时，管理人违反本人意思进行的管理成立无因管理，而非"好心"但却违反本人意思的管理。

（3）"好心"但违反本人意思管理具有以下两种基本法律后果。

第一种法律后果：管理行为不成立无因管理。"好心"但违反本人意思的管理具备无因管理成立的前三个要件，因而很容易被误认为是无因管理，这也正是许多学者将此种管理行为认定为无因管理的主要原因。学术界有一种观点，虽然认为"好心"但违反本人意思的管理不成立无因管理，但并不同意将不违反本人意思作为无因管理的构成要件，即主张无因管理的构成要件仅为前三个。如果这样的话，那么他们认为的"好心"但违反本人意思的管理不成立无因管理的观点就会缺乏说服力，甚至是自相矛盾，因为"好心"但

---

[1] 柳经纬主编：《债权法》（第二版），厦门大学出版社 2005 年版，第 360 页。

违反本人意思的管理的确满足成立无因管理的三个构成要件。

但依笔者观点，无因管理的构成要件并非仅为前三个，而是还包括第四个，那就是不违反本人意思且管理事务利于本人。由于"好心"但违反本人意思的管理不满足这第四个要件，所以它不能成立无因管理，因而它也就不具有阻却违法的效力。如此前后观点相统一，既可避免上述两种观点前后矛盾的说法，符合法律逻辑，也符合无因管理的立法目的。

值得一提的是，尽管王泽鉴在他的许多著作中都持有"不当（不适法）的无因管理成立无因管理，但却不具有阻却违法效力"的观点，[●] 但是同样是在他的著作里，也能看到他对上述观点的否定。例如在其著的《侵权行为法》（1）的第五章第六节第二款"违法阻却事由"中，王泽鉴列举了六种违法阻却事由，其中就有无因管理。王泽鉴把无因管理作为违法阻却的事由，也就从根本上否定了不当（不适法）。王泽鉴还进一步说明："此等行为虽系侵害他人的自由权或财产权，惟法律为奖励善行益事，既规定无因管理为债之发生原因之一种，自应解为属适法行为，具有阻却违法性，不成立侵权行为。"[●] 同样的情况在王泽鉴著的《债法原理》（一）中也有所体现。[●] 以上情况说明，"好心"但违反本人意思的管理能成立无因管理的说法确实值得商榷。

第二种法律后果：本人与管理人之间的法律关系应以侵权行为或不当得利的规定来调整。"好心"但违反本人意思的管理不成立无因管理，它在性质上属于侵权行为，因此管理人对给本人造成的损害应负损害赔偿责任。其要件与一般侵权行为的责任要件相同。管理人的管理行为即使对本人具有利益，也不影响管理人侵权责任的

[●]　关于王泽鉴教授这种观点的论述可参见他著的《民法概要》，北京大学出版社2011年版，第149、150页；《民法学说与判例研究》（2），中国政法大学出版社1998年版，第90页；《债法原理》，中国政法大学出版社2001年版，第332页等。

[●]　王泽鉴：《侵权行为法》（1），中国政法大学出版社2001年版，第239页。

[●]　关于这种情况的详情请参阅他著的《债法原理》（一）（中国政法大学出版社2001年版，第330、331页）。

成立。

须注意的两个问题是：

第一，管理人违反本人明示或可得推知的意思，对他人事务进行管理的，即使管理人对某些损害没有过失，也应负赔偿责任。有学者称这是对管理人责任加重的规定。这里的"对他人事务进行管理"，指的仍然是管理事务的承担，而不是指管理事务的方法。例如，甲看到朋友乙家境贫困又生病，急需用钱，于是在明知乙不愿出卖其古董的情况下，仍趁乙不注意取走乙家的古董拿去出卖，想用出卖古董的钱来为乙治病，但途中古董不幸被盗。这种情况下，甲虽然也尽了最大程度的注意义务，但仍然要负损害赔偿责任。

第二，对于为免除本人生命、身体或财产上的急迫危险，而违反本人明示或可得推知意思而进行的管理，除管理人有恶意或重大过失外，不负赔偿责任。有学者称这是对管理人责任的减轻规定，其实这属于紧急无因管理，即见义勇为，自当减轻管理人的责任，这是由见义勇为的特性所决定的。有关此问题，下文还要详述，此不多言。

这里还涉及一个问题：当"好心"但违反本人意思的管理行为产生了一定的利益时（该利益肯定小于给本人带来的损害），这个"利益"应归谁？笔者认为，在这种情况下，仍应该由本人享有管理利益的请求权，理由如下：

第一，综合衡量管理人与本人在管理行为中的责任和利益，本人是被动的，他在整个行为中往往不存在过失。相比之下，管理人是主动的，并且损害的造成是因为他自己的行为存在某种程度的过失，所以管理人自然要更多地承担责任。对于本人来说，管理利益也主要是由自己的事务而产生的，所以他更应当享有这个"利益"的请求权。

第二，抛开其他因素，单纯来看"利益"问题，管理人在管理利益的产生过程中，也可能作了一定的"投资"（即必要管理费用），但这个投资无疑远小于本人的"投资"（即本人的具体事务），从"多投资的应该多受益"角度，本人也应该享有管理利益的请求权。

第三，本人可依不当得利的规定享有管理利益的请求权，当然，此时管理人也可依不当得利的规定享有请求本人支付其必要支出费用的权利。当本人主张享有因为管理所得的利益时，其应在所得利益范围内偿还管理人因此而支出的必要费用、负担的债务及受到的损失。当因管理获得的利益小于本人所受损害时，剩余的损害利益本人可依损害赔偿的规定向管理人请求赔偿。

但是，当因管理获得的利益大于本人所受损害时，若仅依侵权损害赔偿或不当得利的规定，本人向管理人请求赔偿或返还管理利益时，就只能以其所受损害为限。那么对于管理人因管理本人事务所得超过本人事务价值的部分，本人就无权向管理人请求。如此一来，管理人将会以其不法行为获得利益，这就违反了任何人不得因不法行为取得利益的原则和法律的公平正义精神。❶

例如，甲见朋友乙的汽车破旧，就劝说乙换一辆新车，乙没有同意。于是甲趁借用乙车之机，将价值20万元的乙车高价卖掉，得款30万元。这种情况下，无论依侵权行为还是依不当得利的规定，乙只能向甲请求20万元，对于超过部分，乙无权请求。这时如果甲因其不法行为获得剩余10万元，这显然是于情于理于法都讲不通的事情，并且这种情况客观上也会诱导他人为侵权行为。❷ 所以在这种情况下，权衡各方利益及"好心"但违反本人意思的管理行为的性质，可类推适用无因管理的规定，由本人（乙）享有因为管理所产生的全部利益，这样处理更为妥当。

需强调的是，对于"好心"但违反本人意思的管理，本人可对管理人的管理行为予以承认，经本人承认后，即可按照"好心"但违反本人意思的管理适用于民法关于委任的规定，来处理其相互之间的权利义务关系。但是在本人主张享有因为管理所得的利益时，

---

❶ 张广兴：《债法总论》，法律出版社1997年版，第83、84页。
❷ 王泽鉴：《债法原理》，中国政法大学出版社2001年版，第356页。

本人的主张在性质上并不是对管理行为的承认，也不可能使"好心"但违反本人意思的管理变成合法行为。

当本人不主张享有因为管理所得的利益时，本人不负有偿还管理人因管理所支出的必要费用，也不负清偿管理人因此而负担的债务及因此而受的损害的义务。当本人客观上享有管理利益，管理人因此有损害的，管理人有权向本人请求不当得利的返还，本人在其所得利益范围内，负不当得利返还义务。

3. "好心"不违反本人可得推知意思但不利于本人的管理

（1）含义。所谓"好心"不违反本人可得推知意思但不利于本人的管理，是指无法定或约定义务而为他人管理事务，虽然管理行为并不违反本人可得推知的意思，但管理事务却不利于本人甚至给本人造成了损害的行为（即前文所述"不违反本人意思"中，不成立无因管理的情况）。

（2）构成要件。此种情形的构成需满足以下条件。①管理他人事务。②为了他人利益而管理他人事务。③无法定或约定的义务。④管理行为不违反本人可得推知的意思。本人可得推知的意思是指本人对于自己事务的处理没有以明示的方式作过表示，管理人须以社会的一般理念来推断其意思。以社会一般理念推断出的本人意思，与本人的真实意思有的可能一致，有的可能不一致。在不一致的情况下，有的行为可能客观上利于本人，有的行为可能客观上不利于本人，甚至还给本人造成了损失，这里所说的"好心"不违反本人可得推知意思但不利于本人的管理就是指最后的这种情况。⑤管理行为客观上不利于本人甚至给本人造成了损害。尽管管理人主观上有为他人利益而管理的意思，但综合衡量各方的利益，这种行为不应成立无因管理。例如，本书前文所说的误把他人种植的名贵草药认为是杂草而拔除的例子，就是这种情况。在这个例子中，尽管管理人的行为符合无因管理构成的前三个要件，但是他的行为却并不利于本人甚至给本人造成了很大的损失，此时如果成立无因管理，本人还得承担管理人为此管理支出的相关费用，这对本人显然是不公平的。至于这种行为能成立无因管理，但不具有阻却违法效力的说法，更显前后矛盾，不能令人信服。

我国有学者认为，根据我国《民法通则》的规定，只要是没有法定的或者约定的义务，为避免他人利益受损失进行管理或者服务的一切行为，都可以构成无因管理。❶ 这种说法暗含的意思就是：不论管理行为客观上是否利于本人，只要是符合上述条件就可以成立无因管理。

笔者不同意以上观点。管理行为客观上是否利于本人，是无因管理行为中的一个极其重要的因素，它直接关系到无因管理制度立法的目的，应当成为衡量无因管理行为能否成立的一个重要指标。当然，这里的"管理行为客观上是否利于本人"仍然是指管理事务的承担而言，至于因管理方法的不当而造成的管理结果不利于本人，则应是在确定无因管理是否成立之后再进行讨论的问题。

总之，侵害他人权益的行为是否因特殊事由而能够阻却违法，乃属法律上的价值判断问题。管理事务之承担本身不利于本人，属于不当干预他人事务，衡诸本人的利益及一般法律原则，不能因管理人有为他人管理事务的主观意思即可阻却违法，而使该侵害他人权益的行为具有合法性。❷

（3）法律后果。这种情况下的管理具有以下两种法律后果：

第一种后果：管理行为不能成立无因管理。正如前文所分析，如果将此种行为认定为无因管理（理由是管理人有为他人利益管理的意思），对于本人将是极不公平的。

例如，甲长期外出未归，其亲戚乙看到甲房屋屋顶破旧，于是按甲可得推知的意思推定：甲如在家肯定要对其屋顶进行维修。于是雇人拆除甲的旧屋顶而重新修建了一个新屋顶，殊不知，甲房子的旧屋顶是价值很高的古董，这一拆除给甲造成了巨大损失。这种

---

❶ 王利明、郭明瑞、吴汉东主编：《民法新论》（下册），中国政法大学出版社1988年版，第446页。

❷ 王泽鉴：《债法原理》，中国政法大学出版社2001年版，第331页。

情况下，如果认定成立无因管理，甲还要支付乙必要的支出费用，这对甲显然是不公平的。那么对于乙呢？他为此支出的必要费用无法得到补偿，似乎也不公平。然而，乙在承担此项事务的管理时，他必须要尽管理人的注意义务。在管理他人事务时，法律要求管理人在管理方法和管理事务的承担上要尽此义务。这并不是在加大管理人的风险，而是法律为防止擅自干涉他人事务而专门对管理人设置的一种限制。因此，尽管乙在管理甲的事务时是出于为甲的利益而管理的目的，也按照甲可得推知意思进行了管理，但客观上却给甲造成了损害，这个时候在对甲和乙的利益衡量中，法律理应偏向甲，因为这些损害是乙在管理事务的承担上注意义务履行不够而造成的，乙理应承担为此而付出的代价。这个代价还包括他的侵权行为给甲造成的损失。当然，由于乙在主观上是为甲的利益而管理，所以在损害赔偿问题上，可作为一种比较特殊的侵权酌情减轻甚至免除责任。

另外，仅以管理人主观上有为他人利益而管理的意思，就不顾此事务的承担是否对管理人有利，来认定此行为属于无因管理，也势必会造成在很多情况下，管理人都称自己是为了本人的利益才造成的某种损害。这样，必将增大司法实践中对法律实际操作上的难度。对于有学者主张，此种行为可成立无因管理，但不应具有阻却违法性的说法，前文已阐述了自己的观点，这里不再重复。

第二种后果：本人与管理人之间的法律关系应以侵权行为或不当得利的规定来调整。在该种管理的情形下，本人与管理人之间的法律关系，一般依侵权行为的规定来调整。只不过这时的侵权行为因涉及侵权人有为他人利益而管理的意思，所以它是一种比较特殊的侵权行为，可酌情减轻甚至免除责任。

当"好心"不违反本人可得推知意思但不利于本人的管理行为产生了一定的利益时，本人也应享有管理利益的请求权，理由与"好心"但违反本人意思的管理相同。

当本人主张享有因为管理所得利益时，本人应当在所得利益范围内，偿还管理人因此而支出的必要费用、管理人因此而负担的债务及因此而受的损害。但同时因本人所得的这个"利益"小于自己的真正利益（否则就不是"不利于本人"），所以本人剩余的受损害利益，仍应由管理人作为比较特殊的侵权行为向本人负赔偿责任。

当本人不主张享有因为管理所得利益时，本人就不负有偿还管理人必要支出费用的义务。但是当本人客观上实际享有管理利益时，即使本人不想受领这个利益，但依据不当得利的规定，本人仍须支付管理人的必要支出费用。至于本人因为管理行为所受的损失，仍按比较特殊的侵权行为来处理。

4. 准无因管理

（1）准无因管理的含义。所谓准无因管理是指没有法定或约定的义务，并不是为他人利益而对他人事务进行的管理，也就是有学者所说的不真正无因管理。

对于将管理他人事务的行为划分为真正无因管理和不真正无因管理的做法，理论界有不同看法。"在学说上，关于准无因管理，存在肯定与否定两说，迄今并未形成其通说。"❶ 笔者认为，不应存在真正无因管理和不真正无因管理的说法，但大部分学者都对这种划分持赞成态度。

由于准无因管理缺乏"为他人利益而管理"这个无因管理的重要构成要件，因而与无因管理有着根本的、明显的区别，所以自然不成立无因管理，也必然不会发生无因管理的法律效力，其本人与管理人之间的法律关系应以侵权行为或不当得利的规定来确定。

但是，在某些特殊情况下，如果按照侵权或不当得利等制度仍然无法充分保护权利人的利益，无法为权利人提供足够救济，此时尽管管理行为不具有为他人利益而管理的意思，即该管理行为不是无因管理，但也可以借用无因管理制度中关于返还所管理财产及所得利益的内容，赋予权利人享有请求合理的管理费用或相关利益偿

---

❶ 陈华彬：《债法各论》，中国法制出版社2014年版，第258页。

还请求权，如此一来便能够较好地平衡权利人之间的相关权益。

"准无因管理"也就是指"可以作为无因管理看待的"管理行为，但实际上"不真正无因管理"与无因管理的意思相去甚远，它甚至还远远不如"不适法的无因管理"和"不正当的无因管理"更接近无因管理。所以把"不真正无因管理"作为准无因管理有特定的含义，它是指管理人为了自己的利益，在误将他人事务认为是自己的事务的情形（误信管理）或者是明知是他人事务，却故意当成自己的事务而加以管理的情形（不法管理）下，为了弥补侵权、不当得利救济的不足，而准用无因管理，以便让侵害人吐出其全部得利，为受害人提供更全面的救济。所以，准无因管理制度有其存在的现实意义。

（2）准无因管理的分类。史尚宽先生把准无因管理划分为恶意不真正无因管理和善意不真正无因管理。❶ 但目前理论界通行的说法，是把准因管理划分为误信管理和不法管理。本书采后一种分类方法。

①误信管理。误信管理是指误将他人事务认为是自己的事务，为了自己的利益而对该事务进行的管理。例如，甲误以为乙的债务是自己的债务而进行清偿；再如，丙误认为丁所有的汽车为自己继承的遗产，先对该车加以钣金，再出售给了善意的戊等。

由于误信管理不是无因管理，因而在误信管理情况下，即使管理人是善意，也不能准用无因管理的有关规定。管理人与本人之间的关系应依不当得利的规定进行确定。上述两例中，乙因甲的清偿而获得的利益、丙因出售汽车获得的利益、丁因丙给车加以钣金所获得的利益，都应依不当得利的规定负返还义务，而相对方可依不当得利的规定享有请求返还利益的权利。管理人在管理过程中存在过失时，还应依侵权行为的规定负损害赔偿责任。

"例外的情形是，如果本人就此项事务管理对管理人主张无因管

---

❶ 史尚宽：《债法总论》，中国政法大学出版社2000年版，第69页。

理的债权，则双方利益关系的调整应依无因管理的规定进行。"❶ 此时尽管该管理行为不符合无因管理的构成要件，不成立无因管理，但是由于此时本人如果依据不当得利请求管理人返还管理利益，那么他仅能就自己实际所受损害进行主张，对于因误信管理所产生的高于本人实际损害利益以上的利益，本人则无权请求返还。所以，该种情况下如果准用无因管理，那么管理人需将误信管理所得全部利益返还本人，这样更符合公平原则。前例丙误认为丁所有的汽车为自己继承的遗产的情况，本来该车价值20万，经丙对其加以钣金，价值达到30万出售。若丁依不当得利请求返还，仅能要求丙返还20万，而准用无因管理的规定，则丁可获得因管理所产生的30万元。

②不法管理。所谓不法管理是指管理人为了自己的利益，在明知是他人事务的情况下，却仍然故意当成自己的事务加以管理。不法管理是一种为了自己的利益，故意干预他人事务的行为，其性质是极为恶劣的。这也就是史尚宽先生所指的恶意不真正无因管理。在不法管理情况下，管理人与本人之间的关系需依侵权行为或不当得利的规定来确定。

需注意，不法管理"仅就客观的他人之事务而言，而就主观的他人之事务，则观念上本身矛盾，罕有成立可能"。❷ 同误信管理例外的情形类似，当不法管理所得利益大于本人所受损害利益时，如何规范不法管理所产生的超过本人所受损害利益的那部分利益的归属？因为无论是依侵权行为还是依不当得利的规定，对于不法管理所产生的高于本人所受损害利益以上的利益，本人都无权请求赔偿或返还。此问题也同上文"'好心'但违反本人意思的管理的后果"中涉及的问题类似。我们可得出结论，在这种情况下也应类推适用无因管理的规定，由本人享有因管理所产生的全部利益。这也是

---

❶　王利明主编：《中国民法典学者建议稿及立法理由 债法总则编 合同编》，法律出版社2005年版，第34页。

❷　史尚宽：《债法总论》，中国政法大学出版社2000年版，第69页。

"准无因管理"名称的由来。

对以上问题我国台湾地区的"立法"理由这样写道:"然而,本人依侵权行为或不当得利之规定,请求赔偿损害或返还利益时,其请求之范围却不及于管理人因管理行为所获致之利益;如此不啻承认管理人得保有不法管理所得之利益,显与正义有违。因此宜使不法之管理准用适法无因管理之规定,使不法管理所生之利益仍归诸本人享有,庶能除去经济上之诱因而减少不法管理之发生。"❶ 例如,甲借用好友乙的汽车使用,遇到一买主提出以价格 30 万元购买此车,而该车当时的价值是 20 万元。甲认为如果此交易做成,可用其中 20 万元再给乙购买一辆同样类型的汽车,自己另外还能赚 10 万元,于是欣然同意成交。此例中,无论是依侵权损害赔偿还是依不当得利的规定,乙都只能请求甲赔偿或返还 20 万元,对于超过部分,则不能请求。这显然既不合常理,也违反法律的精神。如果类推适用无因管理的规定,乙就可获得因管理所产生的全部价款 30 万元,这样较为妥当。

(3)对准无因管理制度的评析。世界许多国家和地区都规定了准无因管理制度。这一制度最主要的功能就是有效解决侵权人利得的吐出问题。

在大陆法系国家和地区,《德国民法典》明确规定了准无因管理制度,规定了准用无因管理的情形。我国台湾地区的"民法"也有类似的规定。正如有学者所说,"准无因管理制度在不少大陆法国家存在的一个重要原因在于:人们可以准用无因管理的原理来解决侵权人利得的吐出问题。"❷ 但值得注意的是,《日本民法典》却并无准无因管理的规定,其反而强调"无论何者,均以本人遭受的损害为其限度"❸。我国大陆的相关法律也没有规定准无因管理。

在英美法上,虽然没有类似大陆法系无因管理的概念,但是在

---

❶ 黄立:《民法债编总论》,中国政法大学出版社 2002 年版,第 183 页注释 [27]。
❷ 赵廉慧:《作为民事救济手段的无因管理》,载《法学论坛》2010 年第 2 期。
❸ 陈华彬:《债法各论》,中国法制出版社 2014 年版,第 258 页。

审判实践中，当法院依照返还法的规定支持原告返还请求权时，它会判定被告把自己的获利全部返还给原告。而当法院依照损害赔偿法的规定支持原告损害赔偿请求权的时候，它会判定被告赔偿原告的全部损失。如此可以说，在英美法的返还法当中，也包含了大陆法系无因管理制度中所蕴含的让侵权人吐出利得的法律救济理念。❶

笔者虽不赞成真正无因管理和不真正无因管理的说法及此种划分，但对于准用无因管理的原理来解决侵权人利得的吐出问题则持赞成态度。多设计一种侵权救济渠道，对当今社会实践中出现的问题的解决只有好处没有坏处。所以，在我国制定民法典的大背景下，我们应该辩证吸收世界发达国家的一些做法，并结合我国实际情况，将准无因管理制度纳入到我们的民法典中。

（二）无因管理分类的尝试

在全面了解了管理他人事务行为的分类之后，我们再来对无因管理进行分类。

1. 正常无因管理与紧急无因管理

所谓正常无因管理，是指在正常状态下的无因管理。所谓紧急无因管理是指，"为避免他人的身体（也包含生命）、名誉、财产遭受急迫的危害而进行无因管理"❷ 的行为，也就是我们通常所说的见义勇为行为。

此种分类是以无因管理事务的情形是否紧急为标准对无因管理进行的分类。区分正常无因管理与紧急无因管理的法律意义在于：法律对管理人在事务管理中的注意义务程度有不同要求。

在正常无因管理中，管理人需尽符合通常无因管理要求的注意义务。而在紧急无因管理的情形中，管理人的注意义务应予减轻。❸更有学者认为，管理人所管理的事务如果是处于紧迫状态，不迅速

---

❶ 赵廉慧：《作为民事救济手段的无因管理》，载《法学论坛》2010 年第 2 期。

❷ 陈华彬：《债法各论》，中国法制出版社 2014 年版，第 234 页。

❸ 陈华彬：《债法各论》，中国法制出版社 2014 年版，第 234 页。

处理就会使本人遭受损失时，除有恶意或者重大过失外，对于管理人不适当管理带来的损害，管理人不应承担责任。❶

我国有学者强调，如果管理行为为了避免本人生命、健康或者财产上的紧急危险已符合紧急避险的要件要求，则管理人的管理行为就因此而具备违法阻却事由，不论管理人就损害的发生有无故意，均应为免责。❷《德国民法典》第 680 条就明确规定："为免除本人的急迫危险而管理事务的，事务管理人仅在有故意或者重大过失时，始负责任。"我国台湾地区的"民法典"第 175 条规定："管理人为免除本人之生命身体或财产上之急迫危险，而为事务之管理者，对于因其管理所生之损害，除有恶意或重大过失者外，不负赔偿之责。"《日本民法典》第 698 条、《瑞士债务法》第 420 条也都有类似的规定。

有关紧急无因管理即见义勇为的内容，本书还要设专章进行阐述，此不多赘言。

2. 适当的无因管理与不适当的无因管理

所谓适当的无因管理，是指管理人管理事务的方法符合本人的管理要求和社会常识的无因管理。所谓不适当的无因管理，是指管理人管理事务的方法违反本人的管理要求和社会常识的无因管理。

这是以管理人管理方法是否适当为标准对无因管理进行的分类。区分适当无因管理与不适当无因管理的法律意义在于：管理人对于因管理造成的损害后果所负的责任不同。如果管理人的管理造成了不利于本人的后果，即给本人带来了损害，适当无因管理的管理人所负责任要轻于不适当无因管理的管理人所负责任。

3. 一般无因管理与特殊无因管理

所谓一般无因管理，是指不必对管理人给予表彰和奖励，只赋

---

❶ 魏振瀛主编：《民法》（第三版），北京大学出版社、高等教育出版社 2007 年版，第 590 页。

❷ 王利明主编：《中国民法典学者建议稿及立法理由》（债法总则编、合同编），法律出版社 2005 年版，第 31 页。

予管理人请求本人偿还管理费用权利的无因管理。所谓特殊的无因管理，是指应当受到表彰和奖励的无因管理。在这类无因管理中，管理人不仅有接受表彰和奖励的权利，而且享有请求本人或有关单位予以表彰和奖励的权利。

这是以是否应受到表彰和奖励为标准对无因管理进行的分类。区分一般的无因管理与特殊的无因管理的法律意义在于：管理享有的权利范围不同。例如，紧急无因管理大多是一种特殊的无因管理，管理人应该受到表彰和奖励。

第八章 | 见义勇为

　　见义勇为历来是为社会所推崇和颂扬的行为，是一个社会成员素质的直接体现，也是一个社会进步与文明程度的直接体现。具有悠久文明历史的中华民族具有见义勇为的传统美德，尤其是在践行社会主义核心价值观和依法治国的新时代，大力倡导和鼓励见义勇为也成为法律的应有之意。为此，构建见义勇为法律制度，强化对见义勇为者的法律救济保障，就具有很强的现实意义。

　　但是，在我国关于见义勇为的法学研究并不多见，见义勇为也没有成为一个专门的法律概念，其在立法上还存在着许多空白，在社会实践中也产生了诸如"英雄流血又流泪"的许多问题，这与见义勇为行为在一个国家中应有的地位很不相称。因为"只有当一个国家拥有健全的法律保障制度与社会保障机制，二者相辅相成，缺一不可，才能将见义勇为此种道德意义上的个人行为转化为持久的社会道德风尚"❶。所以，在法学领域大力开展见义勇为的研究，进行相关法律制度的构建，就显得尤为必要。

---

　　❶ 赵春燕：《国内外关于见义勇为行为之立法比较》，载《湖北广播电视大学学报》2014 年第 2 期。

一、见义勇为的含义

（一）见义勇为的概念

见义勇为一词最早见于《论语·为政》："见义不为，无勇也。"后见于《宋史·欧阳修传》："天资刚劲，见义勇为。"

目前，我国关于见义勇为主要遵循的是有关国家部门和地方出台的法规政策。近年来，我们国家有关部门和许多地方根据社会实践的需要，在鼓励见义勇为行为、保护和表彰见义勇为人员方面陆续出台了一些法规政策，对有关见义勇为的含义进行了界定。例如，2012年民政部等七部门联合发布的《关于加强见义勇为人员权益保护的意见》中明确规定："国家对公民在法定职责、法定义务之外，为保护国家利益、社会公共利益和他人的人身、财产安全挺身而出的见义勇为行为，依法予以保护，对见义勇为人员的合法权益，依法予以保障，对见义勇为人员及其家庭的生活困难给予必要帮扶。"天津市于2002年颁布的《天津市见义勇为人员奖励和保护条例》规定："本条例所称见义勇为是指公民为保护国家、集体的利益和他人的人身、财产安全，不顾个人安危，同违法犯罪行为作斗争或者抢险、救灾、救人的行为。公民在履行法定职责或者约定义务时的行为，不适用本条例。"

顾名思义，见义勇为是指见到合乎正义的事就勇敢地去做。构成这一行为的基本前提要件应是行为人没有法定或约定的义务，且是在紧急情形下行为人为了他人的利益实施的危难救助行为。基于此，我们对见义勇为进行如下定义：

所谓见义勇为，是指没有法定或约定的义务，在紧急状况下，为避免国家、集体、社会公共利益或者他人的人身、财产或其他权利遭受侵害，所实施的积极救助行为。实施救助的行为人称为救助人，被救助的人称为受助人。

需强调的是，见义勇为根据具体的实施情节、对社会的贡献、避免损害的大小等综合因素，可以分为程度不同的多种见义勇为，尽管有些见义勇为程度可能较低，但只要符合见义勇为的构成要件，就应认定为见义勇为，而不能以救助人利益损害程度大小为标准。

（二）见义勇为与无因管理的关系

从见义勇为的定义中我们可以看出，见义勇为是对他人事务的一种管理，自救行为不属于见义勇为，并且这种对他人事务的管理是没有法定或约定的义务，即见义勇为行为既不属于职务行为，也不属于合同行为；既不属于法律规定的义务，也不属于合同约定的义务，纯粹是行为人的一种自发行为。并且该种行为的实施也不违反本人的意思且管理事务客观上也会有利于本人。我们经常听到或看到某个警察或者保安忠于职责、勇斗歹徒，甚至为此献出了宝贵生命的感人事迹，尽管这种恪尽职守、舍己为人的高尚情操值得大力倡导，但该种行为本身却并不能界定为见义勇为。

见义勇为行为完全符合无因管理行为的构成要件，毫无疑问它是无因管理行为的一种。见义勇为与无因管理相比，它属于一个下位的概念，而无因管理则属于一个上位的概念。我国有学者认为，见义勇为与无因管理的联系表现在：见义勇为包含在无因管理之中，见义勇为是无因管理的一种特殊情形，见义勇为的外延要小于无因管理。❶ 笔者赞同此观点。

但是，由于见义勇为行为针对的往往是本人或其财产处于情势危险的状况，而且实施该救助行为一般都具有不同程度的人身损害危险，行为人往往会因其行为而损害自身健康甚至献出生命，所以它又是一种较为特殊的无因管理，也被称为紧急无因管理。

我国有学者认为："根据我国《民法通则》规定，无因管理只是为避免他人利益受损失而进行管理或服务的行为。但是见义勇为，不仅是为了他人利益，而且还包括为维护社会公共利益而自愿进行

---

❶ 叶知年：《无因管理制度研究》，法律出版社 2015 年版，第 127 页。

的行为。"❶ 即见义勇为的适用范围要比无因管理的适用范围大。笔者不赞同这种说法。诚然，两者适用的范围的确不同，但无因管理的适用范围大于见义勇为，且我国《民法通则》和《民法总则》中规定的"他人"，也绝不是仅指单个自然人，它应也包括国家、集体在内的法人和其他组织。

需强调的是，将见义勇为纳入无因管理体系，并不会降低对见义勇为行为的保护力度；相反，通过对包括见义勇为（紧急无因管理）在内的无因管理制度的重新建构，能够从多种角度进一步加大对见义勇为行为的保护力度。

（三）见义勇为的特征

见义勇为是无因管理的一种，具备无因管理的一般特征，同时见义勇为又是一种特殊的无因管理，相对于正常无因管理被称为紧急无因管理，所以它还具有自己的特征，主要有：

1. 见义勇为的救助人是自然人

见义勇为往往是面对紧急状况下的突发事件而发生的管理行为，且是在没有法定或约定义务情况下所为，所以其行为主体就仅限于自然人，法人或其他组织则不能成为见义勇为的主体。同时，对于救助人是否为完全民事行为能力人，同正常无因管理一样法律不做要求，但出于对未成年人保护的需要，法律不提倡无民事行为能力人或限制民事行为能力人实施见义勇为行为。

2. 见义勇为是紧急状态下的危难救助行为

见义勇为行为是在紧急状态下做出的一种行为。紧急状态是指具有急迫性的情势，情况非常紧急。例如，受害人正在遭受抢劫或暴力侵害、当事人正在溺水等，在这种情况下，被救助人处于危难状态，如果不及时实施救助，将会产生严重后果。而且这种危难通常是一种比较重大、普通人一般难以自我克服需要他人救助的情形，

---

❶ 徐武生、靳宝兰主编：《民法学》，中国人民公安大学出版社 1997 年版，第 548 页。

例如出面制止暴力侵害行为、跳入水中对溺水者实施急救等。

例如，我国首例公民为确认见义勇为行为对公安机关提起行政诉讼一案中，任建平实施的就是紧急状态下的危难救助行为。2003年8月福建南平市任建平在河里救人，对于刚学游泳、水性一般的女游泳者金女士来说，如果当时没有任建平将她托到能够站住的地方，后果很难设想。有目击证人说，当时如果没有任建平救助，金女士很可能就出事了。此时对于女游泳者来说，她当时就是处于一种"紧急状态"中。

3. 见义勇为是救助人不顾自己安危而实施的救助行为

见义勇为是在紧急状况下，为避免正在发生的侵害（包括人为侵害和自然侵害）而实施的一种阻止侵害发生的行为。在这种救助行为的实施过程中，救助人通常会面临巨大的危险，甚至是要付出自己生命的代价，而救助人往往是明知这种危险的存在，却仍然不顾自己的安危积极实施救助行为。这也是见义勇为中"勇"字的含义所在，是见义勇为者最主要的主观特征。

如何界定"救助人不顾自己安危"，直接关系到见义勇为能否成立。由于见义勇为行为的特殊性，就决定了在具体界定"救助人不顾自己安危"问题时，对救助人不能过于苛刻。只要救助人同违法犯罪行为进行过斗争或者救助人实施了抢险救难、合乎社会正义的危难救助行为，就完全可以认定救助人是符合不顾个人安危特征的。绝对不能把"救助人不顾自己安危"理解为，救助人发现违法犯罪行为或自然灾害时必须不顾个人安危或者是救助人必须实际地面对巨大危险而去实施救助行为。[1] 上文所谈到的任建平救人一案中，尽管当时任建平可能水性很好，救助女游泳者对他来说可能不会存在实际上的巨大危险，但仍应界定为符合"救助人不顾自己安危"。因为对于主动帮助他人排除危险的救助人来说，无论从哪一个角度讲，我们都不应该施加过高的、严苛的要求。

---

[1] 叶知年：《无因管理制度研究》，法律出版社 2015 年版，第 126 页。

4. 见义勇为是救助人因施救造成受助人损害而不承担责任的行为

见义勇为是救助人在危机时刻，冒着巨大的危险实施的救助他人的行为，符合正义原则。由于救助者是出于善意，是一种"义"举，所以即使其实施的救助方式选择不当、力度把握不当等而有一定的过失，造成受助人损害的，也不应该承担责任。这是对见义勇为中救助人注意义务的减轻，对此我国《民法总则》第184条专门规定："因自愿实施紧急救助行为造成受助人损害的，救助人不承担民事责任。"

这是法律为了促进助人为乐、匡扶社会正义而鼓励人们在他人处于危难之时伸出援手积极救助，而不必担心因施救而造成受助人损害，需承担不利后果。即在见义勇为中，救助人无须瞻前顾后、畏手畏脚，可以大胆实施救助行为。这既体现了见义勇为的特殊性，也是见义勇为作为一种特殊的无因管理（紧急无因管理），与正常状态下的无因管理的一个重要区别。

5. 见义勇为是一种应该受到表彰和奖励的行为

见义勇为属于一种特殊的无因管理，与正常状态下的无因管理还不一样，它属于一种更加高尚的道德行为，是全社会需要大力倡导的行为，理应得到法律的积极评价和肯定，理应受到表彰和奖励。见义勇为的行为已经超出了法律作为一般行为规则的要求标准，是一种较高的道德准则，因而在法律上建立对见义勇为行为必要的表彰和奖励制度具有重要的现实意义。当然，这种表彰和奖励既包括精神层面的，也包括物质层面的即包括一定的物质奖励。❶ 需要特别指出的是，只要是见义勇为行为，即使有些程度较低，也都应受到相应的表彰和奖励。

---

❶ 徐武生、靳宝兰主编：《民法学》，中国人民公安大学出版社1997年版，第547页。

二、见义勇为的构成要件

见义勇为属于无因管理的一种，所以它的构成首先要满足无因管理的构成要件，即管理人须是管理他人的事务、须是没有法定或约定义务、管理人须是为他人利益而管理、"不违反本人意思"且管理事务利于本人。同时，见义勇为又是较为特殊的无因管理，是紧急无因管理，所以它又有自己特有的构成要件，主要有：

（一）救助行为是在"情势紧急状态"下实施的行为

见义勇为属于紧急无因管理，救助人实施的救助行为是在面对一种急迫状态情形下实施的行为，该救助行为如果不迅速及时实施，国家、集体、社会公共利益或者他人的人身、财产或其他权利就会即刻遭受侵害，或者所遭受的侵害正在发生，如果不迅速实施救助行为，该侵害会进一步加大。所以，救助人实施的救助行为是一种危难救助行为，是在情势紧急状态下实施的行为。

"情势紧急状态"是见义勇为实施的基本前提条件，是见义勇为得以成立的基础，不具备"情势紧急状态"这个前提实施的任何行为都不是见义勇为行为，至多是一种正常的无因管理。

（二）救助人通常会承受一定的人身损害危险

在见义勇为的行为中，救助人实施的救助行为，由于是在情势急迫下的危难救助，都是在紧急、危难的情形中进行的，都是为了使受害人避免正在遭受的侵害，及时把受害人从正在遭受的侵害中拯救出来，或者说是为了受害人的利益而及时制止侵害行为的发生而实施的对受害人事务的管理行为，所以通常救助人都会面临一定的人身损害甚至是生命的危险，这与正常无因管理、通常情况的助人为乐相比会冒更大的风险，付出的代价也会更大，因此见义勇为与无因管理、通常情况的助人为乐有着根本区别。

"承受一定的人身损害危险"，是见义勇为行为对外呈现的一种显著表象，是见义勇为行为所具备的基本特征，这也是界定见义勇为行为的重要依据，从而成为见义勇为的重要构成要件。

（三）救助人不顾个人安危实施救助行为

在见义勇为行为中，救助人通常会面临一定的人身损害甚至是生命危险，但是，救助人在明知存在这种严重后果的情况下，却依然为了国家、集体、社会公共利益或者他人的人身、财产或其他权利免遭侵害，而积极主动地在情势紧急状态下去实施救助行为。很多情况下，救助人都将个人利益甚至是生死置之度外，全然不顾个人安危，集中体现了舍己为人、舍生取义的价值追求。所以，与正常无因管理、通常情况的助人为乐相比，见义勇为是更高道德水准的体现。

"不顾个人安危实施救助行为"，是行为人主观动态的一种生动展现，是最能体现见义勇为价值的一项内容，是见义勇为行为的核心要义，是见义勇为中"勇"字的最生动诠释，是界定见义勇为行为的主要指标和要件。

三、见义勇为者（救助人）的权利

见义勇为的法律效力，是指在见义勇为法律关系中，相关各方当事人之间的权利义务关系。通常情况下的正常无因管理只有管理人和受益人两种主体，而见义勇为除自然原因引起的险情外，大多数是因人为侵害而发生的险情，此时，存在三方主体甚至是四方主体的情况，因而债权债务关系较为复杂。

在我国社会实践中，由于种种原因，见义勇为者的权益往往得不到及时有效的保障，这种情况有违法律公平正义之精神，也不利于弘扬人类互帮互助的道德风尚。所以为了加强对见义勇为者的保护，现专门阐述在见义勇为法律关系中，见义勇为者即救助人所应享有的权利。

由于见义勇为是无因管理的一种，所以见义勇为者（救助人）首先享有正常无因管理中管理人对本人的必要管理费用偿还请求权、必要债务清偿请求权等权利。同时，因为见义勇为是一种特殊的无因管理，所以见义勇为者（救助人）还享有正常无因管理中管理人所无法享有的一些权利，这些权利主要有以下几种：

（一）对侵害人的损害赔偿请求权

在见义勇为过程中，救助人可能会受到来自侵害人或自然界的人身损害或财产损害。如果在见义勇为行为实施过程中存在侵害人，则侵害人对救助人实施的侵害行为为直接侵权行为，该侵权行为直接导致在救助人与侵害人之间产生侵权之债，即侵害人对救助人负有损害赔偿的义务，救助人对侵害人享有因侵权造成的损害赔偿请求权。这是在见义勇为法律关系中，救助人享有的最基本权利。

（二）对受助人的补偿请求权

在见义勇为过程中，如果不存在侵害人或者侵害人没有能力承担损害赔偿责任，救助人因实施见义勇为行为而遭受损害请求受助人补偿的，受助人应当给予补偿。在侵害人逃逸的情形中，如果救助人请求受助人补偿的，受助人应该先给予救助人相应补偿，然后再向侵害人追偿。我国《民法总则》第183条规定："因保护他人民事权益使自己受到损害的，由侵权人承担民事责任，受益人可以给予适当补偿。没有侵权人、侵权人逃逸或者无力承担民事责任，受害人请求补偿的，受益人应当给予适当补偿。"

（三）对国家的损害补偿请求权

见义勇为行为属于一种公共救助活动，维护的是社会公共秩序，对整个社会良好风俗习惯和道德风尚的养成有重要意义。负有公共救助义务、维护公共秩序责任的国家理应承担救助人相关损害补偿费用，特别是在侵害人、受助人无法确定或他们没有能力提供补偿时，国家的补偿更显必要。

由于种种原因，我们国家法律一直没有赋予见义勇为者对国家的损害补偿请求权，相关领域的立法也处于空白状态，引发了许多问题。国外许多国家都赋予见义勇为的救助人对国家的损害补偿请求权，借鉴国外的做法，结合我国的实际，法律应该赋予见义勇为的救助人保障性权利，从而既能体现国家和社会对因见义勇为遭受损害的救助者的关怀和温暖，同时也能避免引发其他问题。

（四）奖励请求权

前文已谈到，在正常无因管理中，管理人应享有有条件的报酬请求权，见义勇为作为无因管理的一种，当然也享有这种有条件的报酬请求权。除此以外，作为一种特殊的无因管理，见义勇为是一种更加应该受到表彰和奖励的行为，所以应该赋予救助人奖励请求权，以此表彰和鼓励救助人的救助行为。这种奖励不仅包括精神上的，也包括物质上的。当然，这里所说的"表彰和物质奖励"同"报酬"的含义是不同的。但是，由于见义勇为是一种更高层次的无因管理，救助人理应在享有报酬请求权的基础上，再享有表彰或奖励（含物质的）请求权。

（五）免责权

见义勇为行为是救助人冒着巨大的危险实施的救助他人的行为，符合正义原则。因此，法律赋予救助人即使救助的方式方法选择不当、力度掌握不合适而有一定的过失，造成受助人损害也不需承担不利后果责任的权利。在这种情况下，救助人不仅是对受助人享有此项权利，对侵害人造成损害也不承担责任。这是由见义勇为（紧急无因管理）的特性所决定的，是由见义勇为者（救助人）在管理（救助）他人事务的过程中，注意义务的减轻甚至免除所决定的。我国《民法总则》第184条规定："因自愿实施紧急救助行为造成受助人损害的，救助人不承担民事责任。"

同理，见义勇为行为的认定也不依救助方式是否恰当为依据，其法理依据仍然是管理事务（救助行为）的方法与管理事务（救助行为）的承担的区别。2018年，最高人民法院院长周强在十三届全国人大第一次会议上所作的报告中提到的"朱振彪追赶交通肇事逃逸者案"，就是一个这样的典型案例。

在该案中，尽管朱振彪在追赶交通肇事逃逸者过程中，语言有不文明的情况，对交通肇事逃逸者所说信息有不准确的现象，并且交通肇事逃逸者迫于追赶压力自杀身亡，但法院仍认定：朱振彪作为普通公民，挺身而出，制止正在发生的违法行为，其行为本身不具有违法性，属于见义勇为行为，应予以支持和鼓励。正如周强在报告中所说："让维护法律和公共利益的行为受到鼓励……让见义勇为者敢为，以公正裁判树立行为规则，引领社会风尚。"

四、国外有关国家的见义勇为制度

国外有关国家在见义勇为法律制度建设方面取得了许多成果，为社会治理和全面发展营造了良好环境和氛围。为了更好地吸收借鉴这些国家的做法，现对国外有关国家在见义勇为制度建设方面的做法进行简要介绍。

（一）大陆法系有关国家的见义勇为制度

1. 日本法

日本法上关于见义勇为的内容，是以紧急无因管理的形式进行规定的，同时辅以公法以弥补私法救济的不足，对救助人人身损害进行救济。也就是说，在日本法上，首先要将见义勇为制度明确地作为无因管理制度的一个组成部分，同时为切实保障救助人的权益而辅之以公法救济，即公法、私法双管齐下对见义勇为法律制度进行设计构建。

日本民法典第698条规定："管理人为避免对本人身体、名誉或财产的急迫危害而管理其事务时，除非有恶意或重大过失，不负因此而产生损害的赔偿责任"，"紧急无因管理除了赔偿责任降低之外，其他的法律构造都要回归到一般无因管理"。❶ 即在见义勇为行为中，如果救助人的财产遭受损害，就以一般无因管理制度进行救济；如果救助人的人身遭受损害，通过公法制度对其进行补偿与救济。

---

❶ 章程：《见义勇为的民事责任》，载《华东政法大学学报》2014年第4期。

这是因为，像见义勇为这样的救助活动，其本质属于对社会整体公共秩序的维护，而这样的责任理应由国家负责。国家通过制定完善相关的社会公共救助制度体系，赋予国家有关部门，例如公安、消防等公法上的救助义务，由这些部门代表国家成为社会公共秩序维护、公共利益救助的第一责任人。当普通人承担了本该属于公安、消防等部门的责任，帮助这些部门管理维护了社会公共秩序后，对其因该管理造成的损失，通过公法层面的补偿制度来对其进行救济。❶

日本专门制定《警察职务协力援助者灾害给付法》和《海警职务协力援助者灾害给付法》，对于杀人、抢劫、盗窃等侵害生命、身体、财产的现行犯，在普通警察和海警不在场时，一般普通人对受害人如果实施救助，则对该一般普通人因此所受损害进行补偿。对因水灾、山难、交通事故等事故陷于或即将有生命危险之人，不顾自身危险，并非基于职务进行人命救助者进行补偿，从而为见义勇为者提供周到的救济与保障。

2. 法国法

为了切实保障见义勇为者（救助人）的权益，法国法通过刑事与民事法律并举的方式来构建见义勇为制度。

第一部规定救助义务的法国刑法是《1941 年 10 月 25 日法律》；后来的《1945 年 7 月 25 日法律》继承了相关规定并进行了一些补充；1992 年的《法国刑法典》对相关内容予以继受，只是在形式上进行了一些调整；现行《法国刑法典》规定了三种法定救助义务，如果不履行这些义务将构成犯罪，即不制止犯罪罪、见危不救罪和不抗灾罪。

在民法上，法国法规定凡是符合救助条件的人如果拒不救助，则构成侵权，对受害人应承担损害赔偿责任。如果救助行为发生在施救过程中，救助者因实施救助行为而使自身受到损害的，其可以

----

❶ 章程：《见义勇为的民事责任》，载《华东政法大学学报》2014 年第 4 期。

向被救助者请求赔偿；救助者实施救助活动纵使未成功，但自身还是遭受损害时，其仍然可以向被救助者请求损害赔偿；倘若危难事件是由第三人导致的，则救助者可以请求第三人承担侵权责任。

法国法设定的适用于所有公民的救助义务，一方面强调了人类社会中主体所应该遵循的道德行为规范，另一方面也并没有强制社会主体必须去做危及自身安全的英雄壮举，同时也对见义勇为者即救助人提供多种救济途径，以免除其因实施见义勇为所带来的一系列麻烦的顾虑和担忧。❶

3. 德国法

与法国法相似，德国法也是通过刑事与民事法律并举的方式来构建见义勇为制度的。

早在 1794 年的《普鲁士普通邦法》中，就规定了以现金奖励拯救他人生命的情况，这笔金钱由政府资金和基金会的捐赠来支付。1871 年德国的《刑法典》第 360 条规定，虽然没有应警察的要求协助处理紧急情况，但是此时如果公民没有什么作为就属于犯罪。现行《德国刑法典》规定，对于有能力实施救助意外事故或公共危险的，在紧急时刻而不实施救助的，处 1 年以下自由刑或者并处罚金。需注意的是，在德国刑法上，违反救助义务并没有划归到"侵害公民人身健康类犯罪"中，而是归入到了"危害公共安全的犯罪"中。❷

在民事法律方面，《德国民法典》赋予了管理者即救助人对造成扩大损失的抗辩权利以及向被管理者请求偿还必要费用的权利。❸ 为了切实保障救助人的权益，德国法还专门通过判例扩张解释了救助人请求权中"费用"的含义，解决了救助人的损害赔偿难题。

---

❶ 叶名怡：《法国法上的见义勇为》，载《华东政法大学学报》2014 年第 4 期。

❷ 郭慧：《见义勇为者权益保护之理论评析》，载《长江大学学报（社科版）》2015 年第 12 期。

❸ 赵春燕：《国内外关于见义勇为行为之立法比较》，载《湖北广播电视大学学报》2014 年第 2 期。

《德国民法典》还规定，在救助过程中，对于救助人只有在其故意和重大过失的情况出现时才能对其追责，其他情况即使因管理造成了一定损害后果，也不予追究责任，以此来保障救助人不会因实施管理而"惹祸上身"。同时，《德国民法典》还规定公民有提供急救的义务，如果公民"无视提供协助的责任"，则属于违法行为；但是，如果因为善意救助而造成了损害，则救助人可以免责。❶

需强调的是，德国的见义勇为法还规定了在紧急情况需求下，权益受到损害的被害人或救助者都享有先从国家获得一定补偿的权利。❷

（二）英美法系有关国家的见义勇为制度

正如前文所言，尽管英美法排斥无因管理，甚至不惜制定"禁止好管闲事原则"，但英美法同样承认紧急情况下的救助，即"必要时的代理"，这集中体现在《好撒玛利亚人法》即《见义勇为法》中。"所以，英美法所达到的目的，虽然往往经过若干周折，但它与直接建立在罗马法上面的大陆法，相互间的距离，却并不十分遥远。"❸

1. 英国法

英国的法律最初是不鼓励社会成员对需要救助的人进行救助的，不仅如此，它还制定了相关的制度对救助行为进行限制。但是在紧急情况下，即在他人人身安全遭受危险的情况下，英国法仍然鼓励人们之间的救助行为，允许提供劳务的一方有权请求受益人对其给予补偿。英国的法官说，不存在强迫某人对为其利益而必须支出的

---

❶ 郭慧：《见义勇为者权益保护之理论评析》，载《长江大学学报（社科版）》2015年第12期。

❷ 赵春燕：《国内外关于见义勇为行为之立法比较》，载《湖北广播电视大学学报》2014年第2期。

❸ ［美］阿瑟·库恩：《英美法原理》，陈朝璧译注，法律出版社2002年版，第215页。

费用进行偿付的法律原则，只是在他人人身遭受危险的情况下，为保护他人人身才有介入他人事务的必要。[1]

在紧急情况下鼓励人们之间的救助行为的标志性事件是英国上诉法院确认了该项原则。1935年，英国上诉法院认为在紧急救援活动中，如果救援人员由于自己的疏忽而遭受到危险的威胁，而该面临危险的救援人员又被他人救出，同时该他人却为此受到损害的，前者要赔偿后者因此遭受的损害，由此形成了英国鼓励和表彰救助他人行为的司法政策。这是英国上诉法院首次确认了在紧急情况下，管理者即救助人如果因其管理行为遭受损害，那么他可以从被救者处获得赔偿的原则。

英国上诉法院确认的该项原则在鼓励见义勇为行为中，不仅规定赔偿救助人因救援行为遭受的物质损失，而且还规定赔偿救助人的精神损害，因为这种损害是由危险引起人引起的，理应由他们承担责任。这就是说，英国法对"违反普通法传统对救助他人的人实行了优待的政策，以消除他们的后顾之忧"[2]。

至此，英国法形成了对见义勇为行为日趋完善的保护制度。也就是说，虽然英国法坚持个人中心主义，反对随意干涉他人事务，但对于见义勇为行为还是进行了较为周到的法律保护。

2. 美国法

在美国，基于个人中心主义的理念，法律起初也是不鼓励社会成员对需要救助的人进行救助的。但是，发生在1964年的女工被杀事件中出现的无人救助、无人及时报警现象，促使人们，特别是法学家们再次对人们相互间需要救助问题进行反思，他们提出了确立对陌生人救助义务的法律问题。

随着人们对紧急情况下人类进行互助必要性认识的深化，加之学者们的不断呼吁，见义勇为开始通过立法的形式在一些州得到确

---

[1] 王利明：《债法总则研究》，中国人民大学出版社2015年版，第523页。

[2] 叶知年：《无因管理制度研究》，法律出版社2015年版，第140、141页。

认，随之多个州都开始了见义勇为的立法，一场有关见义勇为的立法运动轰轰烈烈开展起来。截至 1983 年，美国各州都制定了见义勇为法即好撒玛利亚人法，确立了对见义勇为者的制度保护，一些重要原则得以确立，例如"承认在紧急情况下的救助也可以请求支付费用""通过法律规定免除见义勇为者因为施救而造成损失的责任"❶，等等。

同时，有关见义勇为方面的内容也在刑法上体现出来，尤其是违反救助义务入刑的规定也陆续出台。截至 2009 年，在美国至少有 10 个州的刑法规定，在紧急情况下，如果有人身处危险境地，那么其他知情人负有通知执法机关或寻求帮助的义务，不履行该义务的，将会受到刑事处罚。❷ 比较典型的如明尼苏达州的法律规定，在紧急情况下，如果有人知道他人将遭受或已经遭受严重的身体伤害，那么在不会对自身或他人造成危害的前提下，该人应该向受害人提供合理的救助。❸

综合美国各个州的立法情况来看，虽然见义勇为法即好撒玛利亚人法的司法模式和具体条文不尽相同，但都无一例外地规定了见义勇为主体即好撒玛利亚人主体的适用范围、救助时承担的风险以及免责三个问题。❹ 2010 年，美国的《侵权法第三次重述：有形损害和精神损害》，又明确规定了见义勇为者的积极义务。

可以看出，同英国一样，美国的法律也在逐步转变，通过公法和私法交相作用，为见义勇为者即好撒玛利亚人提供了较为周到的法律保障。

---

❶ 王利明：《债法总则研究》，中国人民大学出版社 2015 年版，第 523 页。
❷ 叶知年：《无因管理制度研究》，法律出版社 2015 年版，第 142 页。
❸ 王利明：《债法总则研究》，中国人民大学出版社 2015 年版，第 523 页。
❹ 郭慧：《见义勇为者权益保护之理论评析》，载《长江大学学报（社科版）》2015 年第 12 期。

五、我国见义勇为制度的构建

（一）我国见义勇为制度的现状

1. 民事法律制度

我国有关见义勇为的民事法律制度集中体现在《民法通则》《侵权责任法》和《民法总则》及相关司法解释中。

（1）我国《民法通则》第109条规定："因防止、制止国家的、集体的财产或者他人的财产、人身遭受侵害而使自己受到损害的，由侵害人承担赔偿责任，受益人也可以给予适当的补偿。"

《民法通则》第109条属于第六章"民事责任"的内容，而有关无因管理的规定则是第93条的内容，而第93条是属于第五章"民事权利"的内容。由此可以看出，《民法通则》并没有把见义勇为作为无因管理的一个类型加以规定，并且第109条规定的是有明确侵害人时的责任承担，对于侵害人下落不明或无力赔偿以及没有侵权人的情形，救助人权益的保障则没有涉及，并且受益人给予的补偿用了"可以"一词，存在很大漏洞。

我国最高人民法院《关于贯彻执行〈民法通则〉若干问题的意见》第142条则进一步明确了侵害人无力赔偿或者没有侵害人的情况下，救助人因实施救助行为所遭受的损失由受益人给予适当补偿。最高人民法院《关于审理人身损害赔偿案件适用法律若干问题的解释》第15条又进一步明确了侵害人逃逸时，受益人应当给予救助人适当补偿。

（2）我国《侵权责任法》第23条规定："因防止、制止他人民事权益被侵害而使自己受到损害的，由侵权人承担责任。侵权人逃逸或者无力承担责任，被侵权人请求补偿的，受益人应当给予适当补偿。"

《侵权责任法》赋予了侵权人逃逸或者无力承担责任即有明确侵权人时救助人因实施救助行为遭受侵害所享有的请求权，但并没有规定没有侵权人时救助人所遭受的损害如何救济，也没有规定救助人责任的免除情形。

（3）我国《民法总则》第 183 条规定："因保护他人民事权益使自己受到损害的，由侵权人承担民事责任，受益人可以给予适当补偿。没有侵权人、侵权人逃逸或者无力承担民事责任，受害人请求补偿的，受益人应当给予适当补偿。"第 184 条规定："因自愿实施紧急救助行为造成受助人损害的，救助人不承担民事责任。"

与《民法通则》相同，《民法总则》第 183 条、第 184 条均属于第八章"民事责任"的内容，而有关无因管理的规定则属于第五章"民事权利"的内容。也就是说我国《民法总则》仍然没有把见义勇为作为无因管理的一个类型加以规定，更没有构建一个完整的见义勇为制度。尽管如此，但《民法总则》的相关规定弥补了前几个法律规定的不足，特别是救助人责任免除的规定，与世界上主要国家和地区对同一问题的规定相衔接，更是与以前的法律规定相比取得了重大进步。

2. 刑事法律

我国刑事法律有关见义勇为的制度主要体现在刑法关于正当防卫和紧急避险的有关规定中，其他相对少见。

我国《刑法》第 20 条规定："为了使国家、公共利益、本人或者他人的人身、财产和其他权利免受正在进行的不法侵害，而采取的制止不法侵害的行为，对不法侵害人造成损害的，属于正当防卫，不负刑事责任。正当防卫明显超过必要限度造成重大损害的，应当负刑事责任，但是应减轻或者免除处罚。对正在进行行凶、杀人、抢劫、强奸、绑架以及其他严重危及人身安全的暴力犯罪，采取防卫行为，造成不法侵害人伤亡的，不属于防卫过当，不负刑事责任。"

我国《刑法》第 21 条规定："为了使国家、公共利益、本人或者他人的人身、财产和其他权利免受正在发生的危险，不得已采取的紧急避险行为，造成损害的，不负刑事责任。紧急避险超过必要限度造成不应有的损害的，应当负刑事责任，但是应当减轻或者免除处罚。第一款中关于避免本人危险的规定，不适用于职务上、业务上负有特定责任的人。"

《刑法》关于正当防卫与紧急避险的规定，不仅是指本人利益受到侵害的情形，而且也还包括为避免国家、公共利益或他人的人身、财产或其他权利遭受侵害而实施救助的情形，特别是规定"关于避免本人危险的规定，不适用于职务上、业务上负有特定责任的人"，即规定救助人是在没有法定或约定义务的前提下实施救助行为，而这些内容正是属于见义勇为的情形，对于我们正确界定见义勇为有重要意义。

3. 部门规章和地方法规

（1）部门规章。目前，我国关于见义勇为最主要的部门规章是2012 年由民政部等七部门联合下发的《关于加强见义勇为人员权益保护的意见》。该意见共包括充分认识加强见义勇为人员权益保护的重要意义，积极完善见义勇为人员权益保护的政策措施，认真落实见义勇为伤亡人员抚恤补助政策，切实加强见义勇为人员权益保护工作的组织领导四部分内容。其中第二部分政策措施包括保障低收入见义勇为人员及其家庭的基本生活，提高见义勇为负伤人员医疗保障水平，扶持就业困难的见义勇为人员就业，加大对适龄的见义勇为人员或其子女受教育的保障力度，解决见义勇为人员家庭住房困难等。第三部分对因见义勇为死亡人员和伤残人员的抚恤补助政策进行了明确，使得相关抚恤补助更具体、更明确，更具可操作性。

这一切充分显示了我们国家对见义勇为行为的褒扬和鼓励。正如民政部副部长孙绍骋在解读该《意见》时所说："这次从国家层面出台《意见》，将有助于解决见义勇为人员及其家庭实际困难，对于进一步弘扬社会正气，倡导良好社会风尚，维护社会和谐稳定起到积极作用。"

（2）地方法规。我国各省、自治区和直辖市都出台了保护见义勇为的有关法规，包括一些条例、规定和办法。这些地方法规大都界定了见义勇为的含义，对见义勇为行为进行奖励和保护，确定了见义勇为基金及监管体制等。例如，2000 年北京市人大常委会发布《〈北京市见义勇为人员奖励和保护条例〉实施办法》，2001 年天津市人大常委会发布《天津市见义勇为人员奖励和保护条例》，2012年山东省人大常委会发布《山东省见义勇为人员奖励和保护条例》，2013 年四川省综治办、民政厅等 9 部门联合制定公布《关于加强见义勇为人员权益保护工作的实施意见》，等等。

另外，一些市县也制定了有关见义勇为奖励和保护的政策，如2010 年江苏省南京市劳动和社会保障局出台的《关于做好见义勇为受表彰人员社会保障工作的意见》，2016 年陕西省渭南市出台的《渭南市见义勇为人员认定保护管理办法（试行）》，等等。

这些地方法规，对于保护见义勇为人员的合法权益、鼓励见义勇为行为、树立良好的社会风尚等方面做出了积极贡献，但是"各个地方立法不一，并没有适用全国范围内的统一立法，救助措施也集中体现在对见义勇为者造成损害的情况下给予补偿的规定"❶。

另外，中华见义勇为基金会曾颁布《中华见义勇为基金会关于评选表彰、奖励抚恤全国见义勇为先进分子的暂行办法》和《中华见义勇为基金会及时奖励抚恤见义勇为人员暂行办法》，对见义勇为人员进行表彰、奖励、抚恤。2007 年中华见义勇为基金会新发布《关于表彰奖励全国见义勇为英雄的暂行规定》，前两个办法同时废止。

4. 相关见义勇为组织机构建设

目前，全国性的有关见义勇为工作的最主要组织是中华见义勇为基金会。该基金会是 1993 年 6 月由公安部、中宣部、中央综治委、民政部、团中央等部委联合发起成立的，由公安部主管，以发扬中华民族传统美德，弘扬社会正气，倡导见义勇为，促进社会主

---

❶ 郭慧：《见义勇为者权益保护之理论评析》，载《长江大学学报（社科版）》2015年第 12 期。

义精神文明建设，加强社会治安综合治理为宗旨；以表彰奖励见义勇为先进分子，宣传英雄人物和英雄事迹，研讨见义勇为理论问题，推动见义勇为立法等为主要任务。

中华见义勇为基金会与中宣部、中央综治委、公安部联合多次召开全国见义勇为英雄和先进分子表彰大会，表彰奖励见义勇为先进人物，发放奖励抚恤慰问金。各省市甚至县市也相继成立了见义勇为基金会。

一些省市、县市还成立了由政法委、综治办和公安局联合发起的见义勇为人员奖励和保护工作委员会、见义勇为协会、见义勇为评定（评审）委员会等，一些公安机关专门成立见义勇为办公室，对见义勇为行为申请进行受理、确认、调查取证等。

这些组织机构对见义勇为做了大量的工作，对于鼓励见义勇为行为，保障见义勇为人员的合法权益，完善见义勇为评估机制，鼓励更多的人投身到见义勇为群体中起到了积极的推动作用。据统计数据显示，全国各个省、自治区、直辖市，多达上千个市、县都设有见义勇为事业组织管理机构，从事见义勇为工作的人员达上万人。

（二）我国见义勇为制度存在的问题

1. 缺少一部全国统一的见义勇为法

我国有关见义勇为法律层面的规定是分散在民事和刑事法律制度里面的，并且有关见义勇为的大部分规定是以部门规章和地方法规的形式存在。目前，全国各地，如河南省、河北省、安徽省等都陆续出台了有关见义勇为人员奖励和保障方面的条例，这些制度在尽可能减少英雄流血又流泪、伤身又伤心悲剧的发生方面，起到了很大的作用。

但是，各地方的相关规定在许多内容上不尽一致，现有的见义勇为的规定、政策都是处于各自为战的状态，在具体执行方面存在很多问题，如适用对象和范围、标准、数额等不一致，尤其是对跨区域的见义勇为行为，需要与多个部门、多种事项进行协调，相关规定执行起来难度更大，效率很低，效果也不好，很容易造成对见义勇为者保护不力的状况发生。

另外，有关见义勇为的大部分规定是以部门规章和地方法规的形式存在，其效力也无法达到法律的高度，在执行力度、责任追究等方面也会大打折扣。

2. 对见义勇为者缺少国家层面的经济补偿与保障

从我国见义勇为制度的内容来看，对见义勇为者（救助人）的经济补偿主要是私法领域的补偿或者是一些社会基金奖励方式的补偿，这些补偿对于见义勇为者（救助人）的合法权益起到了一定的保障作用。

但是，这些补偿方式从保障力度上往往是非常欠缺的，尤其是因见义勇为致残者急需得到经济补偿时，以上补偿方式补偿的及时性往往很难达到要求，我们从一些媒体上看到的多起英雄流血又流泪、伤身又伤心的事件，令人深思。例如袁重钢见义勇为致残案，因事故责任双方相互推诿，拒不执行法院判决，导致袁重钢10年拿不到赔偿金。张树森见义勇为重伤案中，张树森老人作为一名局外人，深夜抢救车祸遇险人员，被其他车辆撞成重伤，在医院里因医疗费用高昂而停止救治。甚至还有媒体报道见义勇为者致残后，因拿不到足额救济最终选择自杀等令人心痛的事件。有见义勇为者对记者发出这样的感叹："回想当初的奋不顾身，对照现在的处境，有时感到真是光荣一时，后悔一世。"

尽管造成以上悲剧的原因是多方面的，但欠缺一种强有力的国家层面的及时的经济补偿保障制度是很重要的原因。因为国家层面的经济补偿保障制度在见义勇为保障制度中恰恰是处于非常关键的地位，对切实保障无因管理者（救助人）的权益，发挥着举足轻重的作用。

3. 与无因管理规定分别单列，对救助人的保护不周全

见义勇为行为完全符合无因管理行为的构成要件，是无因管理行为的一种，也被称为紧急无因管理，也就是见义勇为属于无因管理的一个下位概念。但我国有关法律却都在无因管理制度之外，又

规定了包含见义勇为内容的防止侵害行为制度，例如《民法通则》第 109 条、《民法总则》第 183 条等。

很明显，我国法律是将见义勇为制度排除在无因管理制度之外。这样，一方面造成了法律制度体系的不严密，有可能造成重复或冲突性规定的出现；另一方面会造成对救助人保护的不周全。而将见义勇为界定为特殊的无因管理即紧急无因管理进行法律规定，至少增加了被救助人对救助人的法定补偿义务，增加了法律对救助人保护的一条渠道，再加上作为一种特殊的无因管理，见义勇为还有自己专门的相关法律保障制度体系，这样对救助人的保护会更加周全。

正如前文所言，将见义勇为排除在无因管理之外，既不符合立法精神，也不利于对见义勇为内含的正确界定。正如我国有学者所说，我国《民法总则》对无因管理和见义勇为两条法律规定的适用并未做出明确的规定，这很容易导致在司法实践中适用法律的混乱。[1]

4. "适当补偿"的规定操作性不强

对于救助人在救助行为中遭受损害的，虽然从我国《民法通则》中"受益人可以给予适当补偿"到我国《民法总则》中"受益人应当给予适当补偿"，取得了由"可以"到"应当"的巨大进步，但是，"适当补偿"的规定还是过于笼统、过于原则化，具体操作性不强，甚至缺乏可操作性，这样往往会使救助人在求偿过程中陷于非常被动的局面。

（三）我国见义勇为制度的立法建议

1. 制定一部全国统一的见义勇为法

制定一部全国统一的见义勇为法，可以统筹规定有关见义勇为法律的各项标准和规范，克服不同地区各自为战、互相矛盾的现象。在见义勇为法中，应明确见义勇为属于无因管理的一种，即紧急无

---

[1] 但小红：《见义勇为的民法保护——兼析〈民法总则〉第 183、184 条之规定》，载《吉林广播电视大学学报》2017 年第 5 期。

因管理，将侧重于对救助人的保护作为立法的中心，并围绕这一中心构建见义勇为相关法律制度。要详细规定对见义勇为含义的界定、见义勇为法律关系相关方当事人的权利和义务，尤其是对救助人权益的保障制度等。

2. 规定国家对见义勇为者的补偿保障责任

国家必须对见义勇为者（救助人）实行切实有效的充分的保护。从本质上讲，救助被救助人应是国家所负担的责任，因为国家是公共利益的代表者和维护者，救助人实际上是替国家履行了相关义务而招致自己受到损害，即此时被救助人是直接的受益人，国家则是间接受益者，所以此时国家有义务、有责任对见义勇为者进行有效的最终的救济。❶ 从国外的情况看，不论英美法系还是大陆法系国家的好撒马利亚人法都有一个相同点，这就是权益受到损害的被害人或救助人均可以先从国家获得一定的补偿解决迫切需求，❷ 这一制度对保障救助人的权益发挥了重要作用。

我国的立法可借鉴国外好的做法，同时结合我国的实际情况，制定具有我国特色的见义勇为国家补偿保障责任制度。国家为见义勇为中权益受到损害的救助人，优先提供一定的经济补偿以解决见义勇为者（救助人）的燃眉之需，切实保障见义勇为者（救助人）最迫切的需求，体现国家对见义勇为者（救助人）的关爱，这对弘扬见义勇为行为有重要意义。

---

❶ 但小红：《见义勇为的民法保护——兼析〈民法总则〉第 183、184 条之规定》，载《吉林广播电视大学学报》2017 年第 5 期。

❷ 赵春燕：《国内外关于见义勇为行为之立法比较》，载《湖北广播电视大学学报》2014 年第 2 期。

第九章 我国的无因管理制度

在我国，人们对是否应该规定无因管理制度有不同的看法，大多数人都持肯定态度。我国无因管理制度的产生、发展、变化无不都是与我国民法典的制定休戚相关、紧密相连的，一部民法典制定的历史就是无因管理制度建设发展变化的历史。所以，阐述我国的无因管理制度，必然是同阐述我国的民法典交织在一起的，是在阐述民法典的制定、编纂过程中来体现无因管理制度的产生、发展、变化的。纵观我国无因管理制度的历史，它伴随命运多舛的民法典，可谓历经磨难和曲折。

一、旧中国的无因管理制度

（一）晚清、民国时期的无因管理制度

1. 晚清《大清民律草案》中的无因管理制度

鸦片战争以来，清政府内忧外困、危机四伏，封建统治摇摇欲坠，为了挽救封建王朝的没落，清朝封建统治阶级改变了"祖宗之法不可变"的固有观念，开始参照国外先进做法进行变法修律。经

过充分准备，1911 年中国民法史上第一部按照西方民法原则、法律
理念和编纂方法起草的、史称"第一次民法草案"的《大清民律草
案》编纂完成，该草案包括总则、物权、债权、亲属和继承 5 编共
1569 条。

《大清民律草案》第二编"债权"中的第六章"管理事务"就
是关于无因管理内容的规定。这部分内容从第 918 条到第 928 条共
11 条。由于这个民律草案前三编主要是日本法学士松岗义正起草的，
所以其深受当时《日本民法典》和《德国民法典》的影响，代表了
当时最先进的民法理论。就无因管理制度而言，在债权第六章"管
理事务"中分别规定了无因管理的定义、管理人的义务权利、本人
的权利义务等。尤其是规定了几种特殊的情况，如第 919 条规定，
如果管理事务系为本人尽公益之义务或为其履行抚养义务者，不必
赔偿因管理所生之损害；第 924 条规定，管理人如果是行为无能力
或限制行为能力人，仅以侵权行为及不当得利的规定，任赔偿损害
及归还不当得利之债；第 928 条规定，将他人之事务误认为是自己
之事务而管理的，准用不当得利的规定，等等。这些内容都显示了
当时该民律草案所具有的先进性。

2. 中华民国时期的无因管理制度

北洋政府曾于 1925 年以《大清民律草案》为基础，组织起草了
一部《民国民律草案》，其中的债编兼采瑞士债务法的特点，到
1926 年完成修订。但是不久后因为段祺瑞政府垮台，该草案并没有
能够正式予以实施。虽然《民国民律草案》是以《大清民律草案》
为基础起草的，但是与《大清民律草案》相比较而言，《民国民律
草案》在内容上却出现了大幅倒退的情况，有些内容更显落后，这
也集中反映了当时北洋政府的政治主张和法制思想的反动性和落
后性。❶

---

❶ 杨立新主编：《民法总则重大疑难问题研究》，中国法制出版社 2011 年版，第
6 页。

南京国民政府时期,《中华民国民法》各编从 1929 年起陆续颁布实施。这部民法典在继承清末民律草案和北洋政府的民律草案的基础上,充分吸收了大陆法系民法典(主要是日本、德国的民法典)的民事立法原则,彰显了其与世界最先进的立法例相接轨的一面。例如,其第二编"债"仿照当时最新立法例,把无因管理与契约、代理权之受理与不当得利及侵权行为并列为债发生的原因。

《中华民国民法》债编第一章第一节第三款是有关无因管理的内容,从第 172 条至第 178 条共 7 条,分别规定了无因管理的含义、管理人的权利义务及无因管理的追认等。在管理人的义务里详细规定了管理方法、开始管理的通知义务、注意义务、终了时的计算义务、违反本人意思时管理人的责任等,其中最后一项义务在日本民法里并没有特别规定。在管理人的权利中,主要规定的是费用偿还问题,分别规定了费用偿还的原则和费用偿还的例外。而对无因管理的追认是由第 178 条所规定的,即规定适用有关委任的制度,这一条款在日本民法上也没有规定。

从以上内容可以看出,《中华民国民法》规定的内容是非常先进的,这与这部民法典的制定注意吸收和借鉴了当时世界最先进的立法成果(主要是日本民法典、瑞士债务法)有直接关系。正如日本著名法学家我妻荣先生所言:"本法无因管理之规定,多仿瑞士之债务法,而与日本民法亦近似,实则两法间并无显著的差异。"❶

(二)关于旧中国无因管理法律制度的评价

晚清、民国时期的民事法律制度是西法东进的产物,对于我国传统法系形成了巨大冲击。其中的无因管理法律制度恰是这一时期整个民事法律制度的缩影。

1. 缺陷

(1)受当时特定的历史阶段所决定,旧中国的民事法律制度必

---

❶ [日]我妻荣:《中国民法债编总则论》,洪锡恒译,中国政法大学出版社 2003 年版,第 34 页。

然带有浓厚的半殖民地半封建社会的色彩和印记。例如,《大清民律草案》不可避免地存在一些弊端和一些封建主义的局限性。

(2) 由于当时的法律制度毕竟是为维护半殖民地半封建社会统治秩序的需要而产生的,所以这些法律制度主要维护的是地主、资产阶级的利益,所以这些法律制度体现的往往是落后的,甚至是反动的法制思想。❶

(3) 这一时期的法律制度主要是知识权威与政治权威相结合的产物,忽视广大民众的利益和需求,这就不可避免地造成这些法律制度脱离社会实际的状况。例如《中华民国民法》虽然制定了一些较为先进的内容,但由于脱离了当时中国社会的实际,特别是不符合当时社会民众的实际需要,大幅抄袭西方法律规定,所以这些法律制度根本不具备可行性,导致法律制度上规定的权利绝大多数都难以在民事生活中实现,所以最终"愤起的民众不仅粉碎了南京国民政府,也抛弃了法律家精心雕琢而成的民法典"❷。

(4) 在一些内容和文字表述上也表现出了一些缺陷和不足。例如,有些术语如"管理事务"等,就不能很好地反映无因管理的内在意义。在内容上,也主要是侧重了保护本人的利益等。

2. 意义

(1) 在形式上废除了"诸法合体、民刑不分"的传统立法体例,开辟了中华法系新的发展道路。在此之前,中华法系传统的立法体例是多种法规合为一体,民事和刑事法规不分,民事规范完全融合、淹没在刑事规范之中,独立的民法典更是不存在。

《大清民律草案》是中国历史上第一部民法典,尽管未及实施,但是,它却是对此前中国传统立法体制的一次重大突破,使民法典的编纂工作具有了划时代的意义,并为后来的民国政府制定民法典

---

❶ 杨立新主编:《民法总则重大疑难问题研究》,中国法制出版社 2011 年版,第9 页。

❷ 张生:《中国近代民法法典化研究》,中国政法大学出版社 2004 年版,第275 页。

打下了坚实基础，❶ 为古老的中华法系开辟了一条新的道路。正如有学者所说，《大清民律草案》尽管由于清朝封建统治的迅速瓦解而没有来得及实施，但是，它在中华民族历史上第一次打破了中华法系的传统，首次引入了西方民法典的立法理念和编纂方法，使中国民法的历史迈出了前所未有的一大步。❷

《中华民国民法》是我国历史上第一部正式颁布实施的民法典，也是我国历史上第一部现代意义的民法典。之所以称其为具有现代意义的民法典，其中重要的原因之一就是它在形式上摆脱了传统立法体例的束缚，吸纳了世界最先进的立法体例，与现代世界先进立法形式十分接近。

（2）在内容上抛弃了封建礼教这一核心，实现了民事法律制度的变革。中国传统的民事立法都是以封建礼教为核心，都是对封建礼教在各个方面进行的确认，但是晚清、民国时期的民事法律制度，吸收了世界公平、正义的先进民事法律的观念，吸取了一些先进的民法原则，使得这一时期的民事法律制度尽管还存在许多封建糟粕，但总体上其核心已不再是确认封建礼教。

（3）这一时期民事法律制度确立的许多基本原则，对于今天我们制定民事法律规范仍具有重要参考价值。例如，关于无因管理制度，《大清民律草案》中的许多规定与今天我们的这一制度对同一问题的规定或认识几乎相同，充分显示了当时无因管理制度的先进性。从《中华民国民法》所规定的内容可以看出，其中的无因管理制度确实代表了当时最新的立法成果，就是从今天的角度来看，它也是一项较为先进的、很值得我们借鉴的法律制度。

再如，《中华民国民法》把无因管理作为债发生的原因进行规定，表明在这一时期我国的无因管理制度已经以先进的理念形式和法律形式出现。我国台湾地区至今仍沿用这部民法典，有关无因管

---

❶ 张晋藩：《清代民法综论》，中国政法大学出版社 1998 年版，第 249 页。
❷ 杨立新主编：《民法总则重大疑难问题研究》，中国法制出版社 2011 年版，第 5 页。

理制度在经过了多年的修改、完善后，比大陆地区的无因管理制度发达、成熟，也就是自然而然的事了。

（4）晚清、民国时期的民事法律制度的制定为我们今天制定民法典提供了许多可供借鉴的历史经验教训。例如，如何把借鉴世界先进立法经验与我国社会实践、人民的实际需要相结合等问题，尤其需要今天我们在制定民法典时慎重考虑。

正如学者所说的，晚清、民国时期的两部民草和民国民法典所勾画的中国近代民法发展的线索，以及每一种具体的民法制度和规则的发展变化，为今天我们制定民法典提供了很好的可供借鉴的历史经验教训。[1] 今天，我们对民法典的许多认识仍然同九十多年前对民法制度的许多认识相同。因此，不得不佩服 20 世纪初民律草案起草者的改革勇气。在今天制定社会主义民法典的时候，可以更好地借鉴历史的经验，把我们的民法典制定得更好。[2]

二、新中国的无因管理制度

（一）20 世纪新中国的无因管理制度

1. 20 世纪 50 年代我国无因管理制度建设的成果（新中国民法典的第一次起草）

新中国的民事法律制度是在彻底摧毁国民党政权的民事法律制度，借鉴原革命根据地、解放区和苏联民事法律制度的基础上建立起来的。新中国成立初期，由于废除了国民党的六法全书，包括债权债务关系方面内容在内的立法工作一时接不上，于是国家发布了大量的处理办法、暂行规定等来解决当时的债权债务关系。但是，

---

[1] 杨立新点校：《大清民律草案民国民律草案》，吉林人民出版社 2002 年版，点校说明。

[2] 杨立新主编：《民法总则重大疑难问题研究》，中国法制出版社 2011 年版，第 11 页。

这一时期有关无因管理制度方面的规定还非常少。❶

为了更好地适应当时形势发展的需要，1954 年冬，第一届全国人大常委会组建专门的班子，着手起草民法典。到 1956 年年底搞出了第一个民法典草稿，其中的债编通则规定了五种债，第三种债就是关于无因管理的内容，即"由无因管理所生的债"，包括从第 26 条至第 30 条共 5 条内容。在这 5 条内容中规定了无因管理的含义、管理人的义务权利等。虽然在文字表述上还存在一些不足，但在当时的情况下，无因管理制度能达到如此完备的程度，的确令人惊奇。尤其是第 29 条，对管理人违反所属人（本人）的意思管理事务，明确提出了管理人应当对造成的损害负赔偿责任。

到 1957 年 1 月债权篇通则草稿中，第一章"债的发生"第四节规定了"由无因管理所生的债"，从第 24 条至第 26 条共 3 条。这 3 条除在一些表述上进行了修改，内容基本和 1956 年年底的草稿相同。及至 1957 年 2 月的《无因管理（第三次草稿）》，从第 1 条至第 4 条共 4 条内容，分别规定了无因管理的含义、管理人的义务权利及管理人应负赔偿责任的情况，其表现的思想价值同现在世界各国的无因管理制度基本相同。

同时，对于一些基本问题，如民法债篇的结构安排、不是由契约所生的债（如因侵权行为、无因管理和不当得利发生的债），安排在什么地方、不当得利与无因管理及侵犯他人财产所有权有什么区别等都作为了主要问题进行了讨论。❷

然而，由于国家形势的变化，"人治"思想在当时占了上风，"法治"主张则被完全否定，从而使我国民事法律制度发展的正常进程受到严重干扰。❸ 最后，同其他法律制度一样，这一时期无因管理

---

❶ 何勤华、殷啸虎主编：《中华人民共和国民法史》，复旦大学出版社 1999 年版，第 69 页。

❷ 何勤华、李秀清、陈颐编：《新中国民法典草案纵览》上卷，法律出版社 2003 年版，第 248、249 页。

❸ 何勤华、殷啸虎主编：《中华人民共和国民法史》，复旦大学出版社 1999 年版，第 171、172 页。

制度建设的成果也被葬送掉了。

2.20 世纪六七十年代无因管理制度的消失（新中国民法典的第二次起草）

20 世纪 60 年代初，随着国民经济的调整，根据毛泽东同志的谈话和中央指示的精神，全国人大常委会的办事机构于 1962 年 9 月重新成立了民法研究小组，再次恢复了民法的起草工作，这也是新中国民法典的第二次起草。

至 1964 年 7 月，研究小组完成了《中华人民共和国民法草案（试拟稿）》，这一草案无论是在体例上还是在一些术语上，都体现了鲜明的时代特色。其中根本就没有有关债的法律概念，当然也没有债编，无因管理制度更无从谈起。1964 年 11 月对该草案进行了最后一次修改，但基本上没有什么变化。不久，由于"四清"运动的开展，这次民法典的起草工作再度中断。

1966 年至 1976 年的十年"文化大革命"，是社会主义法制建设受到毁灭性破坏的时期，很自然民法上的无因管理制度在这一时期也不可能存在。

3.20 世纪 80 年代无因管理制度建设的重新兴起（新中国民法典的第三次起草与《民法通则》的实施）

十一届三中全会以后，有关民法典的制定问题再次提上了议事日程。1979 年 11 月，全国人大常委会法制工作委员会组建了民法起草小组。至 1982 年 5 月，先后草拟了 4 稿民法典草案。但是这 4 个草案中都没有使用"物权""债"之类的概念，在体例上也没有设"债编"而代之以"合同"，且没有规定包括无因管理在内的法定之债的制度。这与世界民法发达国家的民法典相差甚远。

在起草过程中，由于法学界对民事立法的观点存在较大分歧，同时考虑到制定民法典的时机还不成熟，最后全国人大常委会法工委采纳了部分专家学者的意见，决定先制定一批单行法规，暂不草拟民法典，于是民法典的起草工作又一次中断。

但是民事立法工作却仍然在有序地开展。1983 年组建了民法通则起草小组，1986 年 4 月第六届全国人大第四次会议正式通过了《中华人民共和国民法通则》（下称《民法通则》），并于 1987 年 1 月 1 日起施行。

《民法通则》的实施，在中国民事法律制度建设史上具有重要意义。虽然该通则只有 9 章 156 条，但它规定的却是全面的民法基本法。就是这样一部微型的民法基本法，在其后二十几年的社会生活中，发挥了难以想象的重大作用，它使民法的基本思想和基本规则较好地贯彻在了社会生活之中。这部民法基本法提供了基本的民法规则，同时，最高人民法院依据这个基本规则创设了大量的司法解释对其进行补充，以此保障了我国社会主义市场经济建设有序开展，保证了我国民事生活的和谐与稳定。❶

有学者对此进行了高度评价，认为《民法通则》既是我国第一部调整民事关系的基本法律，也是我国民法立法发展史上的一个新的里程碑。它为改革开放与经济的发展提供了民事法律的基本框架，确定了民法的基本内容、原则以及基本制度。《民法通则》的诞生标志着我国民事立法进入了完善化、系统化阶段，它为我们制定民法典打下了坚实基础。❷

《民法通则》第五章第二节"债权"中的第 93 条就是关于无因管理的内容，全文如下："没有法定的或者约定的义务，为避免他人利益受损失进行管理或者服务的，有权要求受益人偿付由此而支付的必要费用。"至此，新中国的法律正式确认了无因管理制度。

我国《民法通则》第 93 条虽然是一个非常简要的概括，但它却是无因管理制度在我国经历了 60 年代、70 年代的曲折后，重新复苏、兴起的一个象征，预示着人们对这一制度的一种重新认识。一个完整的债法体系乃至一个完整的民法体系不能没有无因管理制度，哪怕它是以其他形式出现（如准契约），否则这个民法体系就是不科

---

❶ 杨立新主编：《民法总则重大疑难问题研究》，中国法制出版社 2011 年版，第 19 页。

❷ 王利明：《回顾与展望：中国民法立法四十年》，载《法学》2018 年第 6 期。

学的，至少是不完整的。

后来最高人民法院又出台《关于贯彻执行〈民法通则〉若干问题的意见（试行)》，在第132条对无因管理又进行了说明，全文如下："民法通则第93条规定的管理人或者服务人可以要求受益人偿付的必要费用，包括在管理或者服务活动中直接支出的费用，以及在该活动中受到的实际损失。"

对于第132条的说明，有学者认为，这一条虽然对《民法通则》关于无因管理的规定作了进一步的细化规定，但是由于我国法律规定的无因管理制度本身缺乏系统性、完整性，所以其无法充分发挥法律在鼓励人们择善而从方面的作用，我国未来民法典应当对无因管理制度做出全面的规定。❶也有学者指出，我国的无因管理制度立法只规定了无因管理的概念和管理人的权利两个方面，其他方面没有涉及，存在很多弊端。这是由于立法者对无因管理制度不够重视，才导致了无因管理制度在立法技术上的粗放以及制度设计过于简单的问题。❷

但是，这两个条文是当时我们国家运用无因管理制度的主要依据。虽然内容很少，没有形成理论体系，但是它所显现的价值判断与其他国家没有什么两样。当然，其规定还很不完善，因此，我们很有必要对这一制度进行深入研究探讨，以期在我们的民法典真正问世时，我国的无因管理制度也能大放异彩。

4.20世纪90年代无因管理制度建设新的发展机遇（新中国民法典的第四次起草）

20世纪90年代初，我国正式确立了社会主义市场经济体制，民事法律制度的建设发展有了新的方向和动力。这一时期不但颁布实施了《公司法》，而且还启动了《物权法》的起草工作。90年代末，全国人大常委会提出了在2010年完成民法典的制定工作，全面建成具有中国特色的社会主义法律体系的立法规划。民法典的起草工作

---

❶　王利明：《债法总则研究》，中国人民大学出版社2015年版，第524页。

❷　叶知年：《无因管理制度研究》，法律出版社2015年版，第149页。

又一次全面启动。

1998 年我国立法机关成立了由九位民法专家学者组成的民法起草工作小组，启动了制定民法典的实施计划。这个计划具体为三步走，即第一步制定合同法以实现市场交易规则的统一和现代化；第二步制定物权法以实现财产关系基本规则的完善和现代化；第三步制定民法典以实现民事法律的现代化。❶ 除了官方的民法起草工作小组外，许多学者还自发组建了许多关于民法典编撰的课题组，开始民法典的编撰工作。不久以后，出现了多个学者编撰的民法典立法方案。

在学者巨大热情的感召下，立法机关也决定将民法典颁布的规划日期提前到 2005 年。于是，同民法典同呼吸共命运的无因管理制度也随着新中国民法典的第四次大规模起草工作而迎来了新的发展机遇。

这一时期另一个立法成果是 1999 年 3 月 15 日统一的《合同法》颁布。统一的《合同法》抛弃了反映计划经济体制的内容，按照社会主义统一市场的要求，体现了市场经济的本质特征，如意思自治原则、诚实信用原则等都在该法中很好地得以体现。"《合同法》确立了统一的交易规则，鼓励交易，便利交易，也有力地保障了社会主义市场经济的发展。"❷ 民法典起草工作的第一步顺利实现。

（二）本世纪中国的无因管理制度建设

1. 本世纪前 10 年无因管理制度建设的重新兴起与沉寂

20 世纪 90 年代的民法典研讨、制定热情带到了 21 世纪，民法典的起草工作紧锣密鼓地进行。由于恰逢世纪之交，人们对此部民法典寄予了极高的期望，人们期盼着一部完善的、科学的、在世界民法发展史上具有里程碑意义的先进民法典的诞生。学者们更是以极大的热情投入到民法典的起草、讨论、辩论甚至论战之中，"跨进

---

❶ 梁慧星：《民法总论》，法律出版社 2001 年版，第 24 页。
❷ 王利明：《回顾与展望：中国民法立法四十年》，载《法学》2018 年第 6 期。

21 世纪的中国人，憋足一口气，要向世界奉献第三部划世纪的伟大民法典"❶。

在这场声势浩大的有关民法典草案的大讨论中，无因管理制度又面临着一种怎样的命运呢？我们来看这一时期三个具有代表性的民法典草案中的无因管理制度。

一个草案是以梁慧星教授为主持人起草的《中华人民共和国民法典大纲（草案）》，其中的第三编"债法总则"第二章"债的原因"第三节就是有关无因管理的内容。在本部分中，草案建议规定无因管理的定义、无因管理的构成要件、无因管理的法律效果、不法无因管理等。

在这个草案中，"出于民法典各编在形式上协调的考虑，将债权法分为债权总则、合同法和侵权行为法三编，而以债权总则统属合同法编和侵权行为法编，以此维持债权法内部的逻辑性和体系性"❷。无因管理既作为债发生的原因专门在第一节一般规定中直接规定，又专门设一节规定无因管理制度的有关内容。

另一个草案是以王利明教授为主持人起草的《中国民法典草案建议稿》，其中的第六编"债法总则"第二章"债的发生"第二节是关于无因管理的内容。本部分用了 10 个条文分别规定了无因管理的定义、管理人的义务与责任、紧急无因管理的免责、管理人的请求权、误认的事务管理等。

在这个建议稿中，有关债权法的内容，也是由债法总则、合同和侵权行为三编组成，也没有专门设立传统的债法分则编。如此一来，作为与合同之债并列的无因管理之债就无法被放入其应该所在的债法分则中。所以，尽管不当得利、无因管理本来应该纳入债法分则，但现在基于体系便利的需要，才借鉴旧中国"民法典"的做法，将不当得利、无因管理等债法分则的内容也放置于债法总则中，

---

❶　张文显主编：《中国民法学精萃》，机械工业出版社 2002 年版。

❷　梁慧星主编：《从近代民法到现代民法》，中国法制出版社 2000 年版，第 361 页。

在债的发生一章进行详细规定。❶

第三个草案是以徐国栋教授为主持人起草的《绿色民法典草案》，其中第八分编"债法分则"第四题"其他单方行为所生之债"第三章为无因管理之债。用 10 个条文分别规定了无因管理的定义、管理人的方式义务、继续管理义务、管理人的资格、管理人的注意义务、紧急无因管理、管理人的通知义务、本人的义务、本人的追认和准用条款等。

在这个草案中，既设立了债法总则，又设立了债法分则，所以不仅在债法总则"债发生根据"中规定了无因管理，而且还在债法分则中将无因管理作为单独一章与不当得利、合同、侵权行为并列规定，理由是"这两个制度虽然规模较小，但在逻辑上与合同、侵权行为处于同一层次，所以传统债法中，将它们点缀在各种有名合同之后，是不恰当的"❷。

从以上三个民法典草案的内容我们可以看出，尽管在具体的编排体例上，大家的观点有分歧，但在新的民法典里必须包括无因管理的内容，且无因管理是作为债独立的发生原因，却是大家的共识。这也可以看出无因管理作为债发生的独立原因，其重要性已为绝大多数人所接受。因现有的民事单行法中已有无因管理制度的规定，即使是按"松散式、邦联式"的民法典编纂思路，❸ 对现有的民事单行法进行"编纂"，在将来的民法典中，无因管理制度也必将占有一席之地。只不过原来的无因管理制度肯定是不全面的，需要立法者去科学地、合理地进行"编纂"。

然而，在此后不久的一次民法典草案的讨论中，法工委突然将起草的基调由"编纂"改为了"汇编"，更为严重的是在随后法工

---

❶ 王利明主编：《中国民法典学者建议稿及立法理由》（债法总则编、合同法编），法律出版社 2005 年版，第 9 页。

❷ 薛军：《论未来中国民法典债法编的结构设计》，载徐国栋编《中国民法典起草思路论战》，中国政法大学出版社 2001 年版。

❸ 梁慧星：《当前关于民法典编纂的三条思路》，载梁慧星著《为中国民法典而斗争》，法律出版社 2002 年版。

委提交的民法典草案讨论稿中，专家意见稿中的体系完全不复存在，所有有关"债"的字样都没有了，而是把合同与物权并列。在此后的日子里，一些专家出来谈及未来民法典的内容时，也都未涉及"债权"的问题。未来的民法典突然一下子变得神秘起来，我们不知道缺少债编的民法典将会是一部怎样的民法典，其中无因管理制度的命运，也一下子令人担忧了起来。

当然，对于这样一部民法典草案，学者们众口一词给予铺天盖地的批评。在这种情况下，立法机关改变了一次性制定民法典的计划，决定先制定物权法、侵权责任法等单行法律制度，等各方面条件具备以后，再以此为基础制定一部完整的民法典，民法典的制定工作再一次搁浅。于是，无因管理制度建设在经历了重新兴起后又归于沉寂。

但是在这一时期，《物权法》《侵权责任法》等民事单行法相继颁布和实施，我国民事法律制度建设又取得了重大成就。《物权法》的颁布具有重要意义，它通过对各类物权进行确认，为市场交易设立了基本法律前提，为市场经济的正常运行奠定了基础，从而确立了社会主义市场经济的基本法律制度。所以，"2007 年颁行的《物权法》是我国民事立法史上具有里程碑意义的大事"。《侵权责任法》的颁布同样具有非常重要的意义，它通过对受到侵害的民事权益提供救济的方法来保护私权，保障了市场经济条件下各类主体的根本利益，以此奠定了法治的基础。所以，"2009 年颁布《侵权责任法》也是我国民事立法史上具有标志性的事件"。❶ 这两部法律的颁布为民法典的最终编纂进一步打下了坚实的基础。

2. 目前无因管理制度建设的机遇与挑战（新中国民法典的第五次起草）

2014 年 10 月党的十八届四中全会召开，会议通过的《中共中央关于全面推进依法治国若干重大问题的决定》明确"要加强市场法

---

❶ 王利明：《回顾与展望：中国民法立法四十年》，载《法学》2018 年第 6 期。

律制度建设，编纂民法典"。在党中央的文件中正式提出编纂民法典，这尚属首次，体现了党中央对民事立法的重视。全国人大常委会按照中共中央的决定，遂将民法典编纂工作提上日程，新中国民法典的第五次起草工作又一次全面启动。

本次民法典编纂工作是按照"两步走"的思路进行：第一步，在现行《民法通则》基础上，制定作为民法典总则编的民法总则；第二步，在各民事单行法基础上，编纂民法典各（分则）编，争取于 2020 年 3 月将民法典各（分则）编一并提请十三届全国人民代表大会审议通过，从而完成统一的民法典。按照立法工作部署，2015年 3 月，全国人大常委会法制工作委员会牵头成立了由最高人民法院、最高人民检察院、国务院法制办、中国社会科学院、中国法学会 5 家单位参加的"民法典编纂工作协调小组"，并组织了专门负责起草的"工作小组"，积极开展民法典编纂工作。

参与民法典编纂工作的学者主要分为两个团队。一个团队是由梁慧星研究员领导的中国社会科学院法学研究所，召集了多个院校法学界人士组成课题组。2014 年，该课题组的孙宪忠研究员组织"民法总则立法课题组"，两次向全国人大提出编纂民法典的议案。另一个团队是由王利明教授领导、召集的团队。该课题组编著了《中国民法典民法总则专家意见稿》，并于 2015 年 6 月 24 日正式提交全国人大法工委。

2016 年 6 月 14 日，习近平总书记主持召开中共中央政治局常委会会议，听取了全国人大常委会党组《关于民法典编纂工作和民法总则（草案）几个主要问题的请示》的汇报，原则上同意请示，并就做好民法典编纂和民法总则草案审议修改工作做出重要指示。全国人大常委会法制工作委员会，根据党中央的重要指示精神，对民法总则草案又作了进一步修改完善，形成正式的法律草案《中华人民共和国民法总则（草案）》。该草案经过多次修改后于 2017 年 3 月15 日提交第十二届全国人大五次会议审议并获得通过，该民法总则自 2017 年 10 月 1 日起实施，民法典制定的第一步目标顺利实现。

此后，第二步即各分编的编纂工作随即全面展开，经过大量艰苦细致的工作之后，形成了民法典各分编草案征求意见稿。2018 年 3 月 15 日，法工委将征求意见稿印发有关部门、机构和一些社会组织广泛征求意见。根据征求到的意见，法工委对该征求意见稿又进行了多次修改。2018 年 8 月 16 日，习近平总书记主持召开中共中央政治局常委会会议，听取了全国人大常委会党组《关于民法典各分编（草案）几个主要问题》的汇报，原则上同意请示，并就做好民法典各分编编纂工作做出重要指示。根据党中央的重要指示精神，法工委对草案又作了进一步修改完善。2018 年 8 月 27 日，民法典各分编（草案）整体提请十三届全国人大常委会第五次会议进行了审议，之后将审议后的《民法典各分编（草案）》在中国人大网公布，公开向全社会征集意见建议，民法典的编纂坚实地迈出了第二步。

本次网上公开征求意见的《民法典各分编（草案）》包括六编，分别是物权编、合同编、人格权编、婚姻家庭编、继承编、侵权责任编，共 1034 条。尽管我国有学者极力主张未来民法典应设置债法总则，并指出债法总则的设置既符合我国立法传统，又有助于完善民法的体系性，有助于提升债法的体系性，有助于对各类债的规则拾遗补阙，既有助于实现债法的简约，又有助于沟通民法和商法的关系，从而使债法更具有开放性❶，但是对于新编纂的民法典，立法者最终还是决定不设"债权总则编"。

对此梁慧星解释说，这个决定主要是为了维持现行《合同法》的完整性而做出的。我国《合同法》已经独立实施了十几年，如果设立债权总则编，就得把《合同法》总则中很多内容放到债权总则中，这样的话虽然在理论上有利，但是在实践上却有弊端。立法者尊重实践上的便利，所以为了《合同法》的完整性而不设债法总则。❷

全国人大常委会法工委在《关于〈民法典各分编（草案）〉的

---

❶ 王利明：《债法总则》，中国人民大学出版社 2016 年版，前言。

❷ 这是 2017 年 6 月梁慧星在家中接受法律出版社记者访谈时所谈到的内容。

说明》中这样阐述："债法的一般规则是民法的重要内容，考虑到现行合同法总则已规定了大多数债的一般规则，这次编纂不再单设一编对此做出规定，为更好规范各类债权债务关系，草案在现行合同法的基础上，补充完善债法的一般规则：一是明确非合同之债的法律适用规则（草案第259条）；二是细化无因管理、不当得利之债的规则。在民法总则规定的基础上，草案进一步规定了无因管理、不当得利两种债的具体规则（草案第27章、第28章）。"

这次民法典的编纂，为无因管理制度的发展又带来了一次难得的发展机遇。通过本次民法典的编纂，无因管理制度得以进行系统梳理，并根据实践与理论研究成果，进行凝炼加工，这对于推进无因管理制度的建设至关重要。但与此同时，在本次民法典的编纂中，无因管理制度建设也面临巨大挑战，主要就是不设"债权总则编"，代之以"合同编"，那么无因管理制度该如何规定成为一大难题。

尽管负责"合同法编"编纂的王利明认为："无因管理之债在性质上属于法定之债，应由债法进行调整，在立法体例上不应将其视为一种准合同类型。"[1] 但在目前民法典编纂不设债权总则编的大背景下，也只能退而求其次。为此他说，在不制定债法总则的情况下，建议将来在合同编可以考虑增设准合同一节，其中在准合同里详细规定有关的法定之债，比如说不当得利、无因管理、缔约过失等，这也是借鉴英美法做法。[2]

按照王利明的说法，在准合同部分，有关无因管理的内容应当放置于最前面进行规定，这是因为无因管理的债权债务关系与委托合同中的权利义务关系最为接近，即无因管理更类似于合同，是典型的"准合同"，所以从体系位置上考虑也应该更靠近合同。[3] 王利明还建议在准合同一章中，要细化无因管理的有关规则，要规定管

---

[1] 王利明：《债法总则》，中国人民大学出版社2016年版，第159页。

[2] 这是王利明在2016年中国民法学研究会年会之民法典分则编纂主题报告中谈到的内容。

[3] 王利明：《准合同与债法总则的设立》，载《法学家》2018年第1期。

理人的适当管理义务、管理人的权利以及特殊情形的无因管理等。

关于准合同在合同编中的具体位置,王利明建议说,将无因管理和不当得利的内容规定在合同编分则最后一章中。在这一章里先规定无因管理,再规定不当得利、悬赏广告、法定补偿之债以及获利返还之债。

当然,正如王利明所言,引入准合同的做法,是在不设置债法总则的情形下一种次优的选择,最佳的模式选择还是设置债法总则编,因为只有设置债法总则编,才能使各种债的规则构成完整的债法体系。尽管合同法的体系相对完整,但其仍然属于债的类型之一,相对于债权总则而言,合同法总则属于特别规定,而债权总则属于一般规定,不宜完全由合同编取代债法总则。❶以上这些思路很具代表性。

但是,在十三届全国人大常委会审议和网上公开征求意见的《民法典各分编(草案)》一审稿,并没有接纳准合同的立法例,而是在第2编"合同"中,在以章的形式规定完各类合同之后,另设两章分别规定了无因管理(第27章)和不当得利(第28章)。尽管如此,草案毕竟以专章形式规定了无因管理和相关制度细则,这已是无因管理制度的一大发展。以下为分编草案一审稿中有关无因管理制度的规定:

第二十七章 无因管理

第七百六十三条 管理人没有法定或者约定的义务,为避免他人利益受损失而管理他人事务,并且符合其知道或者应当知道的受益人真实意思的,可以请求受益人偿还因管理行为而支出的必要费用;管理人因管理行为受到损失的,可以请求受益人适当补偿。

管理行为不符合受益人真实意思的,管理人不享有前款规定的权利,但是为维护公序良俗的除外。

第七百六十四条 无因管理人的管理行为不符合前条规定,但

---

❶ 王利明:《准合同与债法总则的设立》,载《法学家》2018年第1期。

是受益人主张享有管理利益的，受益人应当在其获得的利益范围内向无因管理人承担前条第一款规定的责任。

第七百六十五条　无因管理人管理他人事务，应当采取有利于受益人的方法。中断管理对受益人更为不利时，无正当理由不得中断管理。

无因管理人管理他人事务时，能够通知受益人的，应当及时通知受益人。管理的事务不需要紧急处理的，应当等待受益人的指示。

第七百六十六条　管理结束后，无因管理人应当向受益人报告管理事务的情况。无因管理人管理事务所取得的财产，应当及时转交给受益人。

第七百六十七条　无因管理人管理事务经受益人事后追认的，从管理事务开始时起，适用委托合同的规定，但是无因管理人另有意思表示的除外。

在已经实施的《民法总则》中，第5章"民事权利"第121条规定："没有法定的或者约定的义务，为避免他人利益受损失而进行管理的人，有权请求受益人偿还由此支出的必要费用。"第8章民事责任第183条规定："因保护他人民事权益使自己受到损害的，由侵权人承担民事责任，受益人可以给予适当补偿。没有侵权人、侵权人逃逸或者无力承担民事责任，受害人请求补偿的，受益人应当给予适当补偿。"第184条规定："因自愿实施紧急救助行为造成受助人损害的，救助人不承担民事责任。"这些都是有关无因管理制度在民法总则中的规定，尽管183条和184条的规定还包括不真正无因管理的情况（例如有法定或约定义务从事管理的情况），但却包含无因管理中紧急无因管理的情况，加上本次草案中规定的有关内容，较之以前，无因管理制度获得了巨大发展。这也证明了无因管理制度的重要性，民法典中必须规定无因管理制度，这是毋庸置疑的问题。

分编草案第763条规定了无因管理的含义（构成要件）、管理人的权利等。其中最大的亮点是将无因管理的构成要件中增加了"并且符合其知道或者应当知道的受益人真实意思的",这实际上是认可了无因管理构成要件的"四要件说",是一大进步。但是,分编一审稿没有规定紧急无因管理的内容,也没有规定无因管理人至少有条件地享有报酬请求权问题,在一些具体细节用语方面也不恰当,例如分编草案第 763 条"并且符合其知道或者应当知道的受益人真实意思的",不如用"并且符合不违反本人意思且管理事务利于本人的"更恰当,草案第 764 条两处"无因管理人"应更改为"管理人",因为本条管理人"管理行为不符合前条规定"中,前条是无因管理的含义或者说是无因管理的构成要件,不符合前条规定,实际上就是指不符合无因管理的构成要件,即管理行为不属于无因管理,如此的话用"无因管理人的管理行为"这种表述就是矛盾的。

根据民法典编纂计划和安排,在汇总整理了公众意见后,结合社会实际情况,民法典分编中的合同编草案又进一步得到了修订和完善。2018 年 12 月 23 日,重新修订后新的一稿合同编草案再次提请全国人大常委会第七次会议进行审议。这次民法典分编中的合同编草案二审稿比一审稿又有了许多亮点。其中最引人瞩目的当属在体例编排方面的调整,这就是将合同编又划分成了三个分编:通则、典型合同、准合同。尤其是第三分编"准合同"的出现,不仅是学者的意见被采纳,更是如学者石佳友在评民法典合同编二审稿(草案)时所说:"此次二审稿恢复了准合同这一重要的概念,凸显了其与合同的内在联系,强化了将其纳入合同编中的正当性基础;此外,合同—准合同—侵权的逻辑安排,凸显了债从约定到法定的递进式内在逻辑,强化了整个债法的内在逻辑一致性。"以下为分编草案二审稿中有关无因管理制度的规定:

第三分编 准合同

第二十八章 无因管理

第七百六十三条 管理人没有法定或者约定的义务,为避免他人利益受损失而管理他人事务,并且符合受益人真实意思的,可以请求受益人偿还因管理行为而支出的必要费用;管理人因管理行为受到损失的，可以请求受益人给予适当补偿。

管理行为不符合受益人真实意思的，管理人不享有前款规定的权利，但是为维护公序良俗的除外。

第七百六十四条　管理人的管理行为不符合前条规定，但是受益人主张享有管理利益的，受益人应当在其获得的利益范围内向管理人承担前条第一款规定的责任。

第七百六十五条　管理人管理他人事务，应当采取有利于受益人的方法。中断管理对受益人更为不利的，无正当理由不得中断。

管理人管理他人事务时，能够通知受益人的，应当及时通知受益人。管理的事务不需要紧急处理的，应当等待受益人的指示。

第七百六十六条　管理结束后，管理人应当向受益人报告管理事务的情况。管理人管理事务所取得的财产，应当及时转交给受益人。

第七百六十七条　管理人管理事务经受益人事后追认的，从管理事务开始时起，适用委托合同的有关规定，但是管理人另有意思表示的除外。

分编二审稿将无因管理作为准合同进行规定，与分编一审稿相比取得了巨大进步，一些具体用语也进行了调整，显得更规范了。但是仍然存在一些比较明显的问题，例如分编草案中"并且符合受益人真实意思的"，实际上就是"不违反本人意思"，而用"不违反本人意思"的表述会更直观、具体等。另外，分编二审稿仍然没有规定紧急无因管理和管理人的报酬请求权问题，实属憾事。

2019年12月23—28日，十三届全国人大常委会第十五次会议在北京召开，会议听取了《民法典各分编（草案）》修改情况和《中华人民共和国民法典（草案）》编纂情况的汇报，对《中华人民共和国民法典（草案）》进行了审议。会议决定将已经全国人大常委会会议审议的民法典草案提请2020年3月5日召开的十三届全国人大三次会议审议，并将《中华人民共和国民法典（草案）》在中国人大网公布，面向社会征求意见。这是完整的民法典草案在十三届全国人大常委会第十五次会议上首次亮相，也是民法典各分编草案与 2017 年制定的民法总则"合体"后，首次以完整版中国民法典草案的形式呈现。以下为民法典草案中有关无因管理制度的规定：

第三分编　准合同

第二十八章　无因管理

第九百七十九条　管理人没有法定的或者约定的义务，为避免他人利益受损失而管理他人事务，并且符合受益人真实意思的，可以请求受益人偿还因管理事务而支出的必要费用；管理人因管理事务受到损失的，可以请求受益人给予适当补偿。

管理事务不符合受益人真实意思的，管理人不享有前款规定的权利，但是受益人的真实意思违背公序良俗的除外。

第九百八十条　管理人管理事务不属于前条规定的情形，但是受益人享有管理利益的，受益人应当在其获得的利益范围内向管理人承担前条第一款规定的责任。

第九百八十一条　管理人管理他人事务，应当采取有利于受益人的方法。中断管理对受益人更为不利的，无正当理由不得中断。

第九百八十二条　管理人管理他人事务时，能够通知受益人的，应当及时通知受益人。管理的事务不需要紧急处理的，应当等待受益人的指示。

第九百八十三条　管理结束后，管理人应当向受益人报告管理事务的情况。管理人管理事务取得的财产，应当及时转交给受益人。

第九百八十四条　管理人管理事务经受益人事后追认的，从管理事务开始时起，适用委托合同的有关规定，但是管理人另有意思表示的除外。

与分编二审稿一样，完整民法典草案中仍然没有规定紧急无因管理和管理人的报酬请求权问题。

三、我国现阶段无因管理制度建设存在的问题与立法建议

目前，民法典的编纂正在紧锣密鼓地进行，在国人都翘首期盼一部具有划时代意义民法典诞生的时候，由于缺失债编，所以我们不能不正视一个具有先天不足的民法典即将问世的现实，这是略微有些遗憾的事情，但这已经成为既定事实，我们就不去过多讨论了，现只就现阶段民法典草案关于无因管理的规定，谈一下粗浅看法并提出相关建议。

（一）我国民法典（草案）关于无因管理规定存在的问题

1. 没有将见义勇为纳入无因管理进行规定

关于见义勇为与无因管理的关系，前文已专门做过论述。见义勇为是无因管理的一种类型，称为紧急无因管理。由于这种行为一般都具有不同程度的人身损害危险，行为人往往会因其行为而损害自身健康甚至献出生命，所以它又是一种特殊的无因管理，它既具有自己的一些特性，更是符合无因管理的一般属性，见义勇为与无因管理相比，它属于一个下位的概念，而无因管理则属于一个上位的概念。

我国有关法律法规包括《民法总则》仍然没有把见义勇为作为无因管理的一个类型加以规定，而是把有关见义勇为与无因管理的内容分别单列进行规定，这极易导致对救助者的保护不周全，也容易导致在司法实践中适用法律的混乱。

在这一方面，国外有些国家的做法值得我们借鉴，例如《日本民法典》在第三编"债权"的第三章"无因管理"里面，第698条明确规定了紧急无因管理："管理人为避免对本人身体、名誉或财产的急迫危害而管理其事务时，除非有恶意或重大过失，不负因此而产生损害的赔偿责任。"

2. 没有赋予管理人报酬请求权

此问题前文以"无因管理人是否享有报酬请求权问题的反思"为题，进行了论述。本书认为，否认无因管理人享有报酬请求权是不妥当的：这混淆了道德和法律两种不同的规范体系；管理人享有报酬请求权恰恰更能够弘扬传统美德；这种制度设计违反了权利义务对等原则。

（二）无因管理制度的立法建议

本书就无因管理制度法律规定提出以下立法建议：

第一条　无因管理，是指没有法定或约定的义务，为了避免他人利益受损失，在不违反本人意思且管理事务利于本人的前提下，自愿管理他人事务的行为。

第二条　在紧急状况下，虽然没有法定或约定的义务，但为避免国家、集体、社会公共利益或者他人的人身、财产或其他权利遭受侵害，所实施的积极救助行为，为紧急无因管理或称见义勇为。

第三条　管理人在管理他人事务时，应尽到善良管理人的注意义务，以不违背本人意思且最有利于本人的方法进行管理。

第四条　管理人在事务管理开始后，在可能和必要的情况下，应将事务管理开始的事实及时通知本人。如果所管理的事务并不急迫，管理人还应停止管理，等待本人对该管理的相应指示。

第五条　管理人在对事务管理结束后，应当将事务管理的有关情况及管理的结果及时报告给本人，同时管理人应将因管理获得的利益交付给本人。

第六条　管理人可就管理事务中所支出的必要费用及其利息或者就管理事务中为本人所负担的必要债务请求本人偿还。管理人在管理事务中遭受损害的，有权请求本人进行补偿，但管理人对该损失的造成有过错的，应视具体情节减轻本人的责任。

第七条　在管理行为合理且为本人带来有益结果时，在综合考虑管理人情况、管理事务情况、本人收益情况等因素基础上，管理人享有报酬请求权。

第八条　无因管理被本人承认（追认）后，除当事人有特别意思表示外，自管理事务开始时，适用关于委托的规定。

参考文献

[1] 史尚宽. 债法总论 [M]. 北京：中国政法大学出版社，2001.

[2] 杨与龄. 民法概要：债编与亲属编再修正 [M]. 北京：中国政法大学出版社，2002.

[3] 王泽鉴. 债法原理：第二版 [M]. 北京：北京大学出版社，2013.

[4] 王泽鉴. 民法学说与判例研究：1—8 [M]. 北京：中国政法大学出版社，2005.

[5] 王泽鉴. 民法概要 [M]. 北京：中国政法大学出版社，2003.

[6] 黄立. 民法债编总论 [M]. 北京：中国政法大学出版社，2002.

[7] 黄茂荣. 债法总论：第一册 [M]. 北京：中国政法大学出版，社2003.

[8] 李淑明. 民法入门 [M]. 台北：元照出版有限公司，2007.

[9] 谢怀栻. 外国民商法精要 [M]. 北京：法律出版社2002.

[10] 江平. 民法学. 北京：中国政法大学出版社，2007.

[11] 王家福. 中国民法学：民法债编 [M]. 北京：法律出版社，1991.

[12] 王利明. 民法：第六版 [M]. 北京：中国人民大学出版社，2015.

[13] 王利明. 民法：第四版 [M]. 北京：中国人民大学出版社，2008.

[14] 王利明. 中国民法典学者建议稿及立法理由：债法总则编 合同编 [M]. 北京：法律出版社，2005.

[15] 王利明. 债法总则 [M]. 北京：中国人民大学出版社，2016.

[16] 王利明，杨立新，王轶，程啸．民法学：第二版 [M]．北京：法律出版社，2008.

[17] 王利明．民法总论：第二版 [M]．北京：中国人民大学出版社，2015.

[18] 梁慧星．民法总论 [M]．北京：法律出版社，2001.

[19] 梁慧星．中国民法典草案建议稿附理由：债权总则编 [M]．北京：法律出版社，2006.

[20] 梁慧星．为中国民法典而斗争 [M]．北京：法律出版社，2002.

[21] 张文显．法理学：第四版 [M]．北京：高等教育出版社，北京大学出版社，2011.

[22] 周楠．罗马法原理 [M]．北京：商务印书馆，1996.

[23] 魏振瀛．民法：第三版 [M]．北京：北京大学出版社，2007.

[24] 李双元等．中国国际私法通论：第二版 [M]．北京：法律出版社，2003.

[25] 沈达明．准合同与返还法 [M]．北京：对外贸易大学出版社，1999.

[26] 何勤华，李秀清，陈颐．新中国民法典草案总览 [M]．北京：法律出版社，2003.

[27] 曾宪义．中国法制史 [M]．北京：北京大学出版社，2000.

[28] 张文显．中国民法学精萃：2002 年卷 [M]．北京：机械工业出版社，2002.

[29] 杨立新点校．大清民律草案民国民律草案 [M]．长春：吉林人民出版社，2002.

[30] 杨立新．民法总论 [M]．北京：高等教育出版社，2007.

[31] 杨立新．民法总则重大疑难问题研究 [M]．北京：中国法制出版社，2011.

[32] 芮沐．民法法律行为理论之全部：民总债合编 [M]．北京：中国政法大学出版社，2003.

[33] 郭明瑞．民法 [M]．北京：高等教育出版社，2003.

[34] 柳经纬．债权法：第二版 [M]．厦门：厦门大学出版社，2005.

[35] 李显冬．民法概要 [M]．太原：山西人民出版社，2001.

[36] 李显冬．案例民法学总论 [M]．北京：中国法制出版社，2012.

[37] 姚欢庆．民法概论：第三版 [M]．北京：中国人民大学出版社，2013.

[38] 刘凯湘．民法总论：第三版 [M]．北京：北京大学出版社，2011.

[39] 张广兴．债法总论 [M]．北京：法律出版社，1997.

［40］陈华彬．债法各论［M］．北京：中国法制出版社，2014．

［41］房绍坤．民法［M］．北京：中国人民大学出版社，2009．

［42］房绍坤．民法实训教程［M］．北京：中国人民大学出版社，2013．

［43］董学立．民法基本原则研究［M］．北京：法律出版社，2011．

［44］王丽萍．债法总论［M］．上海：上海人民出版社，2001．

［45］王轶．民法原理与民法学方法［M］．北京：法律出版社，2009．

［46］李开国，张玉敏．中国民法学［M］．北京：法律出版社，2002．

［47］朱启超，许德风．民法概要［M］．北京：北京大学出版社，2002．

［48］陈年冰．新编民法案例大点拨［M］．西安：陕西人民出版社，2002．

［49］姚辉编．民法学原理与案例教程［M］．北京：中国人民大学出版社，2007．

［50］董安生．民事法律行为［M］．北京：中国人民大学出版社，2002．

［51］张俊浩．民法学原理［M］．北京：中国政法大学出版社，2000．

［52］马俊驹，余延满．民法原理［M］．北京：法律出版社，1998．

［53］陈朝璧．罗马法原理［M］．北京：法律出版社，2006．

［54］梁书文，回沪明，杨振山．民法通则及配套规定新释新解：新编第二版·中［M］．北京：人民法院出版社，2001．

［55］颜运秋．公益诉讼理念研究［M］．北京：中国检察出版社，2002．

［56］谢振民．张知本校订．中华民国立法史［M］．北京：中国政法大学出版社，2000．

［57］叶知年．无因管理制度研究［M］．北京：法律出版社，2015．

［58］方志平，李淑．债法总论［M］．北京：北京大学出版社，2007．

［59］王连合．物权法原理与案例研究：第二版［M］．北京：北京大学出版社，2015．

［60］王连合．民法：总论物权［M］．济南：山东人民出版社，2013．

［61］王连合．中国物权法律制度研究［M］．北京：法律出版社，2016．

［62］夏秀渊．拉丁美洲国家民法典的变迁［M］．北京：法律出版社，2010．

［63］赵廉慧．债法总论要义［M］．北京：中国法制出版社，2009．

［64］张生．中国近代民法法典化研究［M］．北京：中国政法大学出版社，2004．

［65］［英］巴里·尼古拉斯．罗马法概论［M］．黄风，译．北京：法律出版社，2000．

［66］［英］哈特．法律的概念［M］．张文显等，译．北京：中国大百科全书出版社，1996.

［67］［意］彼德罗·彭梵得．罗马法教科书［M］．黄风，译．北京：中国政法大学出版社，1992.

［68］［美］艾论·沃森．民法法系的演变及形成［M］．李静冰，姚新华，译．北京：中国政法大学出版社，1992.

［69］［美］彼得·哈伊．美国法律概念（第二版）［M］．沈宗灵，译．北京：北京大学出版社，1997.

［70］［美］阿瑟·库恩．英美法原理［M］．陈朝璧，译．北京：法律出版社，2002.

［71］［日］我妻荣．中国民法债编总则论［M］．洪锡恒，译．北京：中国政法大学出版社，2003.

［72］法国民法典［M］．罗结珍，译．北京：中国法制出版社，1999.

［73］德国民法典（第四版）［M］．陈卫佐，译注．北京：法律出版社，2015.

［74］日本民法典［M］．王书江，译．北京：中国法制出版社，2000.

［75］江平．日本民法典100年的启示［M］//渠涛．中日民商法研究（第一卷）．北京：法律出版社，2003.

［76］梁慧星．当前关于民法典编纂的三条思路［M］//梁慧星．为中国民法典而斗争．北京：法律出版社，2002.

［77］王利明．无因管理制度探讨［M］//王利明．民商法研究（修订本）第四辑．北京：法律出版社，2001.

［78］王利明．准合同与债法总则的设立［J］．法学家，2018（1）.

［79］王利明．回顾与展望：中国民法立法四十年［J］．法学，2018（6）.

［80］郭明瑞．关于无因管理的几个问题［J］．法学研究，1988（2）.

［81］马继军．论不当得利［M］//梁慧星．民商法论丛第12卷．北京：法律出版社，1999.

［82］孙鹏．民法法典化探析［M］//张文显．中国民法学精萃（2002年卷）．北京：机械工业出版社，2002.

［83］肖厚国．民法法典化的价值、模式与学理［M］//张文显．中国民法学精萃（2002年卷）．北京：机械工业出版社，2002.

［84］王连合．无因管理类型问题初探［J］．临沂师范学院学报，2008（2）.

［85］郑丽清．无因管理制度的溯源与继受［J］．南华大学学报（社会科学

版），2015（6）.

［86］李文涛，龙翼飞．无因管理的重新解读［J］．法学杂志，2010（3）.

［87］徐同远．无因管理价值证成的追寻［J］．国家检察官学院学报，2011（3）.

［88］郭如愿．无因管理制度中的道德考量［J］．大连干部学刊，2016（3）.

［89］赵廉慧．作为民事救济手段的无因管理［J］．法学论坛，2010（2）.

［90］宋聚荣，宋燕敏．公平正义价值的司法解读［J］．法学论坛，2005（6）.

［91］吴从周．见义勇为与无因管理［J］．华东政法大学学报，2014（4）.

［92］张虹．无因管理人的报酬请求权问题研究［J］．法律科学，2010（5）.

［93］张蕴．确立无因管理报酬请求权的价值取向［J］．福建警察学院学报，2016（1）.

［94］彭熙海，杨少冰．无因管理人报酬请求权的理论检讨与制度安排［J］．湖南财经经济学院学报，2016（6）.

［95］周华．无因管理的法律适用与管理人权利之保障［J］．甘肃政法学院学报，2015（1）.

［96］万方．论我国无因管理的司法实践［J］．法律适用，2016（10）.

［97］但小红．见义勇为的民法保护［J］．吉林广播电视大学学报，2017（5）.

后　记

　　该书是在我的硕士论文基础上修改而成的。

　　我开始将无因管理问题作为硕士论文选题进行研究，是在山东大学法学院学习期间。当时根据青海民族大学法学院与山东大学法学院的合作协议，青海民族大学法学院的硕士研究生要到山东大学法学院学习一年，自我感觉那时学习比较刻苦，业余时间几乎全泡在图书馆和资料阅览室，积累了较为丰富的材料，为后来完成毕业论文打下了坚实基础。论文开始写作时，更是倾注了满腔热血，在后来的毕业论文开题会上，我的开题答辩受到评委们的一致好评，毕业论文校外专家匿名评审评定成绩为"优秀"，毕业论文答辩委员会评定成绩也为"优秀"，这些也算是对我努力的一种鼓励吧。

　　与民法上其他制度相比，无因管理制度的研究相对较难，尽管这一制度比较古老，但是我国大陆地区对它的研究却普遍薄弱，个中原因可能较为复杂，但人们对这一制度缺少应有的重视肯定是原因之一，所以理论界的研究成果相对较少，且无因管理理论乍看起来似乎很简单，但稍加探究就会发现，有关这一制度的许多理论，往往是不能令人满意的，至少是大家很难达成共识的。与此相联系，立法与司法实践中有关无因管理制度的内容也相对较少。我国理论与实践的这种状况，与无因管理制度在民法体系中的地位很不匹配，无因管理制度在社会治理中蕴含的价值也就无从得以全面彰显。

诚然，现实社会中有关无因管理的案例相对而言的确比较少。例如，2018 年笔者曾在某县法院调研，该县 2017 年全年仅有 3 例有关无因管理的案例，这里我们姑且不去探究现实社会本来存在一些有关无因管理的案例我们却没有运用无因管理制度来处理的情况。即便真的少，无因管理也是法律需要调整的一个方面。随着社会的文明进步，有关无因管理的案例可能会越来越多，特别是在大力倡导社会主义核心价值观的新时代，无因管理制度的价值目标和蕴含的特殊功能，必然会越来越发挥重要的指引作用。无因管理制度也是债法的有机组成部分，在债法体系中占有重要地位。所以如何准确理解无因管理的内涵实质，解决无因管理中一些似是而非的问题，特别是在新编纂的民法典中构建科学的无因管理理论体系，是摆在每一个民法人面前的重要问题。

本书旨在起到抛砖引玉的作用，呼吁人们对无因管理制度加以关注，使无因管理制度在理论和实践中能得到它应有的地位，发挥它应有的价值作用，从而能进一步促进我国民事法律制度的不断完善，使这一古老的凝聚着人类智慧的制度在当今中国社会的治理中发挥出应有的效能。

早在 2004 年，我的导师王作全教授曾叮嘱我，在适当的时候，将硕士毕业论文整理出版，当时我本人也有此打算，就很坚定地接受了导师的建议。然而后来却由于种种原因，该事情一直没有着手去做，但是恩师的嘱托却从来也没有忘却。2017 年新春伊始，我下决心启动这项事情，一晃 3 年过去了，本书的写作终于完成，并即将付梓面世，这也算是完成了恩师的嘱托，给自己一个交代。

此时此刻，当年读研时的情形又不知不觉一幕一幕浮现在眼前：尊敬的师长、亲爱的同学、可爱的学弟学妹……忘不了冬天感冒打点滴，老师将香喷喷热腾腾的稀饭送到病床前；忘不了享受教师待遇，周末参加全系教师聚餐或外出野餐；忘不了去同学家中吃手抓看足球，折腾到很晚；忘不了与一众学弟学妹爬山游玩唱歌跳舞，乐翻了天；忘不了篮球场上拼搏过度，好几天体力无法复原；忘不了每到学期末导师请客吃饭，一众同学把酒言欢……还有一帮曾经朝夕相处的本科小兄弟，你们现在都去了哪里？过得可好？

此时我要特别感谢我国著名民法学家郭明瑞教授，在17年前硕士论文写作时，郭老师就给了我很多关键的指点，此次又欣然为本书作序，体现了一名法学大家为人为学的风范！

非常感谢知识产权出版社石红华女士，她对本书的出版给予了鼎力支持和无私帮助！

还要特别感谢我的妻子焦洪娟女士和儿子星皓，本书出版之际，他们在各自喜爱的专业领域干得有声有色，是他们为我的写作提供了强大动力！

王连合

2020 年 2 月 26 日